上海海关学院组织编写

案例法理学
ANLI FALI XUE

王丽英　主编
王乔　娄万锁　副主编

中国政法大学出版社
2014·北京

前 言

在我国迈向依法治国，建设社会主义法治国家的进程中，如何帮助广大公民增强法律意识，增强法制观念，自觉地运用法律武器维护自身的合法权益，是每个法律工作者义不容辞的责任。上海海关学院、中国刑警学院将培养德、智、体全面发展的高素质"执法"人才作为各自的办学目标，培养学生法律实践能力成为必然，课堂教学方法改革也势在必行。在这些改革中，案例教学最为突出，因而对相应的案例教材的需求也日趋强烈，正是这种责任感也促使我们编写了这套教材，为我国的法制教育略尽绵薄之力。

法理学是法学中的基础，具有举足轻重的地位。作为培养海关、公安执法人才摇篮的上海海关学院、中国刑警学院以及各政法类院校把法理学当作主干课程，该学科授课对象覆盖各个层次的学员：研究生、本科生（考试课）、干训生、法学高职、法学专业函授生等，适用主体范围较广。按照法学课程设置的一般规律，法理学通常开设在本科第一学期，这就在教学实践中产生如下矛盾：枯燥、深奥的法学理论对于未学过部门法、又缺乏法律实践经验的刚刚入学的一年级学生来讲，法理学的确很难学，老师讲授也非常的辛苦。为了解决这一矛盾，使学生能够联系实际掌握法学理论，更好达到教学目的，编写《案例法理学》作为法理学辅助教材不失为行之有效的办法之一。

从严格意义和人们的一般认知上讲，"案例"是指诉讼案例，但实际上包括了历史上和现实中存在过的所有事物。如历史学会将一种朝代更替或历史遗存视为案例，社会学将一种社会现象或社会事实视为案例，经济学会将一个经济制度或企业运作视为案例，政治学将一种政治制度或政治实践视为案例，等等。因此，在法学或法律社会学领域中所使用的"案例"概念是广义的"案例"，既包括形成诉讼的案例，也包括诉讼之外的作为案例存在的社会实践或事情。本套案例教材不以个案分析为重点，而是关注立法例、司法例以及社会问题的实践案例的理论研究，即不是案例分析，而是案例研究。本套案例教材与现行的统编法学本科教材相配合，通过对诉讼案例、历史上和现实中存在过的社会实践或事情等的介绍及讨论，使学生加深对抽象的法学概念、范畴、发展规律、法的价值、法的运作、法与其他社会现象关系等的理解，帮助学生了解在执法、司法活动中的法律适用过程，从而达到理论与实践的有机结合。本套案例教材案例的精选注重与海关、公安执法实践的相关性、时代性和典型性。每个案例由案情介绍和提示讨论所组成，提示讨论是作者进行的法理分析，以供读者分析与参考。

本案例教材由上海海关学院法学教授、中国政法大学法学博士、行政诉讼法硕士生导师王丽英创意策划并组织编写，中国法学会理事、中国法学会法理学研究会副会长、法学教授郭道晖先生为此书作序，中国刑警学院法律部法学副教授王乔和上海海关学院娄万锁副教授担任副主编。由上海致格律师事务所律师胡卫民、香港城市大学法学硕士研究生格根其日参与编

前 言

写。无论从案例的选择还是案例的讨论，均融入了参编者对法理学的理论研究成果及法学实践经验的总结及提炼。全书由三编十八章内容所组成，共收集案例 178 个。本书在编写过程中，参考了大量的相关资料和论著，在此向原作者表示感谢！更感谢郭道晖先生在百忙之中为本书作序，为此书增添了不少光彩。由于理论水平有限，错误和不当在所难免，敬请读者批评指正。

王丽英

2014 年 6 月于上海海关学院

序

法理学是对法的一般性研究，是关于法的概念、理念、法的普遍本质诸问题的思考，是着重考察法的最普遍、最抽象、最基本的理论，因而它具有高度的概括性。在研究、学习和讲授这门学科时，往往容易流于从概念到概念，在定义、原则等等上作空泛的议论，而脱离它所渊源的社会生活实践，从而使它变得晦涩，难以被理解，特别是不大能引起青年学生的兴趣。作为法学者，甚至可能陷入马克思所批评的"法学家的幻想"，即仿佛法只是法学家思维的产物，而忘记法起源于社会经济生活条件。

其实，像民法不过是商品经济的产物，而早期法理学的许多范畴、原则、理念，也是直接或间接来自民事法律关系和其他法权关系。作为普通法系的判例法，则是来自法院的判例。英国宪法学家戴雪（Albert Venn Dicey）在其名著《英宪精义》中指出：在英格兰，宪法"不但不是个人权利的渊源，而且只是由法院规定与执行个人权利后所产生之效果"。"此类权利本先由法院替个人争得，然后由宪法以通则作概括地申明。"[1]

---

[1] [英]戴雪著，雷宾南译：《英宪精义》，中国法制出版社2001年版，第243~244页。

意思是说，英国宪法中的公民权利和宪法原则，不是来自宪法的赋予，而是由法院有关个人权利的判例积累而形成的。而法院的判例则是基于社会已然形成的法权关系的事实与情理，判处纷繁复杂的社会生活中的矛盾纠纷（案例），而确认一些权利关系和法律原则。

英美国家的判例中所阐述的"理由"部分，往往蕴含着深刻的法理，有些实际上导致一个新的法律原则或规则的创立和宣示（如美国著名的"马伯里诉麦狄逊"案的判例确认了违宪审查制度）。所以美国著名的首席法官霍尔姆斯在他所著《法律的道路》一书中指出，法理学是一个成功的律师和法官所必备的一项知识。他认为将一个案例归纳出一条规则的任何努力，都是一种法理学的工作。一个法官应该有较高的法理学知识，运用法律的基本原理、基本精神来解决现实中各种复杂问题，因为法律不可能对每一特殊情况做出具体规定。[1]霍尔姆斯的话是他长期从事法官工作的经验总结。加强法理学的知识与素养，也应是我国司法人员与法学者必备的条件。

反过来说，既然判例（以案例为基础）是法的形式渊源和法理的一个源泉，既然判例可得出法和法理，那么学习和研究法理学就不能撇开案例和判例。这既是给抽象的法理注入生动的实例，使读者或听众易于领会；更是从中追溯法和法理原则产生的社会根源的路径之一。

运用案例和判例进行教学，历来是西方国家法学教育的一大特色和成功经验。我国法学界在民法、刑法等部门法学中，已有所尝试，但还未形成习惯。特别是法理学的教材和讲授中，很少运用案例教学法。我手头有一本珠海律师事务所编的《判

---

[1] 转引自徐爱国："霍姆斯《法律的道路》诠释"，载《中外法学》1997年第4期。

例在中国》，这是作为律师的编者从他们所出版的我国唯一以判例为研究对象的期刊《判例与研究》中，选辑大量判例汇编所成，其中收入了民商法、知识产权法、刑法、行政法的大量判例，很有参考价值。但可惜的是里面唯独没有法理学方面的判例。这也说明这方面的工作有一定难度，或觉得法理学与案例、判例相隔较疏远，难以搭界，所以无此必要，或认为不宜简单化地用案例来诠释、印证法理学原理。

大概在一次法学研讨会上，中国刑警学院王丽英教授送我一本她主编的《案例法理学》，虽然只是薄薄的一本，却使我感到一番意外的惊喜，因为这的确是难能可贵的一个创举。当时它仅是作为该校的内部教材，我当即建议加以充实后正式出版。在他们的努力下，2005年《案例法理学评析》教材由中国人民公安大学出版社正式出版。但在近十年的过程中，很多法律已修订和出台，很多案例也需要更新。为此，2014年再出版《案例法理学》，谨向她们致贺！

不论是上海海关学院还是中国刑警学院，都是以培养高素质执法人才作为自己的宗旨。培养学生法律实践能力是政法院校的办学目标。为了实现这一目标，课堂教学方法改革已势在必行。这些改革尤以案例教学最为突出，因而对相应的案例教材的需求也日趋强烈。如前所述，由于法理学自身的理性特点及其在法学中所处的重要地位，《案例法理学》的教材编写比其他部门法学案例更显得重要，特别是在十年前还没有专门的《案例法理学》教材的情况下，本案例教材的出版可以说是填补了案例教学的空白。

《案例法理学》从具体的案例，乃至琐碎的生活故事，来阐释复杂而又深奥的法理学原理。将这些原理寓于形形色色生动活泼的案例中，使法学理论富有生活气息和更为真切的现实感，将使法理学的讲授别开生面;同时,也可从案例中探寻法理的源流,有助于开拓法理学的视野,拓展法理学的研究领域,从而使法理学理论起到对法律实务的指导作用。

值得一提的是,本书冠名为《案例法理学》,而不叫《法理学案例》,也许编者有其用意。因为后者的逻辑似乎是先有法理学而后产生其案例,实际生活是相反的。前一名称则不但逻辑顺过来了,不但只是以案例来诠释法理,我认为可能还隐含有作为法理学的一个新视角、新领域乃至新分支学科的意味。这当然有待作者和法学界的进一步研讨和开创。

通读该教材,资料翔实(共收录178个案例)、论述有据。作者在文中引用了古今中外的大量相关资料,除涵盖各个领域的法学、边缘法学知识之外,还包含法学以外的哲学、史学、政治学、经济学、宗教学等方面的知识。如在介绍习惯法时,大量引用史学和社会学的资料;在介绍法与宗教的关系时引用大量北方原始萨满教与佛教学的资料;在介绍法的本质时引用中国古代传统思想文化知识中的相关内容。同时,案例的选择富有趣味性、时代性和典型性,如在相关章节中介绍了"淮西妇人大脚案"、宫女"弑君案"、蒙古族习惯等。教材的相关章节还引用"孙志刚案"、"中国辩诉交易第一案"、"吉林省出台未婚女子用科学办法可生育"、"张氏叔侄强奸案"、"薄熙来案件"、"李天一案"等。结合章节内容介绍新《消费者权益保护法》、《刑事诉讼法》、《婚姻法》等的修订内容等。这些都是目前法学界乃至全社会共同关注的事件、案例和法律。

要针对抽象的法学原理、概念,选择恰当的相应案例对号入座,不是信手拈来,俯拾即是的,表明作者在编写过程中的确下了很大功夫,成效是明显的。整篇教材读下来,鲜活生动,并没有让人感觉枯燥乏味。书中同时对每一案例所做的"提示与讨论"，一般也较准确和有启迪意义。可看出作者们对法学理论与实际问题，有广阔的视野和理论功底的积累，以及对法制与法治的深切感悟。纵观全书，确是一本值得推广的教材。特别是它的出版，填补了案例教学的一个空白。其创意是弥足珍贵的。

当然，毕竟"案例法理学"的编写还是初创，案例的涵盖面有无疏漏，选择是否均衡，解析是否确切，等等，还有待读者的评说和后继者的补充。我相信有此开端，定将日臻完善，乃至形成法理学的一个分支学科，也未必不是一种发展前景。因此，我十分高兴为本书作序，并愿意将这本书推荐给广大读者。

"宝剑锋从磨砺出，梅花香自苦寒来"，我很赞赏本书编著者王丽英等青年学者的开拓精神和踏实的治学态度，我希望他们继续坚持和发扬这种精神，再接再厉，做出更多的成果，为我国的法学研究、法学教育和法治建设做出更多贡献。

谨为序。

郭道晖
2014 年 6 月 9 日于清华大学荷清苑

目 录

前 言 ·· 1

序 ·· 1

第一编 法的本体

第一章 法的本质 ·· 3
第一节 法是统治阶级的意志 ································· 3
第二节 法的内容由一定的物质生活条件所决定 ······ 14

第二章 法的一般特征 ··· 22
第一节 法是出自国家的社会规范 ·························· 22
第二节 法是靠国家强制力保证实施的行为规范 ······ 39
第三节 法是特殊的社会规范 ································· 42
第四节 法是以权利义务为内容的行为规范 ············· 48

第三章 法律责任 ·· 59
第一节 法律责任的概念、特点、构成 ··················· 59
第二节 法律责任的分类 ·· 72

第三节　法律责任的归责和免责 ·············· 90
第四节　法律制裁 ·· 105

第四章　法律关系 ·· 116
第一节　法律关系的概念、构成及分类 ·············· 116
第二节　法律事实 ·· 120

第五章　法律体系 ·· 124
第一节　中国的法律体系 ···································· 124
第二节　中国的法律体系结构图 ························· 146

第六章　法的效力 ·· 147
第一节　法的效力层次 ······································· 147
第二节　法的效力范围 ······································· 158

第七章　法的继承与移植 ······································ 168
第一节　法的继承 ·· 168
第二节　法的移植 ·· 171

第八章　法律程序 ·· 177
第一节　法律程序的意义 ···································· 177
第二节　法律程序的分类 ···································· 187

第二编　法的运行

第一章　立法的基本原则 ······································ 203
第一节　合宪性原则 ·· 203
第二节　适时性原则 ·· 206

第三节　科学性原则 ·· 207
　第四节　经验性与预见性结合原则 ······················ 209
　第五节　民主化原则 ·· 211
　第六节　最大多数人的最大利益原则 ··················· 214
　第七节　原则性与灵活性结合原则 ······················ 215
第二章　立法程序和立法技术 ································ 218
　第一节　立法程序 ·· 218
　第二节　立法技术 ·· 221
第三章　法的适用 ··· 223
第四章　法律监督 ··· 236
第五章　法律解释 ··· 247

第三编　法与社会

第一章　法与道德的关系 ······································ 265
第二章　法与宗教 ··· 275
　第一节　原始宗教在法律中的体现 ······················ 277
　第二节　文明时代宗教在法律中的体现 ················ 280
第三章　法制与民主 ·· 286
　第一节　民主在一天天向我们走近 ······················ 287
　第二节　民主的界限是法治 ································ 290
第四章　法与科学技术 ··· 295
　第一节　科技对法的积极作用 ····························· 296

第二节 科技对法的消极作用 ⋯⋯⋯⋯⋯⋯⋯⋯⋯⋯ 301

第五章 法与市场经济 ⋯⋯⋯⋯⋯⋯⋯⋯⋯⋯⋯⋯ 307
第一节 市场经济促进法的发展 ⋯⋯⋯⋯⋯⋯⋯⋯⋯ 308
第二节 法对市场经济保驾护航 ⋯⋯⋯⋯⋯⋯⋯⋯⋯ 312

参考文献 ⋯⋯⋯⋯⋯⋯⋯⋯⋯⋯⋯⋯⋯⋯⋯⋯⋯ 314

第一编

法的本体

第一章 法的本质

马克思和恩格斯在《共产党宣言》中针对资产阶级意识形态指出:"你们的观念本身是资产阶级的生产关系和所有制关系的产物,正像你们的法不过是被奉为法律的你们这个阶级的意志一样,而这种意志的内容是由你们这个阶级的物质生活条件来决定的。"马恩的这段话直接揭示的虽是资本主义法的实质,但也为人们理解一般意义的法的本质提供了思想指南。由于法的本质是指深藏于法的现象背后,深刻而稳定的内部联系,所以我们按认识法的本质的难易将法的本质划分了层级,即法的浅层本质是法反映的是统治阶级的意志;法的深层本质是法的内容来自于一定的物质生活条件。

第一节 法是统治阶级的意志

马克思主义法学认为,法的本质首先是体现经济上政治上居于主导地位的统治者的意志。列宁指出:"法律就是取得胜利,掌握国家政权的阶级的意志的表现。"其内涵如下。

首先,法是"意志"的反映,是意志的产物。"意志"是心理学上的概念,是指为了达到某种目的,如满足某种要求,追求某种利益,而产生的自觉的心理状态和心理过程,是一种影响和支配人们思想和行动的精神力量。意志的形成在一定程度上受人们的世界观和价值观的影响,但归根到底受制于客观规律。

其次,法是"统治阶级"的意志。所谓"统治阶级"是指掌握国家权力,在经济上、政治上居于主导地位的阶级或阶层。为何说法的本质首先是体现统治者的意志?原因如下。一是,作为统治者,要维护长期的政治统治,不能仅靠政策、决定和措施,解决个别问题,更重要的是依靠法律制度,使整个社会生活长期、系统、全部地朝着有利于统治者的方向进行。因而法律对社会生活的调整是系统、全面、长期的。二是,在政治生活中,国家政权是核心问题,而制定和实施法律是国家政权的重要组成部分。所以,掌握了整个上层建筑和国家机器的统治者,必然通过国家机关制定和实施法律,来体现自己的利益和意志。三是,从立法权看,法律直接反映的也只能是统治者的意志。在任何时期任何一个国家,立法权往往掌握在代表统治者的某一个人或某一群人手中,并非掌握在全体社会成员的手中。在君主专制的时代,君主直接代表统治者一言立法与废法,高度集中地反映了统治者的利益。就是在民主共和的时代,立法机关也往往操纵在统治者的手中。在西方国家的议会中,资产阶级占据绝大多数的席位,而其他社会成员只占少量席位。这就保障了其所立之法充分地反映资产阶级的利益与要求。这正是法律的发展规律的必然反映。四是,从法的作用看,法所反映的也只能是统治者的意志。法的社会作用和社会功能是多方面的,例如促进经济的发展,解决统治者内部的矛盾,促进对外交往,等等。但最主要的作用和功能,还是维护统治者在经济、政治上的统治。五是,从法的起源与发展看,法所反映的也只能是统治者的意志。在原始社会是没有法律的。当社会发展到原始社会末期,随着私有制、阶级、剥削等的出现,原始规范已不够或不能调整社会秩序时,经济、政治上居于主导地位的人们,要求建立一种特殊的规范,来确立自己的统治,将人们的言行约束在有利于自己的范围之内,以此建立一种社会关系和社会秩序,这种规范就是法律。六是,意志并非法律,其只有表现为国家机关制定的法律规范才是法律,即法律是被"奉为法律"的统治阶级意志。

在理解"法是统治阶级的意志"这一本质时注意的问题:一是,虽然法所体现的统治者的意志是由统治者的根本利益所决定,但其形成和调节仍然受被统治者的制约,法多多少少地反映被统治者的部分意志,但前提是不与统治者的根本利益相冲突;二是,法所体现的统治者意志具有整体性。无论是由统治者集体制定的,还是由最高政治权威发布的,都是统治者共同的、一般的、根本的、整体的意志,而非统治者中个别人或者个别利益集团意志的反映,更非个别人的任性。在此所讲的共同意志,也并非统治者中各个成员意志的简单相加或称混合意志,而是由统治者的正式代表以共同的根本利益为基础所集中起来的一般意志。借用卢梭的话,法所体现的是"公意"而非"众意"。

【案例1】《刑案汇览》中一段反映古代"父权"、"族权"的记载

王起长子王潮栋恨弟王潮相不肯借钱,持刀赶砍。王起将王潮栋拉回,缚其两手,向其斥骂,王潮栋回骂。王起气愤莫遏,将王潮栋活埋。吉林将军照子孙违犯教令,父母非理殴杀律拟罪。刑部以子骂父,系罪犯应死之人,与故杀并未违反教

令之子不同,亦与非理殴杀违反教令之子有间,依律勿论。[1]

《驳案新编》记载的一案讲的则是族权

刘彩文素行不端,为母刘陈氏逐出另居。刘彩文偷窃族人刘章耕牛一只,为事主所悉。将刘彩文拉投族众。族长刘宾以做贼有犯族禁,倡言罚银八十两,置酒谢族,免其送官究治。……(刘)彩文回家,欲卖(刘)陈氏膳田备酒。陈氏不允,彩文嚷闹,将陈氏推倒。次日,刘宾、刘章、(刘章之子)刘大嘴、刘公允等赴刘陈氏家催索罚银。陈氏申述昨天情事,求帮同送官究治。刘宾云:"做贼不孝,不如埋死,以免族人后累。"陈氏不允。刘宾说:"如不埋死。定将卖膳田办酒示罚。"刘宾即令刘大嘴取出吊狗细练将刘彩文练住,拉牵前走。彩文不肯走,刘宾又令刘彩文之大功兄刘文登在后帮推。陈氏携带稻草唤彩文之弟刘相、刘牙同行,刘相中途逃走。刘牙哀哭求饶,刘宾不允,令刘文登挖坑,陈氏将稻草铺垫坑内。刘宾随令刘大嘴将练解放,同刘大嘴将刘彩文推落下坑,刘文登与刘陈氏推土掩埋。[2]

提示与讨论

中国古代十分强调维护三纲五常[3]的封建秩序,如族权

---

[1] 瞿同祖:《中国法律与中国社会》,中华书局1981年版,第8~25页。
[2] 瞿同祖:《中国法律与中国社会》,中华书局1981年版,第8~25页。
[3] "三纲"是指"君为臣纲,父为子纲,夫为妻纲","五常"是指仁、义、礼、智、信五常之道,是处理君臣、父子、夫妻、上下尊卑关系的基本法则。孔子曾提出了君君臣臣、父父子子和仁义礼智等伦理道德观念。孟子进而提出"父子有亲,君臣有义,夫妇有别,长幼有序,朋友有信"的"五伦"道德规范。董仲舒认为在人伦关系中,君臣、父子、夫妻三种关系存在着天定的、永恒不变的主从关系:君为主,臣为从;父为主,子为从;夫为主,妻为从。以此确立了君权、父权、夫权的统治地位,把封建等级制度、政治秩序神圣化为宇宙的根本法则。

和父权,目的是维护封建的等级制度,最终保护以皇权为首的封建制度。法律作为社会的上层建筑,必然反映统治阶级的上述目的和意志。案例 1 讲述的是父亲活埋儿子理应追究责任,但刑部认为父亲活埋骂父之子无罪,因儿子不孝,侵犯了"父权"。案例 2 讲述的是将偷窃族人耕牛的刘彩文,没有交给官府处理,而是按"族规"处置(活埋)的例子。

【案例 2】 明朝"淮西妇人大脚案"

上元夜,都城张灯。太祖(朱元璋)微行,至聚宝门外。时民间好以隐语相猜为戏。见一家灯上,画一大足妇人,怀西瓜而坐。众哗然笑,太祖喻其旨,谓"淮西妇人好大脚"也。甚衔之。明日,乃剿除一家九族三百余口,邻居俱发遣充军,盖马后祖籍淮西也。[1]

提示与讨论

该案是因犯忌而被杀的重大案件,侵犯了"皇权",所以当时的法律必然招来灭九族、连坐等严厉惩罚。因为明朝马皇后为大脚皇后,又是淮西人,灯上画"一大足妇人,怀西瓜而坐"就是画马皇后。

【案例 3】 由朱元璋亲自编定的《御制大诰三编·秀才剁指第十》记载

广信府贵溪县儒士夏伯启叔侄二名,人各截去左手大指。拿赴京师,朕亲问之,谓曰:"昔世乱,汝居何处?"对曰:"红寇乱时,避兵于福建、江西两界间。"曰:"家小挈行乎?"对曰:"奉父行。"曰:"既奉你父行,上高山峻岭,下深沟陡涧,

---

[1] 杨一凡:《明初重典考》,湖南人民出版社 1984 年版,第 268~269 页。

还用手扶持乎?"曰:"扶持。"曰:"自后居何处?"曰:"红寇张元帅守信州,伯启还乡复业。"曰:"向后何如?"曰:"教学为生至今。"朕知伯启心怀愤怒,将以为朕取天下非其道也。……朕谓伯启曰:"尔所以不忧凌暴,家财不患人将,所以有所怙恃者,君也。今去指不为君用,是异其教而非朕所化之民。尔宜枭令,籍没其家,以绝狂夫愚夫仿效之风。"

提示与讨论

该案反映在明清时期,统治者为了维护封建制度,迫害知识分子的反抗、禁锢思想自由为目的的大案。汉武帝时实施盐铁官营政策,负责农业的大司农颜异在讨论这项政策时,微微冷笑,就被廷尉张汤弹劾,说他身为大臣,不真心参与朝政讨论,而是"腹诽"(在心中诽谤朝政),结果颜异即以诽谤罪被杀。[1]《民法大全》中规定:"妇女不得参与任何公务;因而她们不能担任法官,或行使地方官的职责,或提出诉讼,或为他人担保,或担任律师。奴隶和隶农必须无条件地服从主人,服从'命运'的安排,对逃亡的奴隶和隶农必须严加惩治。"表明古罗马妇女被剥夺政治权利,严格限制奴隶和隶农,维护罗马奴隶制政权。在阶级社会里,法律是统治阶级意志的体现,为维护统治阶级服务的,是阶级社会的产物。政治文明的发展总有一个逐步认识和发展的过程,因此我们要用现在的眼光来衡量它。

【案例4】宫女"弑君案"

明嘉靖二十一年(公元1542年)十月二十一日凌晨,紫禁

---

[1] (西汉)班固:《汉书》卷二十三《刑法志》,中华书局1962年版,第466页。

城中发生了一桩骇人听闻的事件,十几名年轻人,在夜深人静之时,企图用绳索勒死嘉靖皇帝朱厚熜,慌乱之中,错将绳子结为死扣,无法勒紧。嘉靖皇帝被勒晕厥,气息奄奄,经抢救后死而复生。这是明代宫廷中一件大事,因为这一年为农历壬寅年,也称"壬寅宫变"。由于事涉宫闱隐秘,事后统治者对此讳莫如深,史籍资料也很少记载,因此,事变的情况鲜为人知,其原因更是众说纷纭,以致成为明代宫廷史上一桩疑案。据说是嘉靖皇帝为炼制丹药,酷虐宫女所致。参与此事的宫女十六人以弑君大逆之罪,不分首从,一律处以剐刑(先将肢体割碎,再断咽喉)。

提示与讨论

中国古代几乎所有封建王朝的法律,均反映和维护封建统治阶级的利益,维护封建等级特权。如自隋唐以后就有"十恶"之规定,是不可赦免的十种严重犯罪,触犯者处以严酷的刑罚,《唐律疏议》称"五刑之中,十恶尤且"。"十恶"渊源于北齐律的"重罪十条"。隋开皇律在"重罪十条"的基础上加以损益,确定了十恶制度。十恶的具体内容有:①谋反:谓谋危社稷,指谋害皇帝、危害国家的行为;②谋大逆,指图谋破坏国家宗庙、皇帝陵寝以及宫殿的行为;③谋叛:谓背国从伪,指背叛本朝、投奔敌国的行为;④恶逆:指殴打或谋杀祖父母、父母等尊亲属的行为;⑤不道:指杀一家非死罪三人及肢解人的行为;⑥大不敬:指盗窃皇帝祭祀物品或皇帝御用物、伪造或盗窃皇帝印玺、调配御药误违原方、御膳误犯食禁,以及指斥皇帝、无人臣之礼等损害皇帝尊严的行为;⑦不孝:指控告祖父母、父母,未经祖父母、父母同意私立门户、分异财产,对祖父母、父母供养有缺,为父母尊长服丧不如礼等不孝行为;⑧不睦:指谋杀或卖五服(缌麻)以内亲属,殴打或控告丈夫大功以上尊长等行为;⑨不义:指杀本管上司、受业师及夫丧违礼的行为;⑩内乱:指奸小功以上亲属等乱伦行为。本案中"弑君"为谋反之罪,是"十恶"之首,属"不赦之罪"。

【案例5】 第四次"修宪"反映人民的意志

2004年3月14日,十届全国人大二次会议投票表决通过《第四次宪法修正案》。本次修宪有很大特点。首先,修改的内容非常全面,涉及的重要问题也非常多。该修正案草案共修改13处(1988年第一次修改仅为2条,1993年修改9条,1999年修改6条),这是前三次修改所没有的。其次,在修宪程序上,此次的显著特征是充分发扬民主、广泛征求意见,自下而上、两下两上、反复认真研究。各省的修宪建议上报后,中央宪法修改小组先后召开6次座谈会。在此基础上拟订出征求意见稿,下发征求意见。同时,胡锦涛总书记和吴邦国委员长又召开党外人士和专家座谈会,征求意见。此后,经中央政治局常委会会议和中央政治局会议多次讨论研究,提请党的十六届三中全会审议通过后,由党中央提请全国人大常委会,依照法定程序提出《宪法修正案草案》的议案。由此可见,此次修宪建议是充分发扬了民主的。再次,这次修宪最突出的特点是体现了以人为本的宪法精神,使宪法更加贴近人民:①将以"执政为民"为本质的"三个代表"写入《宪法》;②将"推动物质文明、政治文明、精神文明协调发展"作为国家的根本任务写入《宪法》,同样体现了以人为本,促进人的全面发展;③在统一战线的表述中,增加了"社会主义的建设者",体现了对社会主义建设者的尊重,体现了对这部分人的重视;④增加了"国家尊重和保障人权"的规定,保护人权在宪法中具有宣示性地位;⑤扩大和完善了有关公民基本权利的规定。如原来的《宪法》

只用列举式规定"保护公民合法收入、储蓄、房屋和其他合法财产的所有权"很不全面，修改后的《宪法》规定："公民的合法私有财产不受侵犯。国家依照法律规定保护公民的私有财产权和继承权。国家为了公共利益的需要，可以依照法律规定对公民的私有财产实行征收或者征用并给予补偿。"用"财产权"代替"所有权"，在权利含意上更加准确、全面。此外，完善土地征用制度（区别"征用"和"征收"，明确要依法给予补偿，以此保护农民土地权利）、增加建立健全社会保障制度等。

提示与讨论

从我国的国体看，我国是社会主义国家，所实行的是以工人阶级为领导以工农联盟为基础的人民民主专政，是广大人民掌握政权，参与国家管理，当家做主的国家，我国《宪法》明确规定："一切权利属于人民"。由这种国家性质所决定的，现行法律制度只能反映工人和广大人民的利益和意志，而不能反映敌视我国现行制度的势力和分子的意志。也就是说当代中国"人民"是国家的统治阶级，一部分敌视我国现行制度的敌对分子是被统治者。而谁又是"人民"呢？在我国，目前社会生产力水平还比较低下，生产社会化程度不高，市场经济不够发达，自然经济和半自然经济还占很大比重，与此相适应，我国的生产关系的状况是以公有制（包括全民所有制和集体所有制）经济为主体，个体经济、私营经济、外资经济为补充，多种经济成分长期共同发展。对应的分配制度是实行以按劳分配为主体，效率优先，兼顾公平的分配制度，鼓励一部分地区和一部分人先富起来，走共同富裕的道路。这种经济现状也就决定了当代中国的阶级结构：在现阶段，剥削阶级已被消灭，原来的剥削阶级成员绝大多数已被改造成为自食其力的劳动者。工人队伍日益扩大，其在国家政治生活中的作用进一步增大；广大的农民已由个体劳动者转化为集体的劳动者;知识分子不仅数量成倍增长,而且政治素质进一步提高。工人、农民和知识分子是我国现阶段阶级结构的基本组成部分,是社会主义建设的三大基本的社会力量。此外,拥护社会主义制度的爱国者和拥护祖国统一的爱国者亦属于人民的范畴。

《宪法》的第四次修改充分反映了工人和广大人民的利益和意志。从修改程序的民主性到旨在建设民主政治的政治文明之规定,从"执政为民"为本质的"三个代表"和"人权"的写入到以私产保护核心的扩大和完善公民基本权利之规定,无不渗透着宪法的"以人为本"的精神,做到权为民所用,情为民所系,利为民所谋。尤其在统一战线的表述中在过去"劳动者"和两种"爱国者"之外,将"社会主义事业的建设者"[1]这一部分社会人士列入作为人民民主专政阶级基础的统一战线之中,不仅反映了统一战线中各阶级、阶层的地位和关系的变化,而且也标志着我国国体也在一定范围、一定程度上的发展变化,表明了国家政权更加巩固,人民民主专政的联盟范围更加广泛和扩大,宪法以慈母的身份平等地反映人民民主专政联盟成员的意志,平等地保护他们的利益。

【案例6】 法是"公意"而不是"众意"

某对老年夫妇,住处与一小学锅炉房毗邻,长期受噪音影响,终至发病住院,其子诉至法院,但法院却判决不能获赔,

---

[1] 中共十六大报告指出:"在社会变革中出现的民营科技企业的创业人员和技术人员、受聘于外资企业的管理技术人员、个体户、私营企业主、中介组织的从业人员、自由职业人员等等社会阶层,都是中国特色社会主义事业的建设者。"这些社会阶层的人士,按照传统观点应属于"小资产阶级"和"资产阶级"的范畴,随着中国特色社会主义事业的发展,这些人士已经成为"社会主义事业的建设者",标志着这些社会阶层政治地位的提高。

因为该噪声低于国家标准。法院依法作出的判决是正确的。由于法律规范自身具有抽象性、概括性的特点，它对社会的调整是普遍性调整，因而其制定之时，考虑的往往是普遍的情况，保护的也是大多数人的权益，因而有时会出现牺牲个体实质正义的情况。

提示与讨论

所谓公意，是公共意志，它是指整个社会本身的意志，或者说是所有个人意志的总和，只要他们谋求公共利益。[1]"公意"着眼于公共的利益，而"众意"则是着眼于私人的利益，它只是体现私人利益个别意志的总和。[2]中国现代社会主义法反映工人和广大人民的意志，但法不是他们每个人意志简单相加或混合意志，法代表大多数人的意志，是大多数人根本利益的体现和保护。就本案而言，国家规定的噪声污染标准是对一般体质而言的，只对占大多数人的易受噪音污染的情形予以保护，不反映客观存在的个体差别因素。该老年夫妇因体弱敏感，虽噪声值低于国家标准，仍然受到损害。这种损害却未得到法律的补救，这只能视为法治过程中牺牲了部分实质正义的法治的代价，这种个体实质正义的受损可以通过其他手段进行一定的弥补。

【案例7】 法律不允许残疾人驾驶汽车是否合理

2004年1月30日《中国青年报》报道，春节期间，没有双

---

[1] [英]鲍桑葵著，汪淑钧译：《关于国家的哲学理论》，商务印书馆1995年版，第128页。

[2] [法]卢梭著，何兆武译：《社会契约论》，商务印书馆1980年版，第39页。

手,但驾驶技术非常出色的残疾人白由国参加了一场汽车拉力赛表演。白由国在接受记者采访时认为,现在的交通法规需要更改,应该允许残疾人驾驶汽车。

提示与讨论

白由国的建议不应当采纳。尽管白由国驾驶技术确实非常出色,但是却没有必要因此而贸然呼吁对现有交通法规当中关于残疾人驾驶资格的规定予以改动。因为法律的内容具有普适性、一般性,而不是个别性、特殊性。法律法规只能对于较为普遍和一般的情况予以规定和明确,而不可能把所有个别、特殊的情况予以确定。法治本身也是存在局限和代价的,法律制度都是有其负面性的,从来不存在任何一种完全没有副作用的法律体系。法律实在是无法穷尽,其实也不必穷尽一切可能发生或存在的社会现象,其必然会存在某些遗漏,而这些遗漏也就必然损害某些个体的利益。现有的交通法规也就必然会对白由国这样的特殊个体构成一定的限制和伤害。但是,我们的着眼点应该是最为广泛的群体。在法律的实施过程中,我们势必权衡最大的利益,必然会需要牺牲某些个人的利益。

第二节 法的内容由一定的物质生活条件所决定

马克思曾明确指出:"法律应该是社会共同的、由一定的物质生活方式所产生的利益和需要的表现,而不是单个的个人恣意横行。"马克思还指出:"只有毫无历史知识的人才不知道,君主们在任何时候都不得不服从经济条件,并且从来不能向经济条件发号施令。无论是政治的立法或市民的立法,都只是表明和记载经济关系的要求而已。"法律发展史业已证明,法总是同一定的财产关系相联系,确认一定形式的生产资料的占有事实；法又总是适应一定的交换方式，反映一定交换方式的要求，使个人服从生产和交换的一般要求；法也总是适应一定的分配方式，贯彻一定的分配原则。这都说明，一定的物质生活条件确实是法律的存在及发展的最根本的原因。"法的内容是由一定的物质生活条件所决定"这一本质，包含三层意思：一是，法所反映的并非凭空想象的意志，而是以物质生活条件为基础的意志；二是，这种意志的内容不能超越某个时代的物质生活条件所允许的范围；三是，物质生活条件是客观存在的，随着这种条件不断变化与发展，法所反映的意志的内容也在不断变化和发展。这里所谓的"物质生活条件"包括与人类的生存息息相关的地理环境、人口、物质资料的生产方式等。其中生产方式（生产力与生产关系的对立统一）是决定性因素，因为生产力是社会发展的决定力量，生产力决定生产关系，进而决定社会形态，而社会形态又决定法的历史类型和法的性质。生产关系是人与人之间最根本的关系，其他关系包括法律关系都由此派生。

在理解"法的内容是由一定的物质生活条件所决定"这一本质时注意的问题如下。一是，"徒法不足以自行"，法是由人制定、认可的，由人去保障实施的，因而法应当说是人的主观能动与客观存在的统一。也由此立法者对客观经济情况的认识有错而导致所立之法背离社会发展的要求的情况，但随着人们对经济规律认识的深化，人们会不断调整、修正法律的规定，使法律最终回到经济关系制约的轨道。二是，法的内容是由一定的物质生活条件决定，这是从最终决定意义上而言的。除了物质生活条件之外，政治、思想、道德、文化、历史传统、民族习俗、科技等因素也对法律制度和法所反映的意志产生不同程度的影响。"政治、法、哲学、宗教、文化、艺术等等是以经济发展为基础的。但是,他们又都相互作用并对经济基础发生作用。并非只有经济状况才是原因,才是积极的,其余一切都不过是消极的结果。这是归根到底总是得到实现的经济必然性的基础上的互相作用。"[1]

【案例8】《突发公共卫生事件应急条例》出台背景

正当全国非典型肺炎防治工作的关键时期,国务院总理温家宝在2003年5月9日签署国务院第376号令,公布施行《突发公共卫生事件应急条例》,《条例》共6章54条,包括总则、预防与应急准备、报告与信息发布、应急处理、法律责任、附则。

提示与讨论

"非典"肆虐的残酷社会现实引起中国乃至全世界对公共卫生的重视。深受其害的中国,为了有效预防、及时控制和消除突发公共卫生事件的危害,保障公众身体健康与生命安全,维护正常的社会秩序,国务院依照《中华人民共和国传染病防治法》(以下简称《传染病防治法》)和其他有关法律的相关规定,在总结前阶段防治非典型肺炎工作实践经验的基础上,制定了《突发公共卫生事件应急条例》(以下简称《条例》),以在我国建立起"信息畅通、反应快捷、指挥有力、责任明确"的处理突发公共卫生事件的应急法律制度。《条例》的公布施行与《传染病防治法》一起,成为强有力的法律武器,对于打赢非典型肺炎防治这场硬仗具有重要意义。

2003年的"非典"事件,也是《中华人民共和国突发事件

---

[1] 中共中央马克思恩格斯列宁斯大林著作编译局:《马克思恩格斯选集》(第4卷),人民出版社1995年版,第732页。

应对法》(以下简称《突发事件应对法》)出台的直接背景。我国是一个自然灾害、事故灾难等突发较多的国家,各种突发事件的频发,给人民群众生命财产造成巨大损失。党和国家历来高度重视突发事件应对工作,采取了一系列措施,建立了许多应急措施和制度,并取得一定成效。但在实际工作中,也暴露出许多问题,如应对突发事件的责任不够明确,统一、协调、灵敏的应对机制尚未形成;一些行政机关应对突发事件的能力不够强,危机意识不够高,依法可以采取的应急处置措施不够充分、有力;突发事件的预防与应急准备、监测与预警、应急处置与救援等制度、机制不够完善,导致一些突发事件未能得到有效预防,有的突发事件引起的社会危害未能及时得到控制;社会广泛参与应对工作的机制还不够健全,公众的自救与互救能力不够强、危机意识有待提高等。为了克服上述不足,提高各方面依法应对突发事件的能力,及时有效控制、减轻和消除突发事件的严重危害性,在认真总结我国突发事件应对的经验教训,借鉴其他国家成功做法的基础上,依法制定一部规范各类突发事件共同行为的法律十分必要。自2003年5月起,国务院法制办成立起草领导小组,通过委托高校及省级政府法制办的形式,着手《突发事件应对法》的研究起草工作。全国人大常委会于2007年8月30日高票审议通过了《突发事件应对法》。

【案例9】《中华人民共和国婚姻法》司法解释(三)出台背景

2011年7月4日最高人民法院审判委员会第1525次会议通过了最高人民法院《关于适用〈中华人民共和国婚姻法〉若干问题的解释(三)》,自2011年8月13日起施行。该解释重点

> 案例 法理学

对结婚登记程序瑕疵的救济手段、亲子关系诉讼中当事人拒绝鉴定的法律后果、夫妻一方个人财产婚后产生收益的认定、父母为子女结婚购买不动产的认定、离婚案件中一方婚前贷款购买不动产的处理、附协议离婚条件的财产分割协议效力的认定等问题作出了解释。关于婚姻房产,首次明确夫妻一方个人财产婚后产生的孳息和自然增值不是共同财产;明确婚后一方父母出资为子女购买不动产且产权登记在自己子女名下的应认定为夫妻一方的个人财产;明确婚前以一方个人名义购买,婚后共同使用的房子是个人财产,不是共同财产;离婚时房屋归首付方,在婚姻关系存续期间由夫妻共同财产还贷部分,离婚时房屋总价按照市值计算,夫妻共同还贷部分按照房屋价值比例均等分割;登记于一方名下的夫妻共有的房屋,一方未经另一方同意将该房屋出售,第三人善意购买,支付合理对价并办理登记手续,另一方主张追回房屋的,人民法院不予支持,但该房屋属于家庭共同生活居住需要的除外。

提示与讨论

2001年修订的婚姻法施行后,针对审判实践中遇到的法律适用疑难问题,最高人民法院于同年12月24日出台了《关于适用〈中华人民共和国婚姻法〉若干问题的解释(一)》,针对婚姻法修改后的一些程序性和审判实践中继续解决的问题作出解释,包括无效婚姻、可撤销婚姻的处理程序及法律后果、提出中止探望权的主体资格、子女抚养费、离婚损害赔偿等问题。2003年12月25日,最高人民法院又出台了《关于适用〈中华人民共和国婚姻法〉若干问题的解释(二)》,主要针对彩礼应否返还、夫妻债务处理、住房公积金及知识产权收益等款项的认定、军人的复员费及自主住房公积金及知识产权收益等款项的认定、军人的复员费及自主择业费的处理等问题,提供了具有可操作性的裁判依据。数据显示，2008年全国法院一审受理婚姻家庭纠纷案件共计1 286 437件，2009年为1 341 029件，2010年为1 374 136件，呈逐年上升趋势。2010年全国法院一审受理离婚案件1 164 521件，受理抚养、扶养关系纠纷案件50 499件，受理抚育费纠纷案件24 020件，受理婚约财产纠纷案件24 676件。[1]案件中相对集中地反映出婚前贷款买房、夫妻之间赠与房产、亲子鉴定等争议较大的问题，亟须进一步明确法律适用标准。最高人民法院遂于2008年1月启动了《关于适用〈中华人民共和国婚姻法〉若干问题的解释（三）》的起草工作。经过充分论证，特别是在广泛征求、认真汇集社会公众的意见和建议后，经审判委员会讨论通过了《关于适用〈中华人民共和国婚姻法〉若干问题的解释（三）》。

【案例10】《中国（上海）自由贸易试验区条例（草案）》出台的背景

2014年4月22日，《中国（上海）自由贸易试验区条例（草案）》[下称《条例（草案）》]由上海市十四届人大常委会十二次会议进行审议。作为综合型立法，《条例（草案）》涵盖了管理体制、投资贸易、金融税收、综合监管、法治环境等方面。在《条例（草案）》中，可以看到诸如负面清单管理模式、工商登记制度创新、贸易监管制度创新、金融创新以及政府监管模式创新等熟悉字眼。也就是说，《条例（草案）》将自贸区试点半年来的改革创新措施通过地方性法规予以确认，同时也提供可复制、可推广的制度创新经验。

---

[1] 资料来源：http://baike.baidu.com/view/4757539.htm?fr=aladdin，访问日期：2014年6月29日。

案例 法理学

提示与讨论

自由贸易区是贸易自由化的必然产物。据不完全统计,世界目前大约3000多个自由贸易区,分布135个国家。2011年11月,第11届世界自贸园区大会在浦东召开,由主办方"世界自由贸易区协会"和"上海综合保税区管委会"联合提出了旨在推动全球自由贸易区创新发展和促进贸易便利化发展倡议书,标志着中国在伴随加工贸易的成长的保税区或海关特殊监管区[1]的管理模式上,又开始探索新的发展路径,即由海关特殊监管区向自由贸易区方向迈进。但是随着加工贸易转型升级[2],这些海关特殊监管区不能适应加工贸易转型升级的步伐。为此,必须完善海关特殊监管区政策措施,使其成为加工贸易转型升级、承接产业转移、优化产业结构、拉动经济发展的重要载体。除了目前的出口加工区、保税物流园区等单一功能的海关特殊监管区进一步向综合保税区转型外,建立更为开放的自由贸易区是必要的国家贸易战略。

建立上海自由贸易区是党中央、国务院做出的重大决策,是深入贯彻党的十八大精神,在新形势下推进改革开放的重大举措。中国(上海)自由贸易试验区[China(Shanghai)Pilot Free Trade Zone],简称上海自由贸易区或上海自贸区,是设于

---

[1] 海关特殊监管区域是伴随沿海、沿江、沿边和内陆开放战略的逐步实施及加工贸易发展而建立起来的,首次使用在2006年《中华人民共和国海关对保税物流园区管理办法》中,是指国务院批准设立的保税区、出口加工区、园区、保税港区及其他特殊监管区域。海关特殊监管区域基本功能是保税贸易,主要包括保税加工、保税物流和保税服务三大功能。

[2] 加工贸易转型升级要实现"五个转变":产品加工由低级到高级的转变,提供产品技术含量和附加值;产业链由短向长转变,向研发设计、创立品牌、生产制造、营销服务产业链上下游延伸;经营主体由单一向多元转变,促进内外资共同发展;区域由东部为主向东中部并举转变;增量由区外为主向区内为主转变,引导增量向海关特殊监管区集中。

上海市的一个自由贸易区，也是中国大陆境内第一个自由贸易区。2013年8月，国务院正式批准设立中国（上海）自由贸易试验区。该试验区以上海外高桥保税区为核心，辅之以机场保税区和洋山港临港新城，成为中国经济新的试验田，实行政府职能转变、金融制度、贸易服务、外商投资和税收政策等多项改革措施，并将大力推动上海市转口、离岸业务的发展。2013年9月29日，上海自由贸易区正式挂牌成立。上海自贸区范围涵盖上海市外高桥保税区、外高桥保税物流园区、洋山保税港区和上海浦东机场综合保税区等4个海关特殊监管区域，总面积为28.78平方公里，是"四区三港"自贸区格局。

2013年7月3日，国务院常务会议审议并原则通过《中国（上海）自由贸易试验区总体方案》（以下简称《总体方案》），明确上海市要通过地方立法，建立与试点要求相适应的试验区管理制度。8月30日，全国人大常委会做出决定，授权国务院在自贸试验区暂时调整外资企业法、中外合资经营企业法和中外合作经营企业法规定的行政审批。9月18日，国务院正式印发《总体方案》。为了确保自贸试验区的顺利挂牌和日常运作，需要制定《中国（上海）自由贸易试验区管理办法》，对自贸试验区的管理体制和基本管理制度等事项予以明确。但该办法位阶低，同时在实践中还存在与自贸区发展不相适应等状况，因此，制定《中国（上海）自由贸易试验区条例（草案）》成为必需。

第二章 法的一般特征

第一节 法是出自国家的社会规范

　　法律具有国家意志性,表现为很多方面:①法律往往冠以国家或国家机关的名称;②法律往往由国家机关制定或者认可;③法律往往由国家专门机关加以实施;④法律由国家强制力保障施行;⑤法律的适用范围往往以国家地域为界限等等。而其中最能反映法律具有国家意志性的,是法由国家机关制定或认可。制定或者认可,是国家创制法律的两种途径。所谓制定,是指特定的国家机关根据特定的法定权限按照一定的法定程序制定成文法。在我国,法律是由全国人大及其常委会制定的,行政法规是国务院及其各部委制定的,地方性法规是由省一级人大及其常委会和政府制定的。所谓认可,包括三种情况:一是,对习惯法的认可,即国家机关赋予社会生活早已存在的习惯、教义、礼义等以法的效力;二是,对判例的认可,即司法机关赋予先前的判决所确认的规则或原则以普遍效力;三是,通过加入国际组织,承认或签订国际条约等方式,认可国际法的规范。

第二章 法的一般特征

【案例11】《宪法》是由国家的最高权力机关制定的

1953年1月,中央人民政府委员会举行会议,讨论关于召开全国人民代表大会及制定宪法问题。为了进行起草宪法和选举法的工作,会议通过决议:成立中华人民共和国宪法起草委员会,以毛泽东为主席,以朱德等32人为委员。宪法起草委员会成立后,中央指定了一个宪法起草小组,毛泽东亲自领导了这个小组的工作。起草小组经过紧张工作,于1954年2月拟定了宪法草案初稿,分送中央政治局及在京的中央委员讨论。1954年3月23日举行宪法起草委员会第一次会议。毛泽东代表中国共产党向会议提出了《中华人民共和国宪法草案(初稿)》,陈伯达在会上作了起草工作说明。经过会议同意,会后在北京和全国各大城市组织各民主党派、各人民团体和社会各方面的代表人物共8000多人,对这个草案初稿进行讨论。经过81天的讨论,提出5900多条意见,宪法起草委员会仔细研究后采纳了100多条。宪法起草委员会先后召开7次会议,对宪法草案初稿进行反复讨论修改,最后通过了这个草案。1954年6月14日,中央人民政府委员会举行会议,讨论《中华人民共和国宪法草案》。宋庆龄、李济深、张澜、黄炎培等20多位知名人士发了言,表示衷心拥护这部宪法草案。毛泽东在会上讲了话。这次会议通过了关于公布宪法草案的决议,决定将宪法草案交付全国人民讨论,于是在全国范围内讨论了3个月,参加讨论的约1.5亿人,提出1 160 420条意见和建议。9月9日,宪法起草委员会再次举行会议,对宪法草案又做了修改。1954年9月15日至28日,第一届全国人大一次会议在北京召开。毛泽东致开幕词。接着,刘少奇代表宪法起草委员会作《关于中华人民共和国宪法草案的报告》。经过充分讨论后,于9月20日,大会以无记名投票方式一致通过了《中华人民共和国宪法》,并由全国

>>> 案例 法理学

人民代表大会发布公告,予以公布施行。1954年宪法除序言外,包括总纲、国家机构、公民的基本权利和义务、国旗国徽首都,共有4章106条。

提示与讨论

宪法作为国家的根本大法,它的出台从决定起草宪法到宪法草案的拟定,从宪法草案的讨论修改到宪法草案的通过,都是国家相关领导人组织和领导国家最高权力机关完成的。但立法又是国家的重要职权,是人大作为代表人民利益的最高权力机构分配权利和义务,通过向社会公布法律草案公开征求意见等形式推进民主立法和科学立法。1954年的《宪法草案》,是我国第一次公开征求意见的法律草案。1982年宪法修改时,第五届全国人大常委会将《宪法草案》公开广泛征求意见。其后,《中华人民共和国全民所有制工业企业法》、《中华人民共和国行政诉讼法》、《中华人民共和国集会游行示威法》、《中华人民共和国香港特别行政区基本法》等重要法律草案先后向社会全文公布征求意见。现在全国人大常委会审议的法律草案一般都在中国人大网站上公开征求意见,重要法律草案还在主要新闻媒体上公布。

【案例12】2013年《中华人民共和国消费者权益保护法修正案》由全国人大常委会制定

《中华人民共和国消费者权益保护法》(以下简称《消费者权益保护法》)于1993年10月31日第八届全国人民代表大会常务委员会第四次会议通过,根据2009年8月27日第十一届全国人民代表大会常务委员会第十次会议《关于修改部分法律的决定》第一次修正。自1993年中国制定《消费者权益保护法》已有20年的历史,随着公众消费方式、消费结构和消费理念的巨大变化，当前消费者权益保护领域出现了许多新问题。为此，根据2013年10月25日第十二届全国人民代表大会常务委员会第五次会议《关于修改〈中华人民共和国消费者权益保护法〉的决定》第二次修正，第十二届全国人大常委会第五次会议表决通过了《全国人民代表大会常务委员会关于修改〈中华人民共和国消费者权益保护法〉的决定》。国家主席习近平签署第7号主席令予以公布，自2014年3月15日起施行。这是该法颁布近20年来的首次大修。

提示与讨论

《消费者权益保护法》作为国家基本法律之外的其他法律，是在全国人大常委会的组织和领导下完成的。该法修订主要从四个方面完善消费者权益保护制度，如强化经营者义务（举证责任倒置）、规范网络购物等新的消费方式（赋予消费者网购"后悔权"）、加强消费者个人信息保护、建立消费公益诉讼制度等。

【案例13】中国加入世界贸易组织（认可法）

世界贸易组织（WTO）简称世贸，它成立于1995年1月1日，总部设在日内瓦。截止到2001年12月，共有成员143个。现任总干事是新西兰前总理迈克·肯尼斯·穆尔。它是世界上唯一处理国与国之间贸易纠纷的国际组织。它的法律体系规范和调整着世界贸易总额90%以上的贸易活动及与贸易有关的投资措施、服务贸易和知识产权活动，毋庸置疑，已是世界公认的国际经济通行规则。就这些而言，WTO已成为名副其实的"经济联合国"了。当今，经济全球化是一个不争的事实，一个国家想要融入经济全球化的浪潮并从中得益，又希望远离WTO、拒绝接受多边贸易规则，是不现实的。我国为了进一步扩大对外开放，通过参与经济全球化获得市场经济持续、健康的发展，为了使对外经济贸易在国际市场上赢得一个公平的、稳定的环境，为了使涉华的国际贸易争端能通过结构健全的规则、缜密的WTO争端解决机制得到公平迅速的解决，为了让贸易总额名列全球第九位的中国能正常地主动参与制定国际经贸规则，得到一个大国所应得到的国际发言权，我国应该尽早加入WTO。可见，我国努力加入WTO绝不是权宜之计，而是经济和法制建设发展到一定阶段的历史性战略选择。2001年11月9日至13日，在卡塔尔首都多哈举行世贸组织第四次部长级会议。北京时间2001年11月10日晚11时，与会全体成员一致通过中国加入世界贸易组织。2001年11月12日零时30分，中国代表团团长、外经贸部部长石广生代表中国政府在中国入世议定书上签字。签字后，石广生约见WTO总干事穆尔，向他提交了由中国国家主席江泽民签署的中国加入世贸组织的批准书。石广生部长签字后30天，即2001年12月11日，中国将成为世贸组织正式成员。

提示与讨论

世界贸易组织法律体系是国际法的范畴，中国只能通过加入该国际组织的方式，认可该国际法的规范。世界贸易组织的法律规则可分两个部分，即多边贸易协议和诸边贸易协议。"多边贸易协议"包括《世界贸易协定》及其附件1〔1B服务贸易总协定（简称GATS）、1C与贸易有关的知识产权（简称TRIPS）〕、附件2〔关于争端解决规则和程序的谅解（简称DSU）〕和附件3〔贸易政策审查机制（简称TPRM）〕，它们构成了世界贸易组织的整个法律制度，也构成了一揽子的权利义务，对所有的成员都有约束力。多边贸易体制是以乌拉圭回合多边贸易谈判达成的多边贸易协议为主体内容，以世界贸易组织作为协议贯彻实施的保证，以准司法性的争端解决机制为后盾的一个全球性、综合性的贸易体制,实质是WTO所管理的体制。"诸边贸易协议"主要由附件4组成,包括民用航空贸易协议,政府采购协议,奶制品和牛肉协议(后两个协议已于1997年失效)等。世界贸易组织成立后签订的《信息技术产品协议》也属于诸边贸易协议的范畴。诸边贸易协议只是极少数成员参加,也只对参加诸边协议的成员有约束力。

【案例14】 元代蒙古族习惯"约孙"(意为"道理")被国家认可为习惯法

使者加宾尼[1]陈述了这一问题:"他们有一条法律或者一种风俗,如果发现任何男人和妇女公开地通奸,就把他们处死。同样的,如果一个处女同任何人私通,他们就把男女双方都杀死。"[2]这些习惯法直至被蒙古国家确立为成文法的法条。使者彭大雅也有同样的记述:"谋杀以及与一个不属于自己的妇女同居,他们都处以死刑。"[3]"相与淫奔者,诛其身。"[4]以蒙古人传统习俗为渊源的道德观念经法律的认定被写进了成吉思汗《大札撒》。

---

[1] 意大利主教约翰·普兰诺·加宾尼(John of Plano Carpini)受罗马教皇应诺森四世委派出使蒙古帝国,希望和蒙古帝国首领交涉,让他们停止屠杀基督教徒,并了解蒙古帝国情况。加宾尼于1245年4月出发,用大约两年时间,到达伏尔加河蒙军西征总指挥拔都的营地,向拔都递交罗马教皇给蒙古大汗的信件。1246年11月开始返回,于1247年秋天到达里昂,向罗马教皇呈献了蒙古贵由可汗的回信和自己见闻的详细报告。他的报告广泛流行于欧洲各国(《出使蒙古记》),并被翻译成为各种文字。

[2] [英]道森编,吕浦译,周良霄注:《出使蒙古记》,中国社会科学出版社1983年版,第18页。

[3] [英]道森编,吕浦译,周良霄注:《出使蒙古记·鲁不鲁乞东游记》,中国社会科学出版社1983年版,第122页。

[4] (宋)彭大雅著,(宋)徐霆疏:《黑鞑事略》,翰墨林编译印书局,光绪二十九年(1903年)铅印本,第101页。

来自蒙古人狩猎、战争的"约孙"也写在《大札撒》里。蒙古人原本出自狩猎民族,在某种意义上,狩猎与战争具有同等重要的价值。志费尼《世界征服者史》云:"当他们不打仗时,他们老那么热衷于狩猎,并且鼓励他们的军队从事这一活动:这不单为的是猎取野兽,也为的是习惯狩猎锻炼,熟悉弓马和吃苦耐劳。"狩猎过程中,蒙古人有一套严格的行动计划和组织纪律,对官兵的要求与战争完全一样。"他们花一个月、两个月或三个月的时间,形成一个猎圈,缓慢地、逐步地驱赶着前面的野兽,小心翼翼,唯恐有一头野兽逃出圈子。如果出乎意料有一头破阵而出,那么要对出事原因做仔细的调查,千夫长、百夫长和十夫长要因此受杖,有时甚至被处极刑。如果有士兵没有按照路线行走,或前或后错走一步,就要给他严厉的惩罚,决不宽恕。"[1]这些在原始狩猎活动中形成的一整套近似于作战的原则,如果没有"强制执行"为其作保障,则无论狩猎的成功还是战争的胜利都是难以想象的。成吉思汗大蒙古国时期,国家对外战争已成为最重要的活动。每逢遇有重要的战事,军队出征前照例要举行军前誓师。仪式进行过程中,在强调"札撒"的同时,则必定要重申古老的"约孙"。这些与战争相关的"约孙",最重要的特征就是其背后一定表现为"强制性的力量",是绝对不得违反的。1219年西征花剌子模国前夕,"成吉思汗对诸子及万户长、千户长、百户长进行了任命和分派。他召集了会议,举行了忽里勒台,在他们中间对(自己的)领导规则(ain)、律令(yasa),古代习惯(yusun)重新

---

[1] [伊朗] 志费尼著,何高济译:《世界征服者史》,内蒙古人民出版社1981年版,第30页。

作了规定后。便向花剌子模王国出征了……"[1]上文中的"律令"即成吉思汗"札撒"。在这样隆重的军前誓师大会上,古代习惯——"约孙"与"律令"同样作为全体将士必须遵守的行动准则而被加以强调。出征的将士们,对成吉思汗的"札撒"若有违犯,一定要受到法律的制裁。而在同样的场合下违反"约孙",也要受到制裁。"约孙"与"札撒"具有共同的以强制力来保障其实施的特点。这样的例证我们还可以看到很多,如"捶马之面目者,诛其身"。[2]"马"作为蒙古人在草原上重要的交通工具、战争武器,自当受到特殊的保护。赵珙云:"牧而庖者,以羊为常,牛次之,非大宴会不刑马。"[3]非但马受到特殊的法律保护,爱屋及乌,甚至连"倚靠在鞭打马的马鞭上,用马鞭去接触箭,捕捉或弄死小鸟,用马笼头打马"等等都是罪恶,若故意触犯之则会被处死。这些作为草原游牧民族在他们长期的生产、生活以及战争实践中形成的习惯性行为规范,终于发展成为古代军事游牧民族特殊的刑事立法。

提示与讨论

当传统观念的"约孙"被赋予"强制力"保障其实施之后,它在实际上已经变成了一个社会的习惯法。在大陆法系国家,成文法支配不成文法,习惯法要成为法律,必须有国家的主动认可。蒙古人对故意违反"约孙"的惩罚措施规定得如此之严厉,故在这个意义上的"约孙"已经是蒙古社会的"习惯

---

[1] [波斯]拉施特主编,余大钧译:《史集》(第1~2卷),商务印书馆1986年版,第272页。

[2] (宋)彭大雅著,(宋)徐霆疏:《黑鞑事略》,翰墨林编译印书局,光绪二十九年(1903年)铅印本,第101页。

[3] (宋)彭大雅著,(宋)徐霆疏:《黑鞑事略》,翰墨林编译印书局,光绪二十九年(1903年)铅印本,第101页。

法"。"如果一种生产方式持续一个时期,那么它就会作为习惯和传统固定下来,最后被作为明文的法律加以神圣化。"[1]

【案例15】 云南省怒江傈僳族习惯法

在泸水县境内的傈僳族中,不成文的习惯法则比较多,其中最为普通的有以下几种:①在地里或者别人房内偷东西,如被发现,可以当场打死,不受斥责;②和有夫之妇通奸,如被其夫发现,一般是罚一壶酒或数元钱,如系亲朋,有时连酒也不要,只需口头劝告就行了;③如发现"啃扒"(会杀魂的人),大家一致公认某人为"啃扒",即处以罚款后,驱出村外;或群众不和他来往,使之孤立;④村寨间或氏族间发生纠纷,请人进行调解谈判时,双方不能污辱或杀害来谈判(傈僳语称之为"子木")的人,参加调解谈判的人亦不能携带武器;⑤一夫一妻制的家庭是以父权为中心的,直系依据父方计算,父亲的财产只有儿子才能继承。妇女的财产只限于装饰用的贝壳、珠子、手镯和耳环等物。

提示与讨论

国家认可这些习惯而变成习惯法,它世世代代规范着傈僳族的生活,在这里它比国家制定法更具有可行性,更顺应事实。

【案例16】 国家对中国传统礼仪的认可

汉代还有相当大的一部分礼仪规定在律之中。如孙叔通所用《傍章律》涉及宗庙、陵墓、守丧、送丧、省亲、休假、洗沐、祝福、祭祠、消灾等礼仪制度,关系到天子、诸侯、列侯、

---

[1] 中共中央马克思恩格斯列宁斯大林著作编译局:《马克思恩格斯全集》(第25卷),人民出版社1974年版,第894页。

第二章 法的一般特征

公卿大臣、地方官、洞官、百姓、妇女等人,违背者有免职、废国、遣归、警告、治罪、论杀等处罚。至汉武帝时,张汤的《越宫律》为宫殿、省禁、苑园、乘舆、驰道、宫门、殿门、司马门等规定严格的礼仪制度,违者处罚严厉,如"用人殿中",下狱当死。赵禹的《朝律》规定了聘享、朝献、春朝、秋请、大朝、外朝、中朝等隆重的礼节与仪式。这些规定属于礼律结合的内容,也反映了这一时期礼仪法尚未完全独立,正因如此,清末沈家本称"汉礼仪多在律令中"。经三国两晋南北朝的发展,至隋代起,开始了礼仪法律专门化、法典化的新阶段。"隋文天下初合,享国日浅,亦能于兵尽之余,收集南北仪注,为百三十篇。"[1] 唐代在沿袭隋礼的基础上编定了《贞观礼》、《显庆礼》和《开元礼》。如唐太宗在位期间"顾视隋礼不足尽用,乃诏房玄龄、魏征与礼官学士等修五礼,成书百卷,总一百三十篇,所谓《贞观礼》是也"。[2] 宋太祖时所定《开宝通礼》,是宋"一代之成法"。[3] 其后又有《太常因革礼》、《礼阁新仪》、《政和五礼新仪》为其补充。元有《元通礼》,明有《明集礼》,而清代的《大清通礼》乃是古代最完备的礼仪法典。

提示与讨论

习惯法不仅是对传统习惯的认可,也包括对传统礼仪的认可。中国古代非常重视制度建设,而制度建设的核心不是国家的制定法,而是儒家的"礼"。强调"为国以礼","礼者,法之大分(本),类之纲纪也"。[4] "礼"的首要内容就是"君

---

[1]《太常因革礼·序》。
[2]《大唐开元礼·原序》。
[3]《太常因革礼·序》。
[4]《论语·先进》。

君、臣臣、父父、子子"的宗法等级。中国古代社会就是以礼教和德治进行制度建设的，提倡君仁、臣忠、父慈、子孝，着眼于道德人格的完善。秦汉以后，不仅民间秩序渗透了儒家伦理，而且中国国家正式法律制度也已儒家化。[1]

【案例17】 习惯法与制定法共同构筑和谐社会

在江汉平原的某个县级市的法院里，我们看到这样一个案件，其情况及背景大致如下：某村一位妇女Q的丈夫M长年在城里打工，在同村的另一位男子W的引诱下，妇女Q同W保持了一年多的两性关系（Q称是强奸后通奸）。其丈夫回来后得知此事非常愤怒，声称自己"没脸在这个村子里活下去了"，多次打骂W，并威胁W及其家人特别是其儿子的生命安全。村委会首先出面调解，W表示愿意向M支付7000元人民币作为"精神和名誉损害赔偿"，但要求M保证，私了之后不再威胁自己和两个儿子的安全。M拒绝了这一出价，继续纠缠威胁W。W感到自己和孩子的人身安全都受到了威胁，为寻求保护，将此事反映给本村书记，书记建议他向当地人民法院提出诉讼，要求被告M停止对W的人身威胁和财产侵害。面对W的起诉，M异常愤怒，在没有任何可以站得住脚的法律根据的情况下，M提出反诉，认为原告的行为对自己造成了"精神和名誉损失"，要求法院据此判决原告赔偿自己人民币10000元。

面对这种非常微妙的案情，法院既没有轻易接受W的诉讼请求，也没有轻易拒绝M的诉讼请求。而是模棱两可地对此案进行了调解。在调解过程中，法院一方面通过劝说，使得W接受了对他实行拘留的决定；而另一方面法院又用这种拘留作为

---

〔1〕 瞿同祖：《中国法律与中国社会》，商务印书馆2010年版，第398页。

一种交换条件之一,要求 M 做出让步。经法院同双方做工作,和解协议终于达成。协议规定:①W"赔偿"M 精神和名誉损害费 8000 元;②M 停止威胁、骚扰 W 及其家人,此后,双方均不得挑起事端(对于 W 来说,这意味着不得再去"找"这位妇女);③本案诉讼费 600 元,W 承担 400 元,M 承担 200 元。协议达成的当天,在"班房"里待了 13 天的 W 被释放了。W 对自己遭遇没有半点抱怨,相反一个劲地感谢主持调解此案的法官。而 M 则很快携带自己的妻子离村到城里打工去了。

提示与讨论

如果从法律上看,这个案件是非常奇怪的一个案件。尽管此案的结果在绝大多数中国人看来都颇为圆满,皆大欢喜。但是,仔细琢磨起来,可以说,所有的人,包括法官似乎都完全放弃了制定法的根据,整个案件都似乎行进在一条"没有法律航标的河流上或海洋上"。尽管 M 的愤怒几乎人人都可以理解,但是,我们必须承认,他的愤怒和由此而来的一系列行动和要求都没有任何法律的根据。在现行的中国刑法中,通奸不是犯罪,而且也没有其他法律明文规制这一行为。但这位可怜的多情种子居然毫无现代的法律意识和权利意识,居然全盘接受这样的指责。甚至,他不但接受了法院做出的拘留这样一个显然违背法律的决定,并且对此表示真心感谢——"法院拘留我也是为我好"。与此相反,即使是事出有因,M 本人的骚扰、威胁 W 及其家人的行为反倒是可能受治安处罚甚至刑法处罚的行为,但是,他却没有受到任何的处罚。

本案涉及的所有人都在不同程度上认可了这样一个非成文的习惯法,即一位男子同一位已婚妇女发生性关系,就对这位妇女的丈夫构成了某种伤害。尽管在制定法上这并不构成可以提出诉讼请求的侵权伤害,但是,在民间看来,这种伤害不仅是一种道德上的不公,而且至少在这个社区中,这种不公已经使受伤害的配偶有权提出某种形式的只要是不太过分的主张,而发生性关系的男子则有义务以某种或几种方式偿还这种"侵权之债"。

【案例18】 判例的认可:首例植物人离婚案

原告诉称:原告与被告婚后初期,被告热衷搓麻将且彻夜未归。1995年,被告离家出走。1999年8月12日下午,自己在单位被220V电流击中,昏迷至今。现双方的夫妻关系已名存实亡。被告李某未到庭应诉。上海市长宁区人民法院经公开审理查明:其1991年1月18日结婚,1991年11月19日生育一子名许英杰。自1993年起,被告热衷搓麻将后,双方经常发生矛盾。1995年,被告离家出走。原告于1999年8月12日被220V电流击中,后该院对原告诊断结论为植物人状态,现原告仍住院治疗,原告的法定代理人以原告的名义起诉。本案中,本院委托司法部司法科学技术研究所对原告的精神状态进行鉴定及对其行为能力进行评定。2000年5月24日,司法部司法科学技术研究所出具书面鉴定结论,被鉴定人许某在本案中应评定为无民事行为能力。鉴于原告许某之妻下落不明,故本院依法确定原告之母滑某为原告的法定代理人。被告下落不明,本院于2000年5月25日向被告公告送达民事起诉状副本及开庭传票,被告在公告期限届满后未到庭应诉。上海市长宁区人民法院根据上述事实认为:被告热衷搓麻将且彻夜未归。1995年,被告离家出走,现经本院公告查找又确无下落。原告于1999年8月12日被220V电流击中,处于植物人状态时,被告仍未出现,根本未尽妻子义务,应认定为原、被告的夫妻感情确已破裂,现原告要求与被告离婚。原告的法定代理人在本案中对原、被告所生之子抚育权问题未提出主张，考虑到原告目前系无行为能力人，故本院对子女抚育权问题不予处理。关于原告、被告的夫妻共同财产及住房问题，原告法定代理人明确表示在被告尚未出现时不予分割，日后另行主张，可予准许。准许原告被告离婚。

提示与讨论

本案是首例植物人离婚案，属于新类型的民事案件，前所未有：诉讼主体具有一定的特殊性，表现在一方当事人系植物人，另一方又下落不明；法律界对该案如何处理意见不一；法律未明确规定植物人属无民事行为能力人。以上情况说明该案的处理十分特别。法院从当事人的实际情况出发，按照《婚姻法》关于处理离婚问题的规定，慎重而圆满地处理了本案，它将成为类似案件的判例。随着新类型案件大量出现，为提高办案效率，对于一些类似植物人、脑瘫患者等可在法律规定或司法解释中进一步明确，进而成为判例法。

【案例19】 北京科技大学学生田永、北大学生刘燕文把母校告上了行政法庭

原告田永是北科大应用科学学院物理化学系1994级学生。1996年2月29日，田永在参加电磁学课程补考过程中，随身携带有电磁学公式的纸条。田永中途去厕所，纸条掉出，被监考老师发现。监考老师虽未发现田永有偷看纸条的行为，但还是按照考场纪律，当即停止了田永的考试。北科大以田永违反该校制定的〔94〕第068号文件——《关于严格考试管理的紧急通知》为由，决定对田永做出勒令退学的处理。但是该退学处理决定并未得到实际执行，即北京科技大学没有直接向田永宣布处分决定和送达变更学籍通知，也未给田永办理退学手续。在此后约两年中，原告田永继续在该校以一名正常学生的身份

> >>> **案例** 法理学

参加学校的学期注册,交纳学费。继续享受学校补助金和使用学校各项设施,包括校医院、图书馆、教室。田永还以该校大学生的名义参加各科的考试,修完了所有学分并参加大学生毕业实习设计,先后领取了英语、计算机毕业设计等成绩的合格证书。1998年6月临近毕业,北京科技大学以原告田永已作退学处理,不具有学籍为由,拒绝为其颁发毕业证和派遣证等,也没有将田永授予学士学位资格名单交本校的学位评定委员会审核。于是田永把母校告上了行政法庭,要求母校为他颁发毕业证、学位证、派遣证,要求母校向他赔礼道歉、恢复名誉、赔偿经济损失等,最终田永胜诉。该案曾引起法学界乃至全社会的关注。

北大学生刘燕文因学位状告母校为行政诉讼被告案。2000年,几百名北大学生在海淀区法院鼓掌欢呼,庆祝刘燕文为学位状告母校一审胜诉,两位原告的诉讼代理人在北大受到了英雄般的欢迎。1996年初,北大无线电电子学系刘燕文的博士论文通过答辩和系学位评定委员会的审批后,报请学校学位评定委员会审查。学位评定委员会共有委员21人,表决时到会16人,表决结果是7票反对,6票赞成,3票弃权。北大认为赞成票未过半数,决定不授予刘燕文博士学位,只发给其博士结业证书。刘燕文得知后,曾经向北京大学多次询问,北京大学给予的答复是无可奉告。刘向校长反映,得到的答复是"研究一下",但此后再无下文。为此,他也曾向教育部(原国家教委)学位办公室反映,学位办说已责成北大给予答复,然而刘一直未得到消息。刘燕文曾经于1997年向法院起诉,未被受理。之后,他一直为此事奔波。三年多来,学校、有关部门对此事一直没有明确说法,无奈之下,刘燕文向法院递交了诉状,并胜诉。

第二章 法的一般特征

🔖 提示与讨论

学生状告母校的现象始于1998年"田永状告北京科技大学"一案,紧接着原北大博士生刘燕文为学位状告母校。两案原告相继胜诉(注:刘燕文案一审胜诉,二审以程序问题改判刘燕文败诉)。由此在全国卷起了一阵"学生状告母校"的热潮,一向在人民心目中远离是非纷扰之地的圣洁的象牙塔的高校,因侵犯学生的受教育权、人格权等,频频被推上被告席。在这阵热潮中,学生胜多败少,学校明显处于劣势。显然,田、刘两案的胜诉让许多认为权利被侵害的莘莘学子看到了希望,也成为该领域的判例。

通常认为,学校作为事业单位几乎与行政诉讼被告无缘。在实践中,众多的法院依据《中华人民共和国教育法》(以下简称《教育法》)第42条"受教育者享有下列权利:……(四)对学校给予的处分不服向有关部门提出申诉,对学校、教师侵犯其人身权、财产权等合法权益,提出申诉或者依法提起诉讼"的规定,对学生因为学籍管理方面的勒令退学、开除学籍的处理决定而直接起诉高等学校的不予受理,而是告知学生只能向学校的主管行政部门提起申诉。对申诉处理决定不服的,可以向申诉部门的上一级行政机关提起行政复议,或提起行政诉讼。由北京市西城区人民法院受理的财政部财政科学研究所博士生韩某状告财科研究所勒令退学案就属此类。而西南某大学生李某直接以母校为被告提起不服该校行政开除学籍的行政诉讼,则被人民法院告之该案不属于行政诉讼的受案范围,也属于该类型案件。稍作分析,不难看出目前司法实践中对学籍管理纠纷的解决出现的两难困境:即对学生的处理决定权实际上掌握在高等学校手里,而一旦通过申诉后提起行政诉讼,被告并不是高校,而是申诉机关,高校只是第三人。这样,法院在审理时，当然只能审查被告的具体行政行为，而不会审查高校行为。因此，《教育法》第42条的规定有失偏颇；二十年前颁布的《中华人民共和国学位条例》（以下简称《学位条例》）以及后来颁布的《中华人民共和国高等教育法》对有关纠纷的解决途径也都没有明确规定。换句话说，没有一部有关的教育法认为学生可以起诉学校。也许正是因为这样，学校的公权无限膨胀，以至侵害学生的合法权益。而海淀区人民法院直接以学校作为行政诉讼被告来受理田、刘两案是属全国首创。

其实，学校同样也可以作为行政诉讼的被告。首先，很多大陆法系国家把高等学校与学生的关系已确定为公法关系。早在19世纪，法国、德国等大陆法系国家就把公立高等学校界定为行政组织的一种，称之为"公务法人"或"公共机构"。日本法则称之为"公共营造物"或"公共设施"。从组织性质上看，这些国家都将公立高等学校定位为行使一定公权力的行政主体，也就是说，高等学校对学生的管理或服务是基于国家的公权力，两者之间是一种行政法律关系，即一种特别权力关系，或称公权力关系。正是这种权力色彩的原因，高等学校才可以对学生进行管理、命令，进而形成了命令与服从的特别不对等的关系。也正是这种不对等的法律关系造成了学校和学生之间近年来发生许多法律纠纷。其次，在我国学校作为行政诉讼被告的基本原理在于它在行政法上具有行政主体地位，其途径在于法律、法规的授权。《教育法》第28条规定："学校及其他教育机构行使下列权利：（一）按照规章自主管理；（二）组织实施教育教学活动；（三）招收学生及其他受教育者；（四）对受教育者进行学籍管理，实施奖励或处分；（五）对受教育者颁发相应的学业证书……"第21条又规定："经国家批准设立或者认可的学校及其他教育机构按照国家有关规定，颁发学历证书或者其他学业证书。"《学位条例》第8条规定："学士学位,由国务院授权的高等学校授予,硕士学位、博士学位,由国务院授权的高等学校和科学研究机构授予;授予学位的高等学校和科学研究机构及其可以授予学位的学科名单,由国务院学位委员会提出,经国务院批准公布。"由此不难看出,我国的《教育法》和《学位条例》通过法律授权的方式,明确规定了学校对学生在授予学位、学籍管理、招生等方面具有行政管理权,即高等学校是法律、法规授权的行政主体,对其运用行政职权所为行为不服,无疑是行政诉讼的适格被告。

第二节 法是靠国家强制力保证实施的行为规范

所谓法的强制力是指一个国家所依靠的（诸如军队、警察、法庭、监狱等）暴力工具所具有的一种强大的威慑力量。由于法体现统治阶级的意志,并且是"公意"而不是"众意",这就决定了它的实施必然受被统治阶级和一部分统治阶级内部的阻碍,所以法的实施有时靠国家强制力保障实施。同时,如果不以国家强制力做后盾,法就形同虚设。

在理解法是靠国家强制力保障实施时应注意以下问题。首先,国家强制力系法实施的最后一道防线,即法的实施既不是每一个环节都需要强制力,它也不是法实施的唯一的力量。倘若一国法律仅仅依靠国家暴力来维护,这个国家的法律就成为纯粹的暴力。倘若一国法律等同于赤裸裸的暴力,则统治者无须用法律来治国,仅需刑场和行刑队就够了。其次,法的本身所具有的是国家强制性,而非国家强制力。国家强制力是一种外在的东西,是法律实施的保障。说法律具有国家强制性,这是就法的性质而言的。倘若以为法的本身就具有国家强制力,

>>>> **案例** 法理学

则无异于承认"徒法可以自行",而国家对法之实施的保障是多余的。再次,法的国家强制性离不开法的规范性。国家机关运用国家强制力来保障法的实施,也须依法而行,也应受法律规范的约束。国家强制力的适用条件、实施机关和人员、实施的程序以及给予何种制裁均由法律规定。最后,国家强制性对于权利主体和义务主体的作用是不一样的。对于义务主体国家强制力有直接的约束力,而对权利主体有间接的约束力,如人对自己所有的物有抛弃权,但所抛弃的物不能损害其他人的利益。同时,当权利受侵害时也需要国家强制力来排除妨害,惩罚侵害者。

【案例20】 抗税案

个体经营者聂某自营餐饮店,从2013年2月开张到2013年12月,共计10个月,期间营业额为14.9万余元,应纳税额1.3万余元。税务所多次通知其纳税,聂某置之不理。税务所派员到餐饮店催缴欠税款,聂某亲自率领店内帮工辱骂、围攻税务人员,并将两名税务人员强行推出店外,在推搡过程中,税务人员的衣服被撕破,手臂被扭伤,在当地造成极坏影响。××县人民检察院对被告人聂某以抗税罪向××县人民法院提起公诉。××县人民法院经公开审理作出判决,以抗税罪判处被告人聂某有期徒刑一年,并处罚金1.5万元。

提示与讨论

纳税是公民的义务,以各种方式不履行法律义务,国家将强制其履行法定义务。法的国家强制性,既表现为国家对违法行为的否定和制裁,也表现为国家对合法行为的肯定和保护;既表现为国家机关依法行使权力,也表现为公民可以依法请求保护其合法权利。是否具有国家强制性是衡量一个规则是否为

第二章 法的一般特征

法的决定性标准。正如德国法学家耶林所言,没有国家强制力的法律规则是"一把不燃烧的火,一缕不发亮的光"。

【案例21】 拒绝"强制隔离"的后果

2003年,中国大地上非典肆虐。一位名叫刘保成的河南省籍农民,在2003年4月在山西太原打工期间患上非典,太原方面要求其就地隔离治疗,但他不顾政府有关规定,突然从被隔离治疗的医院逃出。太原警方紧急追踪,在从太原开往南阳的火车上将刘保成截留,强制送往就近的山西临汾市传染病医院进行隔离治疗。但刘保成仍不安心配合治疗,于2003年4月23日夜间再次从隔离治疗医院破窗逃跑。当夜,临汾警方根据掌握的情况,迅速通过河南省公安厅向南阳市发出了协查警报。南阳市和唐河县公安局立即抽调人员,对刘保成可能出现的地方进行布控、检查。4月24日晨7时,刚刚回家的刘保成被警方强行送往唐河县人民医院进行隔离治疗。唐河县卫生防疫站和县公安局共同调查认定,刘保成逃离太原、临汾乘火车回到南阳期间,在火车上恶意接触19人,在唐河县恶意接触20人,随后其接触过的所有人员已全部被隔离观察。刘保成康复出院后,随即被唐河县公安局办案人员带上了警车。警方以其涉嫌妨害传染病防治罪,依法将其刑事拘留。

提示与讨论

依《传染病防治法》及其《实施办法》相关条款,"非典"病人、"非典"疑似病人及与他们密切接触者有义务接受隔离,违反上述规定的被"隔离"人员,有关部门对他(她)进行劝阻和制止,必要时公安部门协助医疗卫生机构进行"强制隔离";违反行政法律法规的要进行行政处罚,如罚款(5000元~20 000元)等;构成犯罪的,如引起甲类传染病传播或者有传播严重危险的，依法追究刑事责任，处三年以下有期徒刑或者拘役，后果特别严重的，处三年以上七年以下有期徒刑。刘保成拒绝履行接受"隔离"义务，有关部门依法靠国家强制力强迫其履行义务，并让其承担因违反法律义务引起的法律责任。

第三节　法是特殊的社会规范

法是调整人与人之间关系的社会规范，但它与其他社会规范所不同的是它具有自己的逻辑结构性、普遍性、概括性等特点。

【案例22】 法律规范具有"逻辑性"（如果—则—否则）

《刑法》第115条规定："放火、决水、爆炸、投毒或者以其他危险方法致人重伤、死亡或者使公私财产遭受重大损失的，处10年以上有期徒刑、无期徒刑或者死刑。"

适用主体——公民个人；

行为模式——不得做出放火、决水、爆炸……且致人重伤、死亡或者使公私财产遭受重大损失的行为。

适用条件（之一）——如果适用主体未做出上述行为；

行为后果（之一）——那么法律给予允许和保护（积极后果省略）。

适用条件（之二）——如果某适用主体做出了上述行为；

行为后果（之二）——那么该适用主体将被处10年以上有期徒刑或者无期徒刑或者死刑（消极后果不能省略）。

提示与讨论

法律规范的逻辑性是指，任何一个完整的法律规范必须具有假定（即适用条件）、处理（即行为模式）、后果（即行为后果)等三大要素,该三大要素用逻辑学的公式表示为"如果—则—否则"。"否则"部分即法律制裁部分是法律规范与其他社会规范所不同的最主要特点,一般不能省略。

```
                    ┌─────────────────────┐
                    │    法律规范的结构     │
                    │ (法律规范的构成要素)  │
                    └──────────┬──────────┘
         ┌─────────────────────┼─────────────────────┐
┌────────┴────────┐  ┌─────────┴─────────┐  ┌────────┴────────┐
│  假定(条件)     │  │ 处理(权利义务的规定)│  │ 后果(积极和消极) │
│    如果          │  │       则           │  │     否则         │
└─────────────────┘  └───────────────────┘  └─────────────────┘
```

假定即适用条件,一般包括主体自身条件即主观条件及客观条件。主观条件,就个人来说,如国籍、性别、年龄、身份、资历、财产,等等;就组织来说,如企业的性质、资产,机关的级别、职权等等。客观条件,如时间条件、地域条件、环境条件、情况条件、工具条件和行为后果条件,等等。一般说来,法律规范的适用条件总是多重的。例如《刑法》第131条规定:"航空人员违反规章制度,致使发生重大飞行事故,造成严重后果的,处三年以下有期徒刑或者拘役……"这是一个以"航空人员"为适用主体、以不得"违反规章制度"为行为模式的义务性法律规范,该规范的适用条件就包括:①有关主体做出了违反规章制度的行为(省略);②该行为致使发生重大飞行事故;③该行为造成严重后果等三个方面。

处理即行为模式,是指法律对个人和组织在一定条件下如何行为的规定,它是法律规范的核心内容或核心构成要素。具体是指适用主体在适用条件下,可以做出什么行为、可以不做出什么行为、必须做出什么行为、不得做出什么行为以及既可以又必须做出什么行为。如《中华人民共和国继承法》第16条:"公民可以依照本法规定立遗嘱处分个人财产,并可以指定遗嘱执行。"《中华人民共和国公司法》第207条:"清算组成员利用职权徇私舞弊、谋取非法收入或者侵占公司财产的,由公司登记机关责令退还公司财产,没收非法所得,并可处以违法所得一倍以上五倍以下的罚款。"《中华人民共和国人民警察法》第11条:"为制止严重违法犯罪活动的需要,公安机关的人民警察依照国家有关规定可以使用警械。"其中的"立遗嘱"、"指定遗嘱执行人";"徇私舞弊"、"谋取非法收入"、"侵占公司财产";"使用警械";等等,即分别为上述各法律规范中适用主体可以做出、可以不做出、必须做出、不得做出以及既可以又必须做出什么行为的行为模式。

行为后果,可以划分为肯定性行为后果和否定性行为后果两类。肯定性行为后果是指法律对适用主体做出了(或未做出)规范规定其可以做出的行为;未做出规范规定其可以不做出的行为;做出了规范规定其必须做出的行为;未做出规范规定其不得做出的行为,以及做出了规范规定其既可以又必须做出的行为时,给予允许、保护以至奖励(鼓励),表示认可和支持其依法行为。否定性行为后果是指法律对适用主体未做出规范规定其必须做出的行为;做出了规范规定其不得做出的行为,以及未做出规范规定其既可以又必须做出的行为时,给予一定的处罚,并强制其做出或不做出一定行为,表示不认可、不支持其违法行为。

应该指出的是,法律规范中肯定性行为后果的具体内容,在法律条文里一般都作省略处理,并不逐一作出规定。例如《香港特别行政区基本法》第32条:"香港居民有宗教信仰的自由,有公开传教和举行、参加宗教活动的自由";《中华人民共和国票据法》第82条:"开立支票存款账户,申请人必须使用其本名,并提交证明其身份的合法证件"等法律规范中,肯定性的行为后果——适用主体依照上述规范之规定行为时,法律将给予允许和保护——均省略了。这是因为：第一，依法行为，是社会上大量存在的、普遍性的行为；第二，法律对依法行为无须作性质、数量、后果等方面的认定和区分。所以，对依法行为的后果的具体内容逐一作出规定，既显重复，又显烦琐。只有在给行为人或组织的依法行为以一定的奖励（或鼓励）时，法律才做明确规定。而法律规范中否定性行为后果的具体内容，在法律条文里一般都有（或应该有）明确的规定，否则无以体现法律的强制性，损害法律的权威，影响法律的实施。如《中华人民共和国刑事诉讼法》（以下简称《刑事诉讼法》）第60条第1款规定："凡是知道案件情况的人，都有作证的义务。"因我国现行法律中还找不到有关不去作证的处罚规定，所以这条规定不是有关严格意义的法律规定，缺乏法的主要的逻辑要素。

【案例23】 薄熙来事件与法律规范"普遍性"

2012年4月10日，鉴于薄熙来涉嫌严重违纪，中央决定停止其担任中央政治局委员、中央委员职务，由中共中央纪律检查委员会对其立案调查。2013年7月25日，薄熙来涉嫌受贿、贪污、滥用职权犯罪一案，经依法指定管辖，由山东省济南市人民检察院向济南市中级人民法院提起公诉。2013年8月22日8时43分，济南市中级人民法院一审公开开庭审理被告人薄熙来受贿、贪污、滥用职权案。2013年9月22日10时50分许法庭一审判决，对被告人薄熙来以受贿罪、贪污罪、滥用职权罪依法判处刑罚，数罪并罚，决定执行无期徒刑，剥夺政治权利终身。薄熙来不服一审判决提出上诉，10月8日山东省高院已受理。2013年10月25日上午，山东省高院对薄熙来受贿、贪污、滥用职权案二审公开宣判，裁定驳回上诉，维持一审无期徒刑判决。

【案例 24】 曹某、李某离婚案

中国公民曹某（男）和中国公民李某（女）于 1944 年在中国大陆结婚，育有二女，现均已结婚自立。曹某于 1949 年去了我国台湾地区，1957 年赴美国定居，1991 年入美国籍。李某仍居中国大陆。双方离散后，常有通讯联系，李某也曾于 1975 年赴美与曹某共同生活。1984 年后，两人每年回国探亲一次，并先后在宁波市江东区和鄞县各购买了一套住宅并翻建。1989 年，两人在美国发生矛盾，曹某独自回中国大陆与另一妇女同居。1990 年，李某也回到中国大陆，要求曹某与同居妇女断绝关系。曹某不听，并回美国与李某办理了离婚手续，又以挂失为名提取了夫妻在美国合存的存款 18 万余美元。1991 年，曹某又回宁波，并持美国法院作出的曹、李二人的离婚判决，在宁波市民政局涉外婚姻登记处办理了与原同居妇女的结婚登记。后来，李某向宁波市中级人民法院提起诉讼，请求与曹某离婚，要求分割夫妻关系存续期间的共同财产，并要求判令被告支付其生活费和扶养费。

提示与讨论

法的普遍性是指时间上的长期性、地域上的主权性、适用对象的全部性，不论对统治阶级还是被统治阶级都具有约束力。案例 23 表明，薄熙来虽然位居高官，但党和国家的各级干部是人民的公仆，应当自觉遵守国家法律，法律面前人人平等，他们犯法，与庶民同罪，体现了法律在适用对象方面的普遍性。案例 24 体现了我国法律在地域上的主权性。本案件是涉外离婚案件，根据《中华人民共和国民法通则》（以下简称《民法通则》）第 147 条、第 148 条和《最高人民法院关于贯彻执行〈中

第二章 法的一般特征

华人民共和国民法通则〉若干问题的意见（试行）》第188条之规定，涉外离婚案件应适用法院地法，向我国法院起诉的离婚案件，应适用我国法律。被告持美国法院的离婚判决在宁波市民政局涉外婚姻登记处办理的结婚登记，因其未向我国有管辖权的人民法院申请承认该判决，美国法院的该离婚判决在我国不具有法律效力，这是司法主权的表现之一。故在宁波市的结婚登记应视为无效，应撤销其婚姻登记，原、被告仍为合法夫妻。现原告向本院提起离婚诉讼，并请求分割夫妻共同财产和要求扶养费，并无不当。由于被告不珍惜多年的夫妻感情，抛弃年老有残疾的妻子，根据《婚姻法》的相关规定，准予离婚。现双方都承认夫妻共同财产包括18万余美元和国内的三处房产，在分割时应适当考虑照顾无过错一方的利益。原、被告之间互相负有扶养义务，原告没有固定收入来源，且身有残疾，被告有固定的养老金收入。根据我国法律规定，需要扶养的一方有要求对方给付扶养费的权利，被告有经济能力的，应当承担对原告的扶养责任。最后，双方经调解达成财产分割协议。

【案例25】 被告为什么已构成盗窃罪

被告人孙某利用上班时间，在某某车站停留的货物列车车厢内，盗出一台价值32 000元的日立牌录（放）像机，并将该录像机隐藏在站修所院内。被告人马某发现孙某去站修所院内隐藏物品，即怀疑孙某盗窃了车上的东西。当孙某从站修所院内出来后，马某即去站修所院内查找。马某在杂草丛中找到了录（放）像机，把它转移到附近的破房内藏好，下班后将该机拿回家，占为己有，后被别人拿走。法院经过公开审理认为，被告人孙某盗窃铁路运输物资，被告人马某盗窃明知是赃物的财物，数额巨大，均已构成盗窃罪，分别判处3年和3年6个月的有期徒刑。该案中，为什么孙某和马某构成犯罪？又为什么法院如此量刑？仅仅依据《刑法》第264条吗？

提示与讨论

案例25体现了法律的概括性的特点。《刑法》第264条概括地规定："盗窃公私财物，数额较大或者多次盗窃、入户盗窃、携带凶器盗窃、扒窃的，处三年以下有期徒刑、拘役或者管制，并处或者单处罚金；数额巨大或者有其他严重情节的，处三年以上十年以下有期徒刑，并处罚金；数额特别巨大或者有其他特别严重情节的，处十年以上有期徒刑或者无期徒刑，并处罚金或者没收财产。"至于在具体司法实践中，何为"数额较大"、何为"数额巨大"、何为"数额特别巨大"、何为"情节严重"等问题，只能通过司法解释等办法来解决。为此，2013年3月8日最高人民法院审判委员会第1571次会议、2013年3月18日最高人民检察院第十二届检察委员会第一次会议通过《最高人民法院最高人民检察院关于办理盗窃刑事案件适用法律若干问题的解释》，规定："盗窃公私财物价值1000元至3000元以上、3万元至10万元以上、30万元至50万元以上的，应当分别认定为刑法第264条规定的'数额较大'、'数额巨大'、'数额特别巨大'。各省、自治区、直辖市高级人民法院、人民检察院可以根据本地区经济发展状况，并考虑社会治安状况，在前款规定的数额幅度内，确定本地区执行的具体数额标准，报最高人民法院、最高人民检察院批准。"

第四节 法是以权利义务为内容的行为规范

一谈起法，人们必然想到"权利和义务"，因为法律是通过规定人们的权利义务，以权利义务为机制，指引人们的行为，调节一定的社会关系的。所谓权利是指规定或隐含在法律规范中、实现于法律关系中的、主体以相对自由的作为或不作为的方式获得利益的一种手段。所谓义务是设定或隐含在法律规范中、实现于法律关系中、主体以相对受动的作为或不作为的方式保障权利主体获得利益的一种约束手段。权利与义务是法的核心内容，也是法学的中心范畴。

首先，权利和义务是从法律规范到法律关系再到法律责任的逻辑联系的各个环节的构成要素。权利和义务是法律规范的核心内容，一个标准之所以被称为法律规范，就在于它授予人们一定权利，告诉人们怎样的主张和行为是正当的、合法的、会受到法律的保护；或者给人们设定某种义务，指示人们怎样的行为是应为的、必为的或禁为的、在一定条件下会由国家权力强制履行或予以取缔。权利和义务是法律关系的关键要素，某一社会关系之所以是法律关系，就在于它是依法形成的、以权利和义务的相互联系和相互制约为内容的社会关系。如恋爱双方的关系因不是法律关系，所以互不享有法律上的权利和承担法律上的义务，而婚姻双方因他们已构成法律关系，所以互相享有婚姻的权利和承担婚姻的义务。至于法律责任则是由于侵犯法定权利或违反法定义务而引起的、由专门国家机关认定并归结于法律关系主体的、带有直接强制性的义务，亦即由于违反第一性义务而招致的第二性义务。

其次，权利和义务贯穿于法的一切部门。例如作为国家根本大法和总章程的宪法，它规定国家的政治制度、经济制度、文化教育制度和法律制度，实际上就是确认和规定社会上各个阶级、阶层、集团、民族等社会基本力量在国家生活中的权利义务，并以此为基础，规定了公民的基本权利和义务、国家机关及其公务人员的职权和职责。行政法规定国家行政机关在组织实施国家职能的日常活动中所拥有的权利（权力、职权）和义务（职责），以及在政府与公民、法人等行政相对人的关系中双方各自的权利和义务。民法调整着平等主体之间有关财产关系或人身关系的权利和义务，规定着解决因侵权或违约而发生的权利和义务纠纷的准则。经济法调整着国家在管理经济活动中所发生的国家与经济组织之间、经济组织与经济组织之间的权利和义务。刑法规定何种行为是极端的，超过社会容忍极限的，侵害个人、集体和国家权益的，以及对这种行为所应采取的取缔和惩罚措施，以此敦促或强制罪犯履行法定义务，保护人们的法定权利。诉讼法则规定着诉讼过程中诉讼当事人及其代理人、国家审判机关、检察机关等诉讼主体的权利和义务。国际法也是以权利和义务为构成要素的，不过它是通过条约和协定、惯例等形式确定下来的国家之间的权利和义务。其他法律部门也都是有关某种社会生活领域和社会关系中人们的权利和义务。

再次，权利和义务通贯法的运行和操作的整个过程。法的运作以立法为起点，以执法、守法、司法、法制监督为主要环节。任何国家的立法，都是统治阶级通过国家立法机关，根据本阶级的根本利益、实际的阶级力量对比以及民族文化传统等条件，确定人们的权利和义务，并使之规范化和制度化的过程。执法就是国家行政机关在管理社会的活动中，依靠国家权力，落实法定权利和义务的过程。守法就是公民、法人及其他社会组织正确行使法定权利，忠实而又积极地履行法定义务。与守法相对的违法则是超越法定权利边际滥用权利，或者规避或疏于履行法定义务。司法就是通过国家的审判活动和各种诉讼程序，确认被模糊的当事人的权利和义务，恢复被搁置、被破坏的权利和义务关系。法制监督就是国家法律监督机关对国家机关工作人员、社会团体、法人和公民个人行使权利和履行义务的情况实行监督，追究违法者的法律责任。

最后，权利和义务全面地表现法的价值。权利、义务是法的价值得以实现的方式，正是通过权利和义务的宣告与落实，统治阶级把自己的价值取向和价值选择变为国家和法的价值取向和选择，并借助于国家权威和法律程序而实现。权利与义务的关系（结构），反映着法的价值的变化。通过分析不同历史类型的法律制度中权利和义务的关系（结构），可以透视不同法律制度的价值取向和价值序列。在前资本主义社会，总的说，法重义务，轻权利，以义务为本位来配置义务和权利。而现代社会的法却以权利为本位来重新配置权利和义务，赋予人们各种政治权利、经济权利、文化权利和社会权利，给人们以充分的、越来越扩大的选择机会和行动自由，同时为了保障权利的实现，规定了一系列相应的义务。这使现代社会的法（特别是社会主义法）的价值显然不限于秩序，而扩大到了促进经济增长、政治发展、文化进步、个人自由、社会福利、国际和平与发展、生态平衡。

【案例26】 诉讼法律关系中权利义务关系

某市待业青年王海、刘宏涛带女友外出看电影，散场后，另两名男青年挑逗王海的女友，双方发生争执，并进行厮打。在厮打中，王海和刘宏涛拔出随身携带的水果刀，将一男青年刺成重伤，后经医院抢救无效死亡；另一男青年被刺成轻伤。事后，王海、刘宏涛向公安机关投案自首，公安机关依法对犯罪嫌疑人王海、刘宏涛进行了拘留。拘留后，王海提出要聘请律师为他辩护，公安局同意他聘请律师，但不同意律师为他辩护。开庭审判前，审判人员告知被告人王海、刘宏涛有权委托

案例 法理学

辩护人为其辩护。刘宏涛认为自己杀了人，罪行严重，请了辩护人也难免一死，故明确表示不请辩护人。法院考虑到刘宏涛罪行严重，有可能被判处死刑，被告人虽表示不委托辩护人，法院还是指定了律师为其辩护。

提示与讨论

本案反映了一桩刑事案件中犯罪嫌疑人与公安机关、被告人与法院之间在不同的诉讼阶段表现的权利义务关系。刑事诉讼法规定了诉讼过程中诉讼当事人及其代理人、国家审判机关、检察机关等诉讼主体的权利和义务。如《刑事诉讼法》第33条第2款规定："侦查机关在第一次询问犯罪嫌疑人或者对犯罪嫌疑人采取强制措施的时候，应当告知犯罪嫌疑人有权委托辩护人。人民检察院自收到移送审查起诉的案件材料之日起三日以内，应当告知犯罪嫌疑人有权委托辩护人。人民法院自受理案件之日起三日内，应当告知被告人有权委托辩护人。"可见，王海已被拘留，他有权聘请律师为其提供法律咨询、代理申诉、委托辩护等权利，与之对应，公安机关有义务告知犯罪嫌疑人此项权利，因此，公安局同意他聘请律师，但不同意律师为他辩护的做法是不正确的。根据《刑事诉讼法》第34条的规定，被告人可能被判处死刑而没有委托辩护人的，人民法院、人民检察院和公安机关应当通知法律援助机构指派律师为其提供辩护。王海、刘宏涛犯故意杀人罪，可能被判处死刑，所以有聘请律师为其辩护的权利，与之对应，法院有义务告知犯罪嫌疑人有此项权利。当犯罪嫌疑人自己没有委托辩护人，法院有义务依法给他指定辩护人为其辩护，这样可以保护被告人的合法权利，保证死刑案件的正确处理。因此，法院考虑到刘宏涛罪行严重，有可能被判处死刑，被告人虽表示不委托辩护人，法院还是指定了律师为其辩护。

第二章 法的一般特征

【案例27】 民法中各法律关系主体之间的权利义务关系

董某从某汽车厂物资经销公司购买了一辆载重10吨的半挂汽车，装载10台三类汽车底盘（每台底盘重1.29吨，共重2.9吨）运往某市。当董某驾车行驶了1033千米时，挂车后右外侧轮钢圈突然破碎，致使该车在行驶中向右侧翻车。经事故发生地交警大队认定，造成该车翻车的主要原因是由于挂车后右外侧轮钢圈破碎所致。破碎的后右外侧轮钢圈经国家汽车质量监督检验中心仲裁检验，结论为"轮辐所用钢材有分层、夹渣及焊接处断口、裂纹等缺陷"致使开裂。翻车事故发生后，董某为维修该车所载货物花修理费9 000元，吊车费2 100元，钢圈质量鉴定费2 000元，交通费600元，车辆看护费500元，合计人民币1.42万元；停运损失3万元。董某就所遭受到的损失请求汽车厂予以赔偿。

提示与讨论

民法调整着平等主体之间有关财产关系或人身关系的权利和义务，规定着解决因侵权或违约而发生的权利和义务纠纷的准则。在本案中，作为出卖方的汽车厂，有义务按合同保质、保量、毫无瑕疵地提供汽车给买方，买方有义务按时交付货款给卖方。因出卖方所销售车辆质量不合格而给买方造成了损害，所以出卖方应无条件地承担因违约引起的民事责任。根据交通事故处理部门的责任认定，汽车厂应承担翻车事故给董某造成经济损失的主要赔偿责任。在本案中，董某与汽车厂之间一方面存在着买卖合同关系；另一方面，因汽车厂的产品不合格而造成董某财产的损害，双方之间又成立了侵权关系，依据《中华人民共和国合同法》（以下简称《合同法》）第122条的规定:"因当事人一方的违约行为,侵害对方人身、财产权益的,受损害方有权选择依照本法要求其承担违约责任或者依照其他法律要求其承担侵权责任。"《最高人民法院关于适用〈中华人民共和国合同法〉若干问题的解释(一)》第30条规定:"债权人依照合同法第120条的规定向人民法院起诉时做出选择后,在一审开庭以前又变更诉讼请求的,人民法院应当准许。"依此规定,在发生违约责任和侵权责任的竞合的情况下,允许受害人选择一种责任提起诉讼。

【案例28】 行政法中各法律关系主体之间的权利义务关系

龚某取得律师资格,并申领了律师执业证,任职于某县A律所,每年按专职律师对律师执业证予以注册。2012年3月龚某在接到所在律所关于注册律师执业证的通知以后,遂于3月底将填好的注册登记表连同律师执业证一并交到A律所,以便及时注册。但是同年7月1日,龚某在省报上看到了省司法厅的公告,但公告所公布的全省正式注册的专职律师名单中没有自己的名字。因而龚某多次书面要求省司法厅对未注册其律师执业证的行为予以明确答复,并对其律师执业证予以注册、换发。但省司法厅对龚某的请求却置若罔闻。

提示与讨论

行政法规定国家行政机关在组织实施国家职能的日常活动中所拥有的权利(权力、职权)和义务(职责),以及在政府与公民、法人等行政相对人的关系中双方各自的权利和义务。行政法中的权利义务关系是国家行政机关与行政相对人之间不对等的关系,这与民法中平等的权利义务关系是不同的。本案中具有国家行政职权的省司法厅应有及时对合乎法律资格和条件的律师予以注册登记的"作为义务",相对人龚某有义务具备律师资格并提出注册申请,有权利被及时注册。可是,省司法厅对于龚某的请求不予理睬,不积极行使职权,构成行政不作为。行政不作为的表现形式有:迟延的不作为,即相对人提出申请以后行政主体于法定期间内不作任何意思表示,本案中省司法厅的行政不作为即属于这种类型;基于危险管理义务而产生的不作为,如在发生霍乱的地方,行政主体有义务积极行为排除危险,并不以相对人的申请为前提。

【案例29】 国际法中各国之间的权利义务关系

张振海,男,中国人,1989年12月16日携其妻子在登上中国国际航空公司CA981航班B2448号飞机后采取恐吓方式劫持了该飞机,要求飞往韩国。由于韩国拒绝接受该机降落,飞机在油料不足的情况下,被迫降落在日本国福冈市的福冈机场。事发后,中国驻日本使、领馆非常重视,派人亲临现场处理有关事宜。日本当局也给予了合作,使被劫持的中国飞机和机上人员(包括张振海的妻子)顺利返回中国,但张振海当时尚留在日本。中国为了自行审判和处罚张振海,与日本进行了协商,首先向日方提交了请求将张振海临时拘留的照会和中国有关机关签发的逮捕令。日本收到中国照会和逮捕令后,其法院将张振海临时拘留并转移到东京关押。而后中国应日方要求派了一个工作小组就引渡张振海一事进行具体商谈。1990年2月中国正式向日本提交了请求引渡书和解释中国法律的法律意见书,以及证明张振海有劫机罪行的有关证据及补充材料。中国在这些文件中指出:张振海劫持中国民航班机,严重威胁了飞机、机上人员和财产的安全,并直接损害着人民对民用航空安全的信任,根据《刑法》第121条和中日双方均为缔约国的1970年订于海牙的《关于制止非法劫持航空器的公约》第1条,已构成劫持航空器罪,为对张振海的犯罪行为依法进行制裁,请求日本政府将张振海引渡给中国,中国司法机关将就其劫机罪行对他依法进行审判,而不对他以劫机罪以外的罪行处罚。日本法院经审查同意引渡张振海后,便于1990年4月28日将张振海引渡给了中国。张振海被引渡回国后,北京检察院分院对他提起诉讼。北京市中级人民法院依法对他进行了公开审判,认定其犯有劫机罪,宣布判处其有期徒刑8年,剥夺政治权利2年。

提示与讨论

国际法也是以权利和义务为构成要素的,不过它是通过条约和协定、惯例等形式确定下来的国家之间的权利和义务。引渡涉及请求国与被请求国的司法管辖权问题,是一种特殊的刑事司法协助形式。在长期的国际实践中形成了引渡制度中的双重归罪原则,也称相同原则,即指引渡中被指控的人犯所实施的行为必须是根据请求国和被请求国的法律规定均构成可引渡的犯罪行为。若是依任何一方的法律规定被请求引渡人所实施的行为不构成可引渡的犯罪行为,则被请求国可拒绝引渡人犯。依据双重归罪原则,日本法院是按中国法律和日本法律对张振海的劫机行为进行审查后认为张犯的行为属可引渡的犯罪行为,才将张犯引渡给中国的,并非仅依中国法律认定张振海犯罪就决定引渡的。国际引渡中还要遵守专一原则。所谓专一原则是指,请求引渡的国家对于被引渡的人犯只能就其所犯构成引渡理由的罪行对该人进行审判或处罚,并且不得再将该人引渡到第三国。1990年联合国大会通过的《引渡示范条约》第14条第1款规定:"根据本《条约》被引渡者,除下述犯罪行为外,不得因其移交之前该人所犯的任何罪行,在请求国领土对他进行诉讼程序、判刑、扣押、再次引渡到第三国,或对他施加任何其他的人身自由限制;(a)准予引渡所依据的犯罪行为;(b)被请求同意的任何其他罪行。如请求引渡所涉罪行本身依据《条约》应予引渡，则应予同意。"我国与外国签订的引渡条约中对此也作了规定。如《中泰引渡条约》第13条第1款规定："根据本条约被引渡的人，除引渡所涉及的犯罪外，不得在请求方境内因其他犯罪而被拘禁、审判或处罚，或者由该方引渡给第三国。"遵守专一原则的目的是为了防止某些国家将从事政治犯罪的人以普通刑事犯名义引渡回国，然后以其他名义任意予以惩罚。根据这一原则，我国法院对引渡回国的张振海只能依据日本的引渡请求照会中指控的罪行进行审判，而不能另定罪行审判或处罚。北京市中级人民法对张振海的审判是严格遵守专一原则的。

【案例30】 刑法中各法律关系主体之间的权利义务关系

复旦投毒案是指2013年4月上海复旦大学上海医学院研究生黄洋遭他人投毒后死亡的案件。该案件发生于复旦大学枫林校区，犯罪嫌疑人为被害人室友复旦大学2010级硕士研究生林森浩。2013年3月31日中午，林森浩将其做实验后剩余并存放在实验室内的剧毒化合物（N－二甲基亚硝胺）带至寝室，注入饮水机槽。4月1日早上，与林森浩同寝室的黄洋起床后接水喝，饮用后便出现干呕现象，最后因身体不适入院。2013年4月11日，上海市公安局文化保卫分局接复旦大学保卫处对黄洋中毒事件报案，上海警方接报后立即组织专案组开展侦查。经现场勘查和调查走访，锁定黄洋同寝室同学林某有重大作案嫌疑，当晚依法对林某实施刑事传唤。2013年4月12日，林某被警方依法刑事拘留。2013年4月16日下午，黄洋经抢救无效，于当天下午3点23分在上海中山医院去世。2013年4月19日下午，上海警方正式以涉嫌故意杀人罪，向检察机关提请逮捕。

>>> **案例** 法理学

2013年4月25日,黄浦区人民检察院以涉嫌故意杀人罪对复旦大学"4·1"案犯罪嫌疑人林某依法批准逮捕。2013年6月26日,上海市公安局文化保卫分局出具《上海市公安局鉴定意见通知书》,诊断林森浩无精神异常。2013年10月30日市检二分院对嫌疑人林某的公诉正式受理,公诉方指控涉案人林某以投毒方式故意杀人。2013年11月27日上午9时30分"复旦投毒案"在上海市第二中级人民法院C101法庭公开开庭审理。庭审中林某对自己的投毒行为供认不讳。2014年2月18日法院判决被告人林森浩犯故意杀人罪判处死刑,剥夺政治权利终身。

提示与讨论

刑法规定何种行为是极端的、超过社会容忍极限的侵害个人、集体和国家权益的行为,以及对这种行为所应采取的取缔和惩罚措施,以此敦促或强制罪犯履行法定义务,保护人们的法定权利。刑事公诉案件中涉及公安机关、检察院、法院、犯罪嫌疑人、被告人等各方法律关系主体,他们之间都有明确的法定权利和义务。如该案中的林某违反了法律规定的"禁止杀人、不得侵犯公民人身权"等不作为义务,漠视别人的生命和权利,不仅侵害了黄洋的权利,而且对社会造成极其恶劣的影响,所以他被公安机关立案并刑事拘留,检察机关批准逮捕并提起公诉,人民法院开庭审判等,期间都是以权利义务为内容的法律关系。最后被告受到法律的惩罚,承担死刑等刑事法律责任,以此起到警戒、教育的作用。

第三章 法律责任

第一节 法律责任的概念、特点、构成

法律责任是指人们因损害法律上的义务关系所产生的对于相关主体所承担的法定强制的不利后果。一般来说，法律责任是基于违法行为而产生，二者之间有因果关系。没有实施违法行为，就不应承担法律责任。但无过错责任是一种例外。法律责任还表示一种责任形式，即承担或追究否定性、不利性后果。法律责任具有内在的逻辑性，即存在前因与后果的逻辑关系，其中破坏责任关系是前因，追究责任或承受制裁是后果。法律责任的追究和执行是由国家强制力实施或潜在保证的。

法律责任不同于法律义务：其一，它是针对违法者或应该承担法律责任的主体设置的，而一般法律义务的主体是一切公民或组织；其二，法律责任是带有惩罚性的法律义务，是对不履行法定义务的人的一种惩戒措施，而一般法律义务是不带有惩罚性的；其三，法律责任一般具有时限性，法律义务则没有。

作为一种社会责任，与道德责任、政治责任等其他社会责任相比较，法律责任有以下特点：法律责任以法律义务的存在为前提，没有法律规定的义务或禁令，就没有法律责任；法律

责任的追究是以国家强制力为保障的，没有国家强制力做后盾，法律规定将成一纸空文。

法律责任的构成是指构成法律责任必须具备的主客观条件或必须符合的标准。不同国家对法律责任构成要件的认识是各不相同的，一般认为，法律责任的构成要件应包括四个方面。

第一，违法行为。违法行为是指违反法律规定的义务、超越权利的界限行使权利以及侵权行为的总称。行为违法的含义包括：有意识的活动；旨在与外界交往；是对法律禁止或命令性规定的违反。违法行为以行为的方式划分为作为的违法和不作为的违法；根据行为的后果或性质划分为犯罪行为和一般违法行为。

第二，损害事实。损害事实是指一定的行为致使权利主体的财产权、人身权受到侵害，并造成财产利益和非财产利益的减少或灭失的客观事实。损害的含义是"人"的"民事权益"受"破坏"或"不利状态"。损害事实应当具有确定性，是业已发生的而不是即将发生的。损害还必须根据社会的一般观念和公众意识予以认定，比如精神损害的认定，这就要根据通常的社会观念和意识标准来把握。此外它还具有可补救性。

第三，因果关系。即行为与损害结果之间的因果关系，是违法行为与损害后果间存在前因后果的联系。因果关系具有客观性、社会性、特定性、顺序性、复杂性等特点。法律责任的归责原则上要求证明违法或侵权行为与损害结果之间具有因果关系。

第四，过错。即主观故意或过失。故意和过失在不同的法律领域中具有不同的意义。在刑事法律领域，行为人故意或过失的心理状态是判定其主观恶性的重要依据，也是区分罪与非罪、此罪与彼罪、罪轻与罪重的重要依据。在民事法律领域，故意与过失被统称为过错,是构成一般侵权的必备要素。但民事法律上过错的意义不像在刑事法律中那么重要,有时民事责任不以有过错为前提条件,比如无过错责任、公平责任的承担。在行政法律领域,实行过错推定原则,只要行为人实施了违法行为就视其为主观有过错,不考察其主观因素,但法律另有规定的除外。

【案例31】 无经济来源成年在校生为他人债务保证可否免责[1]

2012年5月2日,被告罗某以做生意需资金周转为由,向专门提供民间借贷服务的原告李某借款50 000元,并向原告出具借条一份,约定每月利息1 500元。为确保债权实现,原告李某要求被告罗某找一位保证人,罗某便找到尚在大学读一年级的女友彭某(已成年,但无经济来源)要求担保,彭某作为保证人在借条上签字。后罗某未能按约还本付息,原告李某遂诉至法院,要求罗某还款付息,并要求彭某以保证人身份承担连带清偿责任。

提示与讨论

法律责任的一般构成中必须有责任主体。责任主体是指因违法、违约或法律规定的事由而承担法律责任的人,包括自然人、法人和其他组织。并非任何人都可以成为违法、违约行为的实施者,没有行为能力的人就不可能成为法律责任主体。本案中的彭某作为在校成年大学生,系完全民事行为能力人,对其自身的经济偿还能力是明知的,其为罗某债务保证系其真实意思表示,且合法有效,须依《中华人民共和国担保法》(以下

---

[1] 案例资料来源:http://www.chinalawedu.com/web/23185/wa2013111216190813800292.shtml,访问日期:2013年11月12日。

简称《担保法》）之规定，为他人债务承担连带清偿责任。

《担保法》第7条规定："具有代为清偿债务能力的法人、其他组织或者公民，可以作保证人。"该规定只是明确了理想而适格的保证人条件，系授权性法律规定而非禁止性规定。担保法系民事法律，属私法范畴，依据"法不禁止即自由"的原则，只要该规定未明确禁止，欠缺清偿能力的完全民事行为能力人仍可为他人提供担保。《担保法》第8、9、10条明确了不得为保证人的法定情形，但其中并无"不具有清偿能力"这一情形。《最高人民法院关于适用〈中华人民共和国担保法〉若干问题的解释》第14条明确规定："不具有完全代偿能力的法人、其他组织或者自然人，以保证人身份订立保证合同后，又以自己没有代偿能力要求免除保证责任的，人民法院不予支持。"该规定不禁止不具有完全代偿能力公民为他人债务保证，并且规定保证人不得以无代偿能力而要求免除保证责任。彭某为罗某债务提供保证符合法律规定，且不具备《民法通则》第58条规定的民事行为无效、《合同法》第52条规定的合同无效及《担保法》第30条规定的担保无效的法定情形，彭某保证行为有效。

【案例32】违约行为或违法行为

江某为与他人合伙经营地板生意，向廖某借款2.1万元，约定借期6个月，月息为银行利息的1.5倍，到期本息一起付清。江某为廖某出具了欠条。江某用此款与他人合伙倒卖劣质地板，被相关部门查获，将劣质地板全部没收，并每人罚款1万元。江某为翻本，竭尽所有财产再次经营地板生意，又亏损，至还款期届满，已无支付能力。廖某多次催要，江某无法清偿欠款。

海关历史上的第一个抗诉案。2008年5月7日，A公司从国外订购葡萄酒陆续抵达港口，2008年9月2日至4日，A公司向海关申报进口上述货物。9月9日海关向A公司送达《价格质疑通知书》。11月18日，A公司递交《保证金申请表》，申请办理凭保放行手续。11月19日，海关完成审批手续，但A公司未缴保证金。2009年1月22日，海关向A公司送达了《价格磋商通知书》。2009年2月1日，海关向A公司签发32份《税款专用缴款书》，税款总额达2 148 963.27元。相对人不服，提起诉讼。第一次诉讼（2009年2月16日~2009年7月16日），诉讼请求：海关让其缴纳保证金行为违法；海关审定货物完税价格长达5个月之久，程序违法。海关胜诉，但检察院向某海关提出司法建议书，建议删除某海关关于审价的海关服务承诺（质疑和磋商10个工作日）。A公司败诉后，2009年7月1日海关向A公司送达《税款强制决定书》，决定将货物依法变卖，以变卖所得抵缴税款。A公司以海关税收强制措施违法为由向法院起诉（2009年11月30日~2010年12月8日），要求该具体行政行为违法并撤销。二审法院终审判决，维持原判，海关胜诉。2010年4月19日，海关委托拍卖机构将涉案货物以228万的价格成功拍卖，拍卖所得抵缴税款和滞纳金。2010年7月14日A公司以葡萄酒滞港时间过长影响品质，变卖价格低于进口价格，海关根据进口价格征税不符合规定为由向法院起诉，要求海关将多征的税款在一年内退还，海关胜诉。但在2011年4月，检察机关向法院提出抗诉[1]。

提示与讨论

违法或违约行为在法律责任的构成中居于重要地位。违法或违约行为包括作为和不作为两类。作为是指人的积极身体活

---

[1] 行政抗诉案件是指人民检察院对人民法院已经发生法律效力的行政裁判，发现确有错误，按照审判监督程序提请人民法院重新审理的行政案件。

动,直接做了法律所禁止或合同所不允许的事情;不作为是指人的消极身体活动,行为人在能够履行自己应尽义务的情况下不履行该义务。江某无法还清欠款的行为属于作为违法。本案中江某与廖某之间的借贷合同关系合法有效,江某负有按期清偿借贷本金利息的义务;廖某享有按期收回本息的权利。江某因违法经营、经营亏损,不能如期履行清偿义务,是违反合同的行为。江某的行为具有社会危害性,侵犯了廖某的合法债权,行为人主观有过错,因此构成民事违法行为。

海关历史上的第一个抗诉案中,海关的执法存在行政违法(不作为)。检察机关认为:海关明知 A 公司涉嫌走私被查处,缴纳保证金客观不能的情况下,仍审批凭保通关,不启动估价程序,不符合法律规定,属于不合理执法;虽然相关法律没规定审价期限,但海关并不意味着可以任意裁量,海关的自由裁量应限定在合理范围内。海关无正当理由情况下将其履行法定职责期限延长 5 个月之久,造成 A 公司经济损失,这个时限明显不能认为合理期限,已构成行政不作为违法,应承担相应的法律责任。

【案例33】 动物致人损害的责任承担

2012 年 10 月 5 日,李某带着其女儿到张某家串门,后经张某同意,李某带着她的儿子王某和自己的女儿到周某家看别人打麻将。李某的女儿与王某及周某的儿子三人在院子里玩小皮球,当王某蹲地捡皮球时,一只大公鸡猛扑过去啄王某,致王某的右眼受伤,最终因此而右眼失明。为此张某找到周某要求赔偿。周某辩解称,王某右眼失明是由于李某没看好孩子所致,与其没有任何关系。后经三方协商未果,张某家走上了法庭讨说法的道路。

第三章 法律责任

提示与讨论

损害结果也是法律责任的重要组成部分。一般是指违法或违约行为侵犯他人或社会的权利和利益所造成的损失和伤害,包括实际损害、丧失损害及预期可得利益。损害的结果可以是人身的损害、财产的损害、精神的损害,也可以是其他方面的损害。认定损害结果时一般依据法律、普遍公理、公平观念、社会影响、因果关系等因素。

根据我国《民法通则》的规定,特殊侵权的民事责任主体主要有七种(与一般侵权责任对应,一般侵权责任采用过错责任,特殊侵权责任采用无过错责任)。本案属于特殊侵权行为责任中"饲养动物致人损害的民事责任"一类。《民法通则》第127条规定:"饲养动物造成他人损害的,动物饲养人或管理人应当承担民事责任;由于受害人的过错造成损害的,动物饲养人或管理人不承担民事责任;由于第三人的过错造成损害的,第三人应当承担民事责任。"它明确规定了饲养动物造成他人损害的,其所有人或者管理人应当承担民事责任,但同时又规定了两个免责条件:①受害人的过错造成的;②第三人的过错造成的。本案中周某的公鸡啄伤了张某的儿子王某的右眼,造成右眼失明,事实清楚,证据充分;同时周某没有对其饲养的鸡采取任何管理措施,都放养在外,致公鸡将小孩啄伤。这虽然不是周某行为上的故意,但与上述损害后果有直接关系,是造成损害的主要原因。所以周某不能免除赔偿责任。李某在带自己孩子和张某孩子去邻居家串门时,任由孩子在一边玩,实际上未尽充分、谨慎小心的注意义务。所以,王某被公鸡啄伤而导致右眼失明与李某未尽照管、保护义务有因果关系,而与张某没有任何因果关系,同时张某没有任何过错,因此,李某应当承担一定的责任,而张某不应承担责任。

【案例34】 没有损害事实不构成侵权责任

原告甲与被告乙原系夫妻，后双方协议离婚，约定婚生子归女方抚养，一方再婚后，改由未再婚的一方抚养，如果双方都再婚，由原抚养方即女方抚养。离婚后男方一直没有再婚，女方则在几年后再婚。男方得知此消息后，就要求按照协议要求抚养其子，但遭到女方拒绝。一日，男方带领数人去女方处将该孩子强行领回。女方以男方侵害监护权为由起诉。

提示与讨论

法院以侵权案件对本案行使了管辖权，认为男方依据离婚协议在女方再婚后就享有对孩子的监护权而女方就相应丧失监护权，因此其将孩子置于自己管理之下的行为不可能是对女方监护权的侵害。对女方而言并不存在其诉称的那种损害事实，因此侵权责任不成立。但如果男方采取行动时损害了女方财产，女方可据此另案起诉男方侵犯财产权。

【案例35】 主观过错——过失致人死亡[1]

2012年12月29日10时许，被告人王某为了在公路沿线偷狗，与李某电话联系后驾驶湘J9HZ××面包车到李某租住房接李某，途中偶遇孙某。三人会合后一道从安乡县深柳镇出发前往安乡县安德乡偷狗，李某负责用弩和毒箭射杀狗。当日12时许，当王某驾车由东往西行驶至安乡县陈家嘴镇洪山村3组村级公路路段时，李某持弩射中了公路边陈某家的狗。狗中毒箭后跑到被害人朱某家东边邻居的屋基时倒地死亡，李某遂下车

---

[1] 案例来源：http://axxfy.chinacourt.org/public/detail.php?id=2229，访问日期：2014年7月7日。

第三章 法律责任

用编织袋捡狗，王某将车以不熄火状态停在公路上等候。被害人朱某见状，以为王某等人是在偷自家的鸡，遂从家中出来跑向公路欲拦截该车。王某见被害人跑出来有拦车意图，待李某上车后立即踩油门发车试图逃走，并拿起副驾驶座位上的弩试图吓走围观的旁人。当车行驶至朱某屋前公路时，朱某扑向面包车的副驾驶右前方引擎盖上试图拦车。王某见状，遂松开油门，但驾驶的面包车仍以近似于步行的速度继续前行，趴在引擎盖上拦车的朱某被迫后退约两步后，倒在水泥公路与朱某水泥禾场交界处靠禾场一侧。因朱某倒地后王某视线不及，王某以为朱某已自动避开，遂继续驾车向前行驶。在车速较慢的情况下，面包车车胎前行的动力推动倒地后的朱某的身体向前挫进了约五米，直至面包车轧至朱某胸前，受到朱某身体的阻力后停止前行。王某感觉到车辆前行受阻并听到旁人呼喊"压到人"后刹车停止前行，继而迅速倒车二十余米后绕过被害人朱某倒地处加速向西逃跑。经鉴定，被害人朱某系因车辆撞伤致颅骨骨折、硬膜下血肿、脑组织挫伤引起急性脑功能衰竭而死亡。另查明，案发当日，被告人王某主动向公安机关投案，如实供述了自己的犯罪事实。还查明，2012年12月31日，被告人王某亲属代其与被害方达成赔偿协议，赔偿了被害方人民币25万元，取得了被害方的谅解，并请求对其从宽处理。安乡县人民法院于2013年11月6日适用《刑法》第233条、第67条第1款，判决被告人王某犯过失致人死亡罪，判处有期徒刑三年。宣判后，被告人王某未提出上诉，判决已发生法律效力。

提示与讨论

主观过错是指行为人实施违法行为或违约行为时的主观心理状态，也是法律责任的构成要件，尤其认定刑事责任和民事一般侵权责任时必须考虑主观过错。在刑法上，承担刑事责任需要行为人主观上存在过错。刑法意义上的主观过错包括故意和过失，其中故意又包括直接故意和间接故意。直接故意是指行为人明知自己的行为必然或者可能发生危害社会的结果，并且希望危害结果的发生以及明知必然发生危害结果而放任结果发生的心理态度。间接故意是指行为人明知自己的行为可能发生危害社会的结果，并且放任这种结果发生的心理态度。所谓放任，是指行为人对于危害结果的发生，虽然没有希望、积极地追求，但也没有阻止、反对，而是放任自流，听之任之，任凭、同意它的发生。刑法上的过失是指行为人明知自己的行为可能发生危害社会的结果，并且对危害结果的发生所持的放任结果发生的心理态度。在民法上，主观过错通常情况下是承担民事责任的条件之一。民法上的过错是指当事人明知或应知自己的行为可能给他人的合法权利带来损害，在主观上对这种损害持放任或者希望的态度。需要注意的是，在民法上认定民事责任的构成时，通常不区分过错是故意还是过失。民法上，如果法律有明确规定承担民事责任不以过错为要件时，则不再考虑当事人是否有主观的过错，可以认定承担侵权责任。

本案是刑事案件，被告人构成犯罪的主观构成是过失致人死亡。过失分过于自信的过失和疏忽大意的过失。此处的过失应为一种"过于自信"的过失。被告人王某作为一个正常的具有驾驶证的常人，在该种情形下应当预料到了机动车可能对被害人造成的伤害，只是轻信能够避免，从而也就排除了王某主观上为"疏忽大意"的过失。

【案例36】主观过错——违反安全规定跳水致残责任自负

中国民航学院飞行器动力工程机电专业的学生陶某与其他几个同学为完成学校体育部安排的每学期的游泳课时，先后购买入场券进入学校的游泳池游泳。游泳期间,陶某与几人接连从岸边跳水。他们的嬉闹没有受到场内管理人员的制止。当陶某再次跳入水中后,其颈部在水中受伤。

提示与讨论

陶某是一名大学生,具有完全民事行为能力,违反游泳场所的安全管理规定,采取与自身泳技不符的失当方式。陶某自身的行为直接导致了损伤后果的发生。因此,陶某本人应当承担主要责任。被告民航学院是陶某所在的学校,又是泳池的经营管理者,应对原告负有安全保障义务,对原告人身损害的发生具有过错,应承担相应民事责任。

【案例37】损害事实与违法行为有因果关系才构成法律责任

汇兴公司于2001年11月13日由上海协通(集团)有限公司代理报关,申报进口人工草坪共计8 491.2平方米,浦江海关于同日分别征收关税101 515.8元和代征增值税132 308.96元后放行。之后,浦江海关发现汇兴公司申报进口人工草坪的商品编号有误,工作人员根据错误申报的编号予以税则归类致使少征了税款,故于2002年10月22日向汇兴公司补征关税和代征增值税共计人民币47 509.34元(以下简称补征税行为)。汇兴公司缴纳了补征的税款后,于2003年1月20日以浦江海关2001年11月13日的征税行为(以下简称原征税行为)违法为由,向浦江海关申请行政赔偿。2003年3月21日,浦江海关做出不予行政赔偿决定,认为海关征税行为合法,汇兴公司的赔偿请求不符合《中华人民共和国国家赔偿法》第2条、第4条规定的赔偿条件,决定不予赔偿。

提示与讨论

根据《中华人民共和国海关法》、《中华人民共和国关税条例》、《海关征税管理办法》的相关规定，进出境货物收发货人有按照《税则》规定的目录条文和归类总规则、类注、章注、子目注释以及其他归类注释，对其申报的进出口货物进行商品归类，并归入相应的税则号列的义务，海关有依法审核确定货物商品归类的权利和义务；进出口货物，进出境物品放行后，海关发现少征或者漏征税款的，有补征、追征、征收滞纳金等权利和义务。本案中的汇兴公司在赔偿申请被拒后，于2003年4月28日将浦江海关起诉至上海市第二中级人民法院，要求确认浦江海关初征税行为违法，并要求浦江海关赔偿因税则归类错误导致其无法将补征税款计入成本核销所产生的经济损失，损失数额与补征税行为的税额相同。一审法院认为，汇兴公司提供的工程施工合同约定的单价，包括人工草坪、铺设所需辅料及人工费用，该证据与赔偿请求之间无法律上因果关系；此外，汇兴公司未提供造成损害以及行政违法与损害后果之间有因果关系的事实证据，据此，驳回汇兴公司的诉请。汇兴公司提出上诉，认为由于征税违法导致补征税，从而产生进口人工草坪的新成本，而征税所涉及的人工草坪已在补征税之前出售，因此新增成本只能充抵上诉人所获收益。二审法院审理后认为，上诉人汇兴公司提供的证据显示，人工草坪的单价相差较大，而这些人工草坪进口时适用的税率均为同一，可见征税数额并非合同定价的主要因素。因此上诉人主张的利益损失并不确定，不确定的利益不构成直接损失。据此，二审法院驳回汇兴公司的诉请，维持一审原判。

第三章　法律责任

【案例38】吵架"骂死"六旬老太，证据不足免责

2013年11月7日傍晚，王女士邀请邻居张老太去搓麻将，张老太的儿媳妇小秦见王总是找婆婆搓麻将，担心婆婆的身体，便生气地对王说："我婆婆身体不好，你不要再来找婆婆搓麻将。"王说："我是来找你婆婆，又不是来找你。"于是王与张的儿媳妇小秦发生争吵，后被人劝开。第二天中午，王女士遇见张老太，就说："以后你如想搓麻将，还是先跟你媳妇讲一声。"张老太听后情绪很激动，就大声地对王说："昨天吵过了就算了，怎么今天还是纠缠不清。"王回答："昨天你儿媳向我挑衅时，你老能说句公道话，就不会吵得那么厉害了。"二人你一句我一句，最后张老太被王的恶言恶语气得一句话也说不出，回到屋内不久就开始呕吐、头晕，被送进医院后，经诊断，张突发脑溢血，于当天下午4点不治身亡。死者的丈夫及4名子女向法院起诉，要求被告王承担因过错直接导致张死亡的民事赔偿责任。法院审理查明，死者张老太与被告王女士是多年邻居，2013年11月7日傍晚，被告王与张的儿媳妇小秦为琐事发生争执，第二天中午11时45分，被告王为昨晚争执之事对张言语过激，12时40分，张被送至上海市闸北区中心医院急救治疗，16时许，张死亡。其直接死亡原因为蛛网膜下腔出血。

提示与讨论

一般民事侵权行为而引起的责任必须具备四个构成要件，即违法行为、损害结果、违法行为与损害结果之间有因果关系及行为人主观上有过错。当事人对自己提出的诉讼请求所依据的事实有责任提供证据加以证明，如果没有证据或证据不足以证明当事人提出的事实主张，那么负有举证责任的当事人就要承担败诉后果。现死者的丈夫及4名子女向法院提出的证据虽

▶▶▶ 案例 法理学

然证明了被告王对张老太有言语过激行为和过错以及张死亡的损害结果，但由于死者未经过尸检，因此原告无法证明被告的行为与张的死亡之间有因果关系。现原告认为被告的行为是直接导致张的死亡而要求被告承担民事赔偿责任的主张，依据不足。

第二节 法律责任的分类

首先，违法现象是错综复杂的，因而法律责任的种类也很多。根据不同的标准，法律责任有不同的分类。其中最常见的分类是按照行为的性质来划分的，一般分为公法责任和私法责任。其中私法责任主要指民事法律责任，公法责任主要是指刑事法律责任、诉讼责任、行政法律责任、国家赔偿责任、经济法律责任和违宪责任。简单地说，刑事法律责任是指由刑事违法行为所引起的否定性法律后果，是一种惩处最为严厉的法律责任。刑法责任只能由犯罪主体自行承担，并且主要是人身责任。民事法律责任是指由民事违法或特定的法律事实的出现所引起的否定性法律后果。民事责任主要是一种财产责任，其承担可以依法律规定，也可以由当事人约定。行政法律责任是指由行政违法行为或某些法律事实的出现所引起的否定性法律后果，主要是一种管理或职务上的责任。包括行政机关及其工作人员的行政责任和行政相对人的行政责任。经济法律责任是指，由经济违法行为或某些特定法律事实的出现而承担的否定性法律后果。经济责任主要发生在经济管理领域，经济责任兼有民事和行政责任的性质。所谓诉讼责任是指诉讼关系主体在各类诉讼活动中违反诉讼法规定而引起的不利后果。如被告无故不到庭，则承担缺席判决的不利后果。所谓国家赔偿责任是指在国家机关行使公权力时，由于国家机关及其工作人员违法行使职权所引起的由国家作为承担主体的赔偿责任。所谓违宪责任是指，有关国家机关制定某种规范性法律文件或国家机关做出的具体权力行为与宪法相抵触，从而应当承担的法律责任。

其次，根据主观过错在法律责任中的地位，可以把法律责任划分为过错责任、无过错责任和公平责任。所谓过错责任，是指以行为人的主观上的过错作为确定民事责任根本依据的归责原则，是"无过错即无责任"的原则认定的一种法律责任。过错责任原则特点：以过错为民事责任的构成要件；以过错为归责的最终决定性要件；贯彻"谁主张谁举证"的原则。过错责任里还包括"推定过错责任"是指行为人致人损害，在不能证明自己没有过错的情况下，即推定其有过错，并承担赔偿损害的责任。它也是以过错为民事责任的构成要件和最终决定性要件，只是存在由被告方举证自己没有过错的"举证责任倒置"规则。所谓无过错责任原则，是指依照法律的特别规定，在没有过错致人损害的情况下，以行为人的行为造成客观存在的损害后果作为确定民事责任根本依据的归责原则。无过错责任不考虑行为人的过错，行为人致人损害时，无论其主观上是否有过错，都不影响民事责任的成立；受害人只就损害事实、致害人的行为及因果关系负举证责任，对致害人的主观过错不负举证义务；致害人可以依照法律规定的抗辩事由行使抗辩权；其适用范围受到严格限制，即只适用于法律有特殊规定的情况（如环境污染、高危作业、动物致人损害等）；通常法律对责任的内容、范围有赔偿额的规定。在现代社会，无过错的合法行为照样可能造成损害，现代法律为了解决合法行为造成的损害而采取了无过错责任制度。在现代高度发达的工业社会中，如果要证明过错和损害事实的关系是非常困难的。所以于19世纪末20世纪初确立了无过错责任作为过错责任的补充。一般来说,无过错责任不适用于刑法。所谓公平责任是指法无明文规定适用无过错责任,但适用过错责任又显失公平,因而不以行为人有过错为前提并由当事人合理分担的一种特殊的责任。这是在19世纪后期出现的一种特殊的责任。它与无过错责任一样,不以行为人的主观过错为责任承担前提。但与无过错责任不同的是,公平责任的适用范围只限于:第一,法律无明确规定要适用无过错责任;第二,如果适用过错责任又显失公平或违背公平合理原则。公平责任反映了道德意识与法律意识、社会责任与法律责任的某种有机的统一趋势。我国法律特别是民事法律方面,也规定了公平责任,比如我国《民法通则》规定当事人对造成损害都没有过错的,可以根据实际情况,由当事人分担民事责任。

再次,根据行为主体的名义,可以分为职务责任和个人责任。所谓职务责任是指行为主体以职务的身份或名义从事活动时违法所引起的法律责任,它是由该行为主体所属的组织(机关、企业、事业或其他组织)来承担责任的。比如国家行政机关工作人员在履行公务中违法行政导致损害赔偿责任,应当认定为公务行为,承担职务责任。又如公司成员在履行职务中以公司名义与他人签订合同,当发生违约时,构成职务责任应当由其所属公司来承担违约责任。所谓个人责任是指行为主体以个人的身份或名义从事活动中违法所引起的法律责任,它是由该行为主体个人来承担责任的。比如行政工作人员在工作时间之外从事非职务行为时致人损害,则由其本人承担个人责任。

最后,根据责任承担的内容不同可分为财产责任和非财产责任。所谓财产责任是指以财产为责任承担内容的法律责任,如民事法律中的赔偿损失、返还原物,行政法律中的罚款,刑事法律中的罚金、没收财产等。所谓非财产责任则是指不以财产为责任承担内容，而是以人身、行为、人格等为责任承担内容的法律责任，如拘留、徒刑是以人身为责任承担内容的，修理、重作是以行为为责任承担内容的，训诫是以人格为责任承担内容的。

【案例39】违反合同义务的民事责任

2009年11月3日，一个5个月大的孩子"徐宝宝"因患眼眶蜂窝组织炎在南京市儿童医院住院期间病情恶化，孩子母亲晚上几次向值班医生毛晓珺求救，却因医生"要睡觉"甚至在网上玩游戏——"偷菜"而延误了抢救时机，徐宝宝于次日被宣告死亡。于是题为《南京儿童医院医生上班忙"偷菜"害死五个月婴儿》的帖子在网上引起关注。2009年11月12日，南京市通报对"患儿死亡事件"的调查情况，并对当时的夜班值班医生毛晓珺给予吊销医师执业证书并行政开除处分。网络称之为"徐宝宝事件"。

公交车猛起步乘客受伤，公交公司承担违约责任。2013年4月18日晚7时许，在某建筑劳务有限责任公司从事材料员工作的张先生持月票乘坐公交车，该车在一车站猛然起步时，因车内乘客拥挤，站在车最后面用手扶着扶手的张先生摔倒在车辆后面的挡风玻璃上，挡风玻璃破碎致使张先生右手腕割伤。事情发生后，张先生先后分别前往三家医院就医，并为此自行负担1.2万余元医疗费。因受伤不能上班，公司于同年6月18日与张先生解除了劳动关系。经鉴定，张先生伤残程度为十级。2004年3月，张先生诉至法院称，公交公司作为承运人，应对运输过程中给旅客造成的伤亡承担损害赔偿责任，故要求赔偿医疗、误工、住院伙食补助、后续治疗及伤残赔偿金、鉴定等

>>> **案例** 法理学

费用共计9.3万余元。公交公司辩称,张先生受伤是不扶扶手造成的,公司对事件没有责任,不应承担赔偿责任。北京市第二中级人民法院终审判决公交公司赔偿张先生医疗、误工、住院期间伙食补助、残疾赔偿金、鉴定及今后治疗等费用共计5万元。

提示与讨论

民事责任是公民、法人因违反法律、违约或因法律规定的其他事由而依法承担的不利后果。包括侵权责任和违约责任。"徐宝宝事件"是医患合同违约的案件,医院没有履行好诊疗合同义务而引起徐宝宝死亡,医院负民事责任。医生与患者之间构成合同关系。患者前往医院挂号的行为,属于合同法上的要约;医院发给挂号单的行为,属于合同法上的承诺。根据合同法,医院承诺之后,医患合同关系即告成立,医患双方既相负义务,也互相享有权利。医院有义务治疗患者的疾病,医院应当把患者的病治好,结果发生了医疗事故,没有把病治好,就构成了违约行为。患者也有义务支付有关诊疗费、药费、住院费、护理费等。由于医患合同的特殊性,患者必须遵医嘱服药、打针、接受治疗,患者的选择权受到限制。根据新《合同法》,医院除了对患者承担医疗合同约定义务外,还根据诚实信用原则对患者负有先合同义务、合同附随义务、后合同义务。[1] 这

---

[1] 所谓先合同义务是指,医院与患者缔结医疗合同阶段,合同关系尚未成立、合同约定义务尚未产生之前,医院根据合同性质、目的和交易习惯,对患者所负的通知、协助、保护、保密等义务。医院如果在缔约阶段以不正当理由推诿、拒不接受患者入院治疗,致使延误抢救时机而导致患者病情加重乃至死亡,或者由于医院设施致使患者人身财产安全受到损害,医院要负缔约过失责任。所谓合同附随义务,是在合同履行阶段,医院根据合同性质、目的和交易习惯,对患者所负的通知、协助、保护、保密等义务。所谓后合同义务,是指医疗过程结束后,医院根据合同性质、目的和交易习惯,对患者所负的通知、协助、保护、保密等义务。

三项扩充合同义务既是医院的道德义务,也是医院的法律义务,相对应的是患者的合同权利。医院对义务不可等闲视之,消费者对权利也珍惜并合法享有。张先生持月票乘坐公交车,双方之间形成客运合同关系。承运人有义务保证旅客人身安全,对运输过程中旅客的人身伤亡承担损害赔偿责任。因公交公司不能举证证明免责事由,故对给张先生造成的合理损失应予以赔偿。

【案例 40】 2013 年两则典型刑事案件

新疆"6·26"暴力恐怖案。[1]2013 年 6 月 26 日凌晨 5 时 50 分许,新疆吐鲁番地区鄯善县鲁克沁镇发生暴力恐怖袭击案件,多名暴徒先后袭击鲁克沁镇派出所、特巡警中队、镇政府和民工工地,放火焚烧警车,持刀疯狂砍杀公安民警和无辜群众,造成 24 人死亡,其中维吾尔族 16 人、汉族 8 人,2 名女性;另有 21 人受伤。处置过程中,警方当场击毙暴徒 11 人,击伤并抓获 4 人,缴获刀具、汽油桶等作案工具若干。2013 年 9 月 12 日,新疆吐鲁番地区中级人民法院对鄯善县"6·26"暴力恐怖案件中艾合买提尼亚孜·斯迪克等 4 名被告人一审公开开庭审理并当庭宣判,3 名被告人被依法判处死刑,1 名被告人被判处有期徒刑二十五年。

李某某等五人强奸案。[2]2013 年 2 月 19 日,北京警方接到一女事主报警,称 2 月 17 日晚,她在海淀区一酒吧内与李某某等人喝酒后,被带至一宾馆内轮奸。2 月 21 日,包括李某某

---

[1] 案例来源:http://newspaper.jcrb.com/html/2013-12/26/content_148831.htm,访问日期:2014 年 7 月 8 日。

[2] 案例来源:http://newspaper.jcrb.com/html/2013-12/26/content_148831.htm,访问日期:2014 年 7 月 8 日。

>>> 案例 法理学

在内的五人被公安机关抓获。北京市海淀区法院于9月26日一审以强奸罪分别判处李某某有期徒刑10年；王某（成年人）有期徒刑12年，剥夺政治权利2年；魏某某（兄）有期徒刑4年；张某某有期徒刑3年，缓刑5年；魏某某（弟）有期徒刑3年，缓刑3年。李某某及其法定代理人和同案人王某不服提出上诉。11月27日，北京市第一中级人民法院终审宣判，裁定驳回上诉，维持原判。

提示与讨论

刑事责任是指因违反刑事法律而应当承担的法定不利后果。两则案例中的当事人（艾合买提尼亚孜·斯迪克等4名被告人、李某某在内的5人）承担了刑事法律责任。暴力恐怖犯罪是一种严重的刑事犯罪，对新疆社会安全稳定造成严重危害，给新疆各族群众生命财产安全造成严重损失，是对社会秩序和基本人权的严重践踏，是对法制尊严的严重破坏。李某某等五人对被害女子实施强奸行为，并有轮奸情节，属于《刑法》第236条规定的"二人以上轮奸的"的加重情节，处十年以上有期徒刑、无期徒刑或者死刑。李某某出生于1996年4月，实施犯罪行为时满16周岁。根据我国刑法的相关规定，已满16周岁的人犯罪，应当负刑事责任，已满14周岁不满18周岁的人犯罪，应当从轻或减轻处罚。

【案例41】"11·21"包头空难中民航总局被状告行政不作为

2004年11月21日8时21分，中国东方航空云南公司CRJ-200机型B-3072号飞机，执行包头飞往上海的MU5210航班任务，在包头机场附近坠毁，造成55人（其中有47名乘客、6名机组人员和2名地面人员）遇难。直接经济损失1.8亿元。航空公司公布了对罹难旅客的赔偿办法：根据1993年国务院颁布的第 132 号令，民用航空运输旅客伤亡赔偿最高限额为 7 万元人民币。2005 年 3 月 4 日，"11·21"包头空难中遇难者上海复旦复华科技股份有限公司副董事长兼总经理陈苏阳的妻子桂亚宁向北京市第二中级人民法院提起了行政诉讼，请求判令中国民航总局行政不作为，要求依法履行《中华人民共和国民用航空法》（以下简称《民用航空法》）第 128 规定的立法义务，依法制定有关"国内航空运输承运人的赔偿之限额"规定。桂亚宁对我国 1993 年制定并沿用至今的空难每人最高赔偿限额为 7 万元人民币的规定表示质疑。

提示与讨论

行政法律责任是指因违反行政法律或行政法规的事由而应当承担的法定不利后果。所谓行政不作为就是行政主体以及工作人员有法定职责或约定义务，有履行条件情况下，没有履行或拖延履行应当履行的义务的状态。就本案而言，按照《民用航空法》第 128 条的规定："国内航空运输承运人的赔偿责任限额由国务院民用航空主管部门制定，报国务院批准后公布执行。"民用航空主管机关一方面得到了制定法律规范的授权，另一方面也承担了一种义务，即规定赔偿责任限额的义务。但该法自 1993 年生效至 2006 年，民航总局并未制定赔偿责任限额，一直沿用国务院 1993 年制定的 132 号令《国内航空运输旅客身体损害赔偿暂行规定》，明显不合理、不公正。被授权制定法律规范属于民航总局的自由裁量权范围，但行政权的行使不仅要符合法律，还要符合行政合理性原则，否则属于滥用裁量权，构成行政不作为违法，需要承担行政责任。

【案例 42】 行政程序违法导致承担行政行为无效的法律责任

2011 年 7 月 6 日，某区公安分局以原告奚某殴打第三人王

>>>> **案例** 法理学

某,造成轻微伤害为由对原告做出了治安拘留15天的行政处罚决定。原告不服,认为公安分局于2011年6月12日向原告告知行政处罚所依据的事实、理由及依据后,又于2011年6月13日制作了被害人王某的陈述笔录,且该份陈述笔录是被告对其进行治安拘留的主要理由,故被告的执行程序违法,因而向法院提起行政诉讼。

提示与讨论

《中华人民共和国行政处罚法》(以下简称《行政处罚法》)第30条规定:"公民、法人和其他组织违反行政管理秩序的行为,依法应当给予行政处罚的,行政机关必须查明事实;违法事实不清的,不得给予行政处罚。"第31条规定:"行政机关在作出行政处罚决定之前,应当告知当事人作出行政处罚决定的事实、理由及依据,并告知当事人依法享有的权利。"本案中,公安分局在向行政相对人履行告知义务后又发现了新的案件事实,但其未将新发现的事实另行告知行政相对人,并以该事实为依据做出了行政处罚决定。被告的执行程序严重影响了行政处罚的公正性,属程序不当,应当依法予以撤销。

【案例43】侵犯宪法赋予权利应承担违宪责任

1990年山东某市中学生齐玉苓考上中专,但齐的同学陈晓琪在其所在中学和她父亲的共谋下攫取了招生学校给齐的录取通知书,并冒齐之名上学和工作直到1999年。这一年,事情真相大白,于是齐以陈和她父亲以及原所在学校等为被告起诉到法院,请求责令被告停止侵害、赔礼道歉并赔偿经济损失。山东枣庄中级人民法院一审宣判后,齐不服一审判决,上诉到了山东高院,而山东省高院却向最高院做了请示。于是,最高院于2001年7月24日发布《公告》公布了一个以下述引文为实质内容的《批复》:"经研究,我们认为,根据本案事实,陈晓琪等以侵犯姓名权的手段,侵犯了齐玉苓依据宪法规定所享受的受教育的基本权利,并造成了具体的损害后果,应当承担相应的民事责任。"正是这个《批复》,使宪法司法适用问题一下子成了法学界和部分法律工作者思考和讨论的热点。

某村党支部书记冯某为了活跃群众文化生活购置了一台彩色电视机,但买回不久就丢失了。支书冯某在乡派出所报案的同时,召开党支部及村民委员会会议,决定对全村进行普遍搜查。他们动员乡中学的 160 名学生,由冯和村主任带领,挨家挨户地搜查了三百多个村民家庭,遭质疑。

汉族青年谢某与一回族青年马某相恋,不久两人到婚姻登记机关领取了结婚证。正当他们准备举行婚礼的时候,马某和马某的父兄向谢某提出一个要求,要谢某必须信仰伊斯兰教。谢某不答应,马某的弟弟就要纠集一些族内的人"好好教育"一下谢某,一时搞得剑拔弩张,难以收场。

2003 年 5 月,湖北省通山县的民选女村官余兰芳因为信访"获罪",被处以行政拘留 15 天。余兰芳之所以频频上访,原因有三:一是,农民集资办起来的小学是豆腐渣工程,其中存在腐败问题;二是,税费改革的措施被基层政府打了折扣;三是,村里的账目多年不公开,乡政府清账时又玩瞒天过海的招数。通山县有关领导认为余兰芳"动不动就上北京"是"无理取闹、胡作非为",完全违背了"良民"的行为准则,拘留是为了打击她的"嚣张气焰"。

提示与讨论

违宪责任是指有关国家机关制定某种法律和法规、规章同宪法相抵触,或者有关国家机关、社会组织或公民从事与宪法相抵触的活动而产生的不利后果。

《宪法》第46条规定:"中华人民共和国公民有受教育的权利和义务。"齐玉苓案是陈晓琪等人侵犯了齐玉苓依据宪法规定所享受的受教育的基本权利,并造成了具体的损害后果,应当承担相应的法律责任。

支书冯某的行为构成非法搜查。《宪法》第39条明确规定:"中华人民共和国公民的住宅不受侵犯。禁止非法搜查或者非法侵入公民的住宅。"搜查,是公安机关、人民检察院在办理刑事案件过程中采取的一种侦查措施,它必须按照法律规定的程序进行。《刑法》第245条第1款规定:"非法搜查他人身体、住宅,或者非法侵入他人住宅的,处三年以下有期徒刑或者拘役。"冯某虽身为村党支部书记,但他无权对村民进行搜查。作为村干部,只能支配合公安机关的工作,而无权行使法律赋予公安机关的权力。

马某强迫谢某信仰伊斯兰教的行为构成非法干涉宗教信仰自由。《宪法》第36条第2款规定:"任何国家机关、社会团体和个人不得强制公民信仰宗教或者不信仰宗教,不得歧视信仰宗教的公民和不信仰宗教的公民。"《婚姻法》第2条和第13条也分别规定:"实行婚姻自由、一夫一妻、男女平等的婚姻制度";"夫妻在家庭中地位平等"。依照我国婚姻自由的原则,法律并不限制不同民族男女之间的婚姻。但是,由于民族风俗习惯和宗教信仰的不同,作为非少数民族一方,应尊重少数民族一方的风俗习惯和宗教信仰;同样,作为少数民族一方,也应尊重非少数民族一方的习惯和自由,而不能因双方结婚就强迫对方信仰某种宗教。所以说,马某及父兄强迫谢某信仰伊斯兰教的做法是错误的,是违反宪法精神的。

余兰芳案是公民的信访权受到侵害的案件。公民的信访权是我国宪法赋予的基本权利,《宪法》第41条第2款规定:"对于公民的申诉、控告或者检举,有关国家机关必须查清事实,负责处理。任何人不得压制和打击报复。"余兰芳在向上级反映情况的过程中,不仅遭到有关部门的反复推诿,最后干脆被8辆警车上的30多名警察抓了起来,继而处以行政拘留,这不是赤裸裸的打击报复又是什么呢?这不是公然违宪的行为又是什么呢?

【案例44】 制定的法律与宪法相抵触被撤销

唐慧案再次拷问:劳动教养制度是否应当废除。2006年10月,时年仅11岁的永州女孩乐乐(化名)失踪。11岁的乐乐被朋友周军辉骗奸并被胁迫卖淫,3个月里接客100多次。受害人母亲乔装打扮确定情报后,请两名亲戚扮成嫖客救出了女儿。此后,唐慧为女儿的遭遇奔走各处上访,上访中屡屡受到不公正对待,被抓被打。2008年4月,案件由永州市人民检察院向永州市中级人民法院提起公诉,但唐慧对判决结果不满,继续上访。2012年8月,湖南省永州市公安局零陵分局以"扰乱社会秩序"为由,对唐慧处以"劳动教养一年六个月"。此决定在2012年8月8日经湖南省劳教委复议被依法撤销。唐慧因此提出国家赔偿,永州市劳教委决定对唐慧不予国家赔偿。唐慧不服,提起行政诉讼。2013年4月12日,唐慧诉永州市劳教委一案在永州市中级人民法院开庭审理,唐慧败诉。唐慧不服,提起上诉,二审胜诉。

提示与讨论

劳动教养制度是实行了50多年的制度,其诞生、运行及至最后"寿终正寝",总是有着它的现实背景和历史意义。随着中国宪法对公民自由权利的确认,特别是尊重和保障人权入宪,劳教制度的不正义便浮出水面,日渐显现出与宪法的冲突和背离。在一国的法律体系中，宪法是最高法，拥有至高无上的权威和尊严。它是检验一切法律是否正当的根本标准，更是统领整个法治体系的最高权威。劳动教养制度之所以深受质疑，在于它违背了宪法的精神。我国《宪法》第37条第1款和第2款规定："中华人民共和国公民的人身自由不受侵犯。任何公民，非经人民检察院批准或者决定或者人民法院决定，并由公安机关执行，不受逮捕。"之所以要如此强调对公民人身自由的保护，不仅因为它是宪法的最基本权利，更因为这种自由乃是公民其他各项权利的基础，所谓"不自由，毋宁死"。劳动教养是一种剥夺自由权利的处罚，应当由法律规定，但构成劳动教养制度的《关于劳动教养问题的决定》（1957年发布）、《关于劳动教养问题的补充规定》（1979年发布）和《劳动教养试行办法》（1982年发布）都是国务院发布的，属于行政法规，于法无据。因此，早在2007年12月4日，就有69名专家学者向全国人大提交公民建议，要求启动对劳动教养制度的违宪审查。2013年从十八届三中全会《决定》中提出废止，再到全国人大常委会依法正式废除，劳教制度如同若干年前的收容遣送制度一样，在无数像唐慧案一样个案汇集的民间力量促动下，终于迎来了制度变革的历史性"拐点"。

【案例45】 过错推定责任案例

被告某纸箱厂于2012年10月在某市建成一栋7层家属楼（一楼为商店），在该楼四单元南侧阳台下修建了一乒乓球台。该楼窗户玻璃安装存在质量问题，使用中曾数次发生玻璃坠落的情况，住户普遍提出意见，但该纸箱厂未及时给予修缮。2013年8月11日下午，居住在该楼四单元六楼南侧的被告陈某某酒后关阳台南边窗户时，玻璃坠落并破碎，玻璃碎片下落插入当时正在打乒乓球的原告唐某某头顶部，致唐当场昏迷。唐的家长闻讯后与陈的妻子将唐送本市省医学院附属医院脑外科抢救，诊断为：开放性颅脑损伤、脑水肿、急性脑膨出、颅内异物。经手术治疗后脱险，于9月13日出院，但仍需做颅骨修复术。后又多次发病并住院治疗。共花医疗费6 621.99元，误工工资723.9元。原告起诉，要求被告赔偿医疗、生活、精神损失等费用共103 000元。

提示与讨论

"推定过错责任"是指行为人致人损害，在不能证明自己没有过错的情况下，即推定其有过错，并承担赔偿损害的责任。它也是以过错为民事责任的构成要件和最终决定性要件，只是采用由被告方举证证明自己没有过错的"举证责任倒置"规则。本案中，被告陈某某酒后关窗，不慎导致玻璃坠落，是原告唐某某受伤的直接原因。被告某纸箱厂是该家属楼的所有人，其玻璃存在严重质量问题，并曾发生数次玻璃坠落情况，也是造成此次事故的根本原因。确定原告唐某某的损害应该由谁来赔偿的关键是根据过错责任原则确定两被告的责任。根据《民法通则》第126条的规定，本案被告陈某某作为该建筑的使用人、某纸箱厂作为建筑的所有人，无法证明自己已经尽到防止损害他人的事实发生的注意义务，因而推定其有过失，应赔偿唐某某的损失。其中纸箱厂负主要责任，陈某某负次要责任。

【案例46】 无过错责任案例

2012年2月，经某市双龙镇人民政府批准，邓大龙在双龙镇双龙场村四社建造了农副产品加工房一栋，共两间，面积40平方米，坐北朝南，东邻邓大友住房10.5米，西邻邓大秉住房2.7米，北邻何仕秀住房7.7米。该加工房内安装有轧花机2

台，打米机、粉碎机、磨面机、压面机、和面机、榨油机各1台，上述机器均由一台15马力的柴油机带动。加工房开工后，其噪声、废气、粉尘、震动有时从早到晚不停，影响了何仕秀和其他相邻村民的正常生活。何仕秀等要求村委会、镇人民政府解决，但无结果，遂向市人民政府控告，并自费请市环境监测站于2013年1月12日在何仕秀住房内测得邓大友机房内传出噪声为64~65分贝。因粉尘、震动、废气等污染情况的检测费用较高，何仕秀无力要求监测站检测。

提示与讨论

所谓无过错责任原则，是指依照法律的特别规定，在没有过错致人损害的情况下，以行为人的行为造成客观存在的损害后果作为确定民事责任根本依据的归责原则。无过错责任不考虑行为人的过错，行为人致人损害时，无论其主观上是否有过错，都不影响民事责任的成立。受害人只就损害事实、致害人的行为及因果关系负举证责任，对致害人的主观过错不负举证义务。致害人可以依照法律规定的抗辩事由行使抗辩权。其适用范围受到严格限制，即只适用于法律有特殊规定的情况，如环境污染、高危作业、动物致人损害等。

原告何仕秀个人的居住环境遭到了被告邓大友所建的农副产品加工厂的噪声、废气、粉尘、震动的干扰，无法正常生活。被告的行为违反了国家规定的噪声标准，具有违法性，而这种破坏加工厂周围环境的行为，导致了周围居民的生活无法正常进行且工作、学习也受到严重影响的后果，对周围居民造成了较为严重的损害，符合侵权行为的特征。但是，邓大友修建农副产品加工厂的行为是在镇政府批准后进行的，而在那个位置开办加工厂，也必然对周围居民造成影响，其主观上并无过错。在被告并无主观过错的情况下，能否要求其承担侵权责任？根据我国《民法通则》第124条,《中华人民共和国环境保护法》(以下简称《环境保护法》)第6条,《中华人民共和国环境噪声污染防治法》(以下简称《环境噪声污染防治法》)的相关规定,被告邓大友因经营加工业所造成的噪声污染,超过了国家规定的标准,应该适用无过错责任,无论其有无过失都应该承担侵权责任,停止侵害并负责赔偿原告损失。至于粉尘、震动、废气污染应经检测认定是否超标后,再决定被告行为是否违法,从而认定被告是否应该承担侵权责任。《民法通则》第124条规定:"违反国家保护环境防止污染的规定,污染环境造成他人损害的,应依法承担法律责任。"《环境保护法》第41条规定:"造成环境污染危害的,有责任排除危害,并对直接受到损害的单位或个人赔偿损失。"《环境噪声污染防治法》也有相关的规定。应该适用无过错责任,无论其有无过失都应该承担侵权责任,停止侵害并负责赔偿原告损失。无过错责任的免责事由是:不可抗力,并且及时采取合理措施仍不能避免;完全由受害人或第三人的故意和过失造成的。

【案例47】公平责任案例

原告符文光与被告符亚明、符亚宁之父符小串系同乡好友。2013年11月22日下午3时许,二人在南开乡税务所门前相遇。因许久未见,为表示亲热,原告上前抱住符小串,并开玩笑地用前额与符小串的前额相碰。符小串当即蹲下,称其头晕及身体麻木,被他人扶送回家。之后,符小串被送往海南某医院,后又转入海南省人民医院诊治。诊断结果为:符小串已患有右上肺中央型肺癌,并且癌细胞已经转移到纵隔、右锁骨上淋巴结和颅内右顶叶,已属癌症晚期。2014年4月符小串在家中病死,其子符亚明、符亚宁认为父亲之死是由于原告碰撞头部引起，要求原告赔偿医疗费用及其他费用。后经乡政府主持调解，原告在受胁迫的情况下签订了赔偿符小串住院治疗期间全部医疗费用和其他费用人民币 6 847.78 元的协议。原告向法院提出诉讼，请求撤销赔偿协议，并确认其行为与符小串的死无关。

提示与讨论

原告对于符小串的死亡虽然不存在过错，也不能适用无过错责任原则，但由于其行为同符小串的死亡有一定联系，可以由人民法院根据损害事实和当事人的经济状况判决原告负担部分损失。县人民法院对本案判决原告负担医疗费和其他费用的30%，共949元，体现了公平责任的归责原则。所谓公平责任是指法无明文规定适用无过错责任，但适用过错责任又显失公平，因而不以行为人有过错为前提并由当事人合理分担的一种特殊的责任。这是在19世纪后期出现的一种特殊的责任。它与无过错责任一样，不以行为人的主观过错为责任承担前提。但与无过错责任不同的是，公平责任的适用范围只限于：法律无明确规定要适用无过错责任；如果适用过错责任又显失公平或违背公平合理原则。我国《民法通则》规定当事人对造成损害都没有过错的，可根据实际情况，由当事人分担民事责任。

【案例48】 是职务责任还是个人责任

李某是某市铁路公安分局警察。一日中午值勤后到饭馆去吃饭时，邻桌有两伙人因争夺板凳争吵起来，双方为此动起手来。李某作为警察不能不管，便起身欲管，此时，两伙人中有一人从口袋里摸出刀子，将对方一人扎伤。李某见状，即从腰间抽出手枪，欲捉拿行凶者。打架的两伙人见有警察过来，便四散逃走。李某随即紧追。事有碰巧，一方面因为追拿罪犯心切，另一方面因为中午饭馆里吃饭的人多，桌椅板凳横七竖八，一不小心，李某的腿被桌子腿绊了一下，一跤摔倒在地，手碰在地上，扳机也随之抠响，只听两声枪响，子弹打到水泥地上，反弹起来将一旁观者赵某的腿打伤。众人赶快将赵某送往医院治疗。赵某到医院治好伤后，找到李某要求赔偿。李某称自己是在执行公务，执行公务的责任应当归属于他所在机关，而不应由其来承担责任。赵某即找到李某所在的铁路公安分局，讲明情况，要求赔偿。铁路公安分局局长对此另有看法，认为也不应由铁路公安分局来赔偿，其理由是：①李某是在下班期间，并非在工作时间，执行公务应是在上班期间，公安分局不能对李某在24小时之内的所有行为都负责；②李某是铁路警察，而此事发生于饭馆之内，其行为不在职权管辖地域范围内，借用铁路上的行话讲，"铁路警察管不着那一段"，公安分局只能对其在职权管辖范围内的行为负责。一句话，只有在职上班期间管铁路上的事才是执行职务的行为，李某的行为属于个人行为，应由其个人负责。无奈，赵某只有向法院提起诉讼，要求铁路公安分局承担赔偿责任。

提示与讨论

公务员在法律上具有双重身份。由于公务员的双重身份以及由此引来的双重行为，二者之间必须有区分或判断标准。区分公务员所为的行为究竟是个人行为还是公务行为有时间、地点、行为的性质等多种标准。执行职务固然与时间、地点等有关，但时间、地点只能作为参考标准，而最主要的标准即是看公务员的行为是否在执行职务，只要一个行为发生于执行职务的过程中，包含着行政职权的运用，该行为即属于公务行为，否则属于个人行为。其他标准则处于参考地位。以此观之，李某的行为属于典型的公务行为。因为，如果作为公民个人，李某在道义上有制止犯罪的义务，但在法律上如果不这样做，也不能追究其责任。但作为警察，李某则有责任制止犯罪、捉拿罪犯，否则是失职行为。从本案看，李某是在履行其作为警察维持社会治安、制止犯罪、捉拿罪犯的职责，其动用枪支是典型的职权表现，因而，应作为职务行为对待，由李某所在的单位承担职务责任。

第三节 法律责任的归责和免责

法律责任的归责，简称归责，是指对违法行为所引起的法律责任进行判断、确认、追究以及免除的活动。归责理论涉及归责原则、归责要素和免责条件等问题。在认定、追究或免除法律责任时必须遵循一定的指导思想。指导思想体现了立法者的价值取向，是指导法律适用的基本准则。归责必须遵循以下原则。

第一，责任法定原则，即法无明文规定不为过。法律责任必须在法律上有明确、具体的规定，当某种行为发生后，必须按照法律事先规定的性质、范围、程度、期限、方式追究责任主体的责任，设立新的强制性的义务，使其承受相应的法律后果。任何实施或适用责任的主体都无权向任何一个责任主体实施和追究法律明文规定以外的责任，任何责任主体都有权拒绝承担法律没有明文规定的责任，这是责任法定原则的基本含义和要求。

第二，责任自负原则。违法引起的法律责任，只有违法者本人才应承担相应的法律责任，而不得株连其他任何无辜者。在追究法律责任时，无行为能力人和限制行为能力人的监护人要对被监护人的行为所造成的社会危害承担一定的民事责任。被监护人的行为造成社会危害，应视为监护人没有适当履行好监护义务，让其承担一定的民事责任，与本原则并不矛盾。

第三，责任相适应原则，即轻责轻究、重责重究、无责不究。法律责任的性质、种类及轻重，应与行为的性质相适应。做到有责当究，无责不究，既不能对一种性质的违法给予另一种性质的法律惩罚，也不能对较重的违法只给予较轻的处罚，反之亦然。

第四，因果关系原则。其含义包括：在认定行为人违法责任之前，应当首先确认行为与危害或损害结果之间的因果联系，比如伤害动作与被害人的伤势状况之间是否存在因果联系是认定法律责任的重要事实依据；在认定行为人违法责任之前，应当首先确认意志、思想等主观方面因素与外部行为之间的因果联系。有时，这也是区分有责任与无责任的重要因素，比如没有主观上的过错而致使他人对自己的财产失去控制，就不能认定为犯罪。在认定行为人违法责任之前，应当区分这种因果联系是必然的还是偶然的，是直接的还是间接的。有时还存在一因多果或一果多因，这也影响到法律责任的归结和追究方式，所以在具体案件中还必须注意区分。

第五，惩罚与教育相结合原则。惩罚是追究法律责任的固有属性，国家一般都要对损害社会利益的非法行为施以惩罚，惩罚在更大程度上是为了教育违法者和预防违法，教育通过惩罚得以实现，惩罚是达到教育目的的一个手段。

免责条件是指对于行为人免除法律责任的条件。免责条件在不同的法律上有不同的规定。一般来说，私法责任与公法责任是有明显区别的。私法上的免责条件充分体现了功利性，这是由于权利主体方考虑问题更多地会注重利益和成本问题，即功利问题。当事人一方实际上可以把民事纠纷看成交换关系的组成部分，是交换关系的延续。如果当事人一方从功利角度认

> **案例** 法理学

为没有必要起诉，那么也就不存在诉讼问题，甚至也就不存在责任问题。比如当事人从成本上考虑索赔所得尚不足以维持诉讼费用或者与其商业对手"打官司"将影响双方的正常贸易关系，这样一来他也就放弃补偿要求了。如果对方已经作了补偿，如修复、抢救等，或者与对方有了解决纠纷的协议甚至交易，如权利方把免责作为今后贸易关系的一项条件，那么责任也就可免除或者成为一种新的合同义务了。私法的免责条件有两种，一是法定免责条件，一是意定免责条件。私法的法定免责条件主要是"不可抗力"。我国民法上的"不可抗力"是指不能预见、不能避免并且不能克服的客观情况。正当防卫和紧急避险虽然表面看来像免责条件，但实质上它们不属于免责范畴，因为它们从根本上说并不构成法律责任。

私法的意定免责条件，即当事人自行决定的免责条件，包括：①权利主张超过时效，即权利方当事人不行使其追偿权利，经过一定期限，责任人则被免除了责任；②有效补救，即责任人或者其他人在国家机关追究责任之前，对于行为引起的损害采取有效补救措施，受害人愿意放弃追究责任时，可以免责；③自愿协议，即基于双方当事人在法律允许范围内的协商同意，可以免责。

通常公法责任都由国家专门机关负责认定和追究，并且公法责任不允许在当事人之间进行和解，即所谓"私了"。其免责条件除了不可抗力、正当防卫和紧急避险等类似于私法免责的条件外，还包括：①超过时效，即违法者在其违法行为发生一定期限后，不再承担法律责任，比如我国《刑法》规定法定最高刑不满五年有期徒刑的，经过五年就不再追究行为人刑事责任；②自首或立功，即对违法之后有立功或者自首表现的人，免除其全部或者部分责任；③当事人不起诉，公法案件中也存在权利方当事人不起诉不受理的情况,比如行政赔偿、涉及家庭关系等轻微刑事案件,法律责任的承担与否都取决于当事人是否起诉。大多数情况下,公法责任免责条件的认定并不像私法责任那样由当事人决定,而是由代表国家立场的规范性法律规定并由特定机关认定的,如对立功人员采取刑事免责是由法律规定并由法院以裁决方式认定。

【案例49】 责任自负的例外:孩子玩耍出事,家长要负责任

某天在小伟建议下,小学生小波、小毛、小伟进入一构件厂院内废弃厂房内玩耍。三人在四楼楼顶扔石子,小波在楼顶通风口附近用棍子钩石子,小毛想抢石子,便在小波身后用双手推了小波腰部一下,小波从通风口处坠落摔至二楼地面。小伟、小毛跑到二楼时发现小波趴在地上,身下有血,二人商量好不将此事告诉他人后离开现场。后在小波父母询问小波去向时,小毛、小伟谎称小波与二人分手后去打篮球了。小波家人于当日21时在事发现场找到小波将其送至医院抢救时,小波已死亡。后经鉴定,小波系高坠致颅脑损伤死亡。

提示与讨论

本案中小毛侵害了小波的生命健康权,理应承担法律责任,但鉴于其系未成年人,故应由其监护人承担民事赔偿责任。因构件厂未尽到对厂建筑物管理之责,才使三位未成年人进入存在危险隐患的楼房中玩耍,发生坠楼致死后果,故构件厂对小波死亡结果的发生亦有过错,应承担一定赔偿责任。因小伟事后隐瞒事实,编造谎言,故其亦应承担一定赔偿责任。另外,小波系未成年人,其父母作为监护人未尽到监护之责,使小波进入危险建筑物内从事危险活动,故二人对小波死亡亦有过错,亦应承担相应责任。

案例 法理学

【案例50】 因果关系原则：啤酒爆炸谁之过

某天李某与朋友一起到辛某夫妇经营的饮食店喝啤酒。在消费服务过程中，当李某到辛某夫妇的冰柜里取啤酒时，其中一瓶啤酒突然爆炸，啤酒瓶的一些碎片飞入李某的左眼并致李某受伤。当天晚上李某被他人送往泉州福建医科大学附属第二医院治疗，后又转院至泉州儿童医院北京同仁眼科诊疗中心继续治疗，经诊断：李某左角膜受伤，左眼晶体脱位，左视网膜脱离，事故发生后，工商部门派人调查事件的起因和经过。李某依据《消费者权益保护法》有关规定，将辛某夫妇告上法庭，要求法院依法判令辛某夫妇赔偿医疗费、误工费、护理费、交通费等共计人民币23 989.87元。辛某夫妇辩称，其把啤酒储存在冰柜里并没有过错，李某擅自到冰柜里翻弄啤酒才被炸伤左眼，属咎由自取，其主张赔偿于法无据，依法应驳回其诉讼请求。

提示与讨论

李某在辛某夫妇经营的冷饮食杂店喝啤酒，接受辛某夫妇的有偿服务，应是受《消费者权益保护法》调整的生活消费行为。辛某夫妇作为经营者，应当保证其提供的商品或者服务符合保障人身、财产安全的要求。李某在消费过程中左眼被炸伤，依法享有获得赔偿的权利，辛某夫妇把啤酒储存在冰柜里，具有一定的安全隐患，其又没有证据证明啤酒爆炸是李某故意或者其他原因造成的，因此应对李某的受伤承担赔偿责任。

【案例51】 责任主体法定：刘某应否承担法律责任

原告刘某于2014年3月20日晚（次日，刘某满14周岁）

与同学李某在某市红星大楼偷窃他人旧自行车一辆，3个月后被镇西派出所抓获，市公安局依照《治安管理处罚法》的相关规定，给予刘某治安拘留10日之处罚。刘某不服，向法院提起行政诉讼。

  ☞ 提示与讨论

  本案中刘某不应成为行政拘留处罚的责任主体，法院应依法变更市公安局"对刘某拘留10日"的决定为"免予行政处罚，给予训诫并责令监护人严加管教"。在实施行政处罚过程中，注意违法行为的轻重情节，适当运用从轻、减轻或免予处罚的手段，有助于提高行政处罚的效果，《行政处罚法》中有关责任年龄的规定就是考虑到这一点："不满十四周岁的人有违法行为的，不予行政处罚，责令监护人加以管教"。本案中，原告刘某在实施违法行为即偷车的当时尚未满14周岁，因此市公安局在给予刘某行政处罚时未审查刘某年龄而做出拘留10日的处罚决定是违法的，应予撤销。

  【案例52】 责任法定：凯星公司应承担法律责任

  凯星公司由于产品滞销，职工工资很难保证。经理决定每人每月领取10件本公司生产的服装自行销售，销售所得即作为当月工资。王山等20多名职工将公司诉至仲裁委，要求发放工资。仲裁委裁决凯星公司按职工原工资标准以货币形式补发王山等20多名职工的工资，并加发25%的经济补偿金。

  ☞ 提示与讨论

  本案中凯星公司的行为构成经济违法，应承担相应的法律责任。《劳动法》第50条规定："工资应当以货币形式按月支付给劳动者本人。不得克扣或者无故拖欠劳动者的工资。"《工资支付暂行规定》第5条更加明确了工资应当以法定货币支付，不得以实物及有价证券替代货币支付。显然，该厂以产品滞销、资金周转困难为由，用实物替代支付职工工资的做法是违法的。仲裁委裁决饮料厂支付职工工资理由充分、有法可依。《违反和解除劳动合同的经济补偿办法》第3条规定："用人单位克扣或无故拖欠劳动者工资的，以及拒不支付劳动者延长工作时间工资报酬的，除在规定的时间内全额支付劳动者工资报酬外，还需加发相当于工资报酬百分之二十五的经济补偿金。"无故拖欠系指企业无正当理由超过规定付薪时间未支付劳动者工资。企业确因生产经营困难，资金周转受到影响，在征得本单位职工代表大会同意后，可暂时延期支付劳动者工资。延期时间最长不得超过一个月。其他情况下拖欠工资均属无故拖欠。该公司未依法定程序征求职代会意见，同时也超过了延长期限，属无故拖欠工资行为，应承担相应的法律责任。

【案例53】责任法定：保险公司依法承担赔偿责任

春节前为了赶回家过年，章某购买了某客运公司的长途客票。途中，该客车发生车祸事故，造成章某随身携带的财产及人身受损。财产经涉案部门进行了评估，人身受损经医院治疗花了相当数额的医疗费。章某拿着车票找保险公司理赔，答复是：该车保险期满，又没有进行保险，保险公司不予赔偿。

提示与讨论

保险公司的答复是不符合有关规定的，应承担赔偿责任。理由是：旅客乘坐经国家有关部门批准营运的客车，均应向中国人民保险公司投保公路旅客意外伤害保险。投保的形式是旅客购买由交通管理部门统一印制的客运车票。车票上均注明"内含保险费"，保险公司不再另行签发凭证。无论是国营客运还是私营客运所乘坐的旅客,都要注意这一点。有的私营长途不给票据,一旦发生车祸就会出现举证不能。因为客票中所含保险费是由公路客运部门代收汇缴保险公司的。公路旅客意外伤害保险条款属法定强制保险,旅客购买车票经验票进站后,或者中途上车购票后,即为投了意外伤害险。至于公路客运部门或私营车主是否向保险公司汇缴保险费,并不影响保险责任的发生。

【案例54】责任相称:醉汉在旅店摔死,责任依法各半

某日张涛入住邓某开办的白云旅社后到战友屈某家吃饭。平时只能喝白酒3至4两的张涛,当晚却喝了4瓶啤酒,并且在屈某送其回旅社时,再次喝啤酒。当晚22时50分左右,张涛在旅店三楼走廊乘凉时因醉酒控制不了自己,意外翻出82cm高的栏杆坠下一楼内天井,引起颅脑损伤而死亡。事发后,公安人员及法医亦到现场进行检验,鉴定张涛为"意外坠楼死亡"。张涛的家人以张涛坠楼死亡造成的损失173 246.73元,及精神损害抚慰金10 000元为由,诉请法院用人身损害赔偿之诉,判决白云旅社及其开办人赔偿损失183 246.73元。

提示与讨论

县法院审理认为,双方均有过错,则视过错大小分别承担责任。张涛是一个健康的成年人,白云旅社的内天井栏杆为82cm,在张涛不醉酒的情况下,意外翻出栏杆并摔到一楼可能性极小;相反,即使栏杆高度为105cm,也只是安全性更高一些,但并不能排除张涛醉酒后不能控制自己,意外翻出栏杆摔死的可能。也就是说,此事故发生的根本原因,是张涛醉酒不能控制自己的行为。但是,被告白云旅社应根据有关规定完善设施,预防事故的发生,三楼内天井栏杆不合格,为事故的发生

留下安全隐患,因此要对因设施不完善对他人造成的损害承担相应的赔偿责任。

【案例55】 动物饲养人因第三人的过错而免责

某日上午,刚放学的18岁的王某与15岁的张某走到赵某的家门口,见赵某家门口趴着一只大狗,王某让张某拿一场块石头去砸狗,张某照办。结果狗被打后朝张某追去,张某见势不妙,躲在迎面而来的李某后面,狗于是咬伤了李某,李某为此花去医疗费1 000元。

提示与讨论

饲养动物致人损害的,动物饲养人、管理人理应承担民事责任。其免责事由是:完全由受害人或第三人的故意和过失造成的;其他事由,如受害人同意、执行职务。本案中,张某是受王某的教唆而实施行为的,因此,王某应承担主要责任;同时,张某因为是未成年人,承担次要责任,由其监护人承担该法律责任。所以,李某被狗咬伤的医疗费用主要应由王某承担,张某的监护人承担适当部分。

【案例56】 受害人同意而免责

吉林省九台市公路管理段和九台市防爆器材厂为参加九台市西营镇政府举办的篮球赛,各自从本单位抽调部分职工集中训练。刘洪亮为九台市防爆厂抽调的队员,吕有明是九台市公路段抽调的队员。某日两单位的球队进行练习比赛,当刘洪亮正准备接本队队员传球时,吕有明上前抢球,其肘部猛烈撞击刘洪亮左胸,裁判当即鸣笛判吕有明犯规,刘洪亮因伤痛下场。事后,刘洪亮经医院诊断为"左胸外伤、肋骨骨折",住院50多天,医药费4 300元。刘洪亮起诉吕有明侵权,要求吕有明赔偿其损失。

📌 提示与讨论

被告吕有明在篮球比赛中因犯规动作撞伤刘洪亮,导致对方住院,造成损害和侵权。但篮球比赛合法、有益、不违反公序良俗,且极有可能造成参加人的伤残,所有参加者应有这样的心理准备,所以构成受害人同意的抗辩事由,被告无须承担侵权责任。受害人的损失由抽调他参加比赛的单位补偿。

【案例57】依法履行职责而免责

某年夏天,辽宁省某县发生严重的毛虫害。该县森林病虫害防检疫站决定租用民航飞机飞洒农药"敌杀死"。8月20日,该站召开飞洒农药区域内有关人员会议,宣传了防止人身中毒的有关注意事项,并布置了信号员,但未确定飞洒农药的具体日期。9月16日,作业飞机在该县某林区飞洒农药,由于该林区距北沟村较近,而检疫站没有及时安排导航人员,飞机将一部分农药洒到了北沟村,造成该村村民的418箱蜜蜂全部死亡,总经济损失10 450元。该村村民起诉检疫站,要求赔偿损失。检疫站辩称,他们的行为是履行职务,不应对此承担法律责任。

📌 提示与讨论

某县森林病虫害检疫站租用民航飞机飞洒农药导致了北沟村村民的蜜蜂死亡,造成了他人的财产损失,属于侵犯财产权的行为,本应承担侵权责任。但检疫站主张,其行为是履行职务的行为,因此构成了抗辩事由。被告检疫站虽然在飞洒农药前召开了专门会议,宣传了有关注意事项,确定了信号员并要求乡政府给予协助,但在飞洒之前并没有通知具体日期,没有布置信号员导航,导致飞洒区域扩大。其行为方式不符合飞洒农药的相关规定,没有尽到应有的注意义务,属于履行职务方式违法,不能抗辩,应承担赔偿责任。

【案例58】 紧急避险免责

某天曹某乘坐市公共交通公司的公共汽车回家,当时正值下班乘车高峰期,车上很拥挤,曹某只得站在公共汽车门口的踏板上,身体倚靠着车门。当车行至距大庆路站台尚有20米处时,售票员耿晓华见有人招手要上车,在未提醒站在车门附近的乘客注意的情况下,打开了车门。曹某为避免摔出车外,情急之下抓住了站在她前面的乘客石峰的衣服,造成石峰西服上衣的袖子被撕破,肩背的一个笔记本式电脑滑下摔在地上。石峰要求曹某赔偿其损失,即西服上衣价值1 200元,笔记本式电脑的修理费2 350元,合计3 550元。曹某认为石峰的损失是由于售票员的过错引起的,不同意赔偿。于是,石峰向人民法院起诉,要求曹某赔偿其财产损失。区人民法院受理本案后,据《中华人民共和国民事诉讼法》(以下简称《民事诉讼法》)第119条的规定,追加了市公共交通公司为共同被告参加诉讼。

提示与讨论

紧急避险是指为了使社会公共利益、本人或他人的人身和其他权利免受正在发生的危险,而不得已采取的一种加害于他人人身或财产的损害行为。紧急避险必须具备如下条件构成:①必须有危险(生命健康和财产)的存在;②必须有以损害某种利益来保全另一种利益的避险行为;③避险措施必须适当。所谓适当是所损害的利益必须少于保全的利益。

《民法通则》第129条规定:"因紧急避险造成损害的,由引起险情发生的人承担民事责任。如果危险是由自然原因引起的,紧急避险人不承担民事责任或者承担适当的民事责任。因紧急避险采取措施不当或者超过必要的限度，造成不应有的损害的，紧急避险人应当承担适当的民事责任。"险情的发生归因于实施一定的行为或管理活动，则应由该行为人或者管理人承担民事责任。《最高人民法院关于贯彻执行〈中华人民共和国民法通则〉若干问题的意见（试行）》第156条规定："因紧急避险造成他人损失的，如果险情是自然原因引起的，行为人采取的措施又无不当，则行为人不承担民事责任。受害人要求补偿的，可以责令受益人适当补偿。"在本案中，被告曹某的行为是符合紧急避险要件的。她为避免自己摔出车外，迫不得已紧抓原告的衣服，她的避险后果虽使原告财物遭受一定的损失，但所保护的利益是自己的生命安全，可见避险行为适当。本案中险情的发生是由售票员耿晓华造成的，但《民法通则》第43条规定："企业法人对它的法定代表人和其他工作人员的经营活动，承担民事责任。"所以被告市公共交通公司应当承担因紧急避险而致原告损害的赔偿责任。

【案例59】正当防卫免责

宋福、宋成父子二人承包了村里的几亩西瓜地。因有人偷瓜，导致宋家父子收益大幅减少。父子二人非常气愤，决定在瓜地南北两侧分别值守，抓住偷瓜者。某日夜晚，同村村民李海来到南侧的瓜地偷瓜，当他正往麻袋里装瓜之际，被在此守夜的宋福发现。宋福上前揪住李海衣服进行质问，李海百般狡辩并欲挣脱逃跑。守在瓜地另一侧的宋成听到喊声急忙赶来，见父亲与李海扭打在一起，便跑上去与父亲一起把李海摁倒在地，用拳头猛击李海直到李海求饶并答应赔偿瓜款时，二人方才住手。李海回家后，觉得胸部异常疼痛，医院诊断为肋骨断裂。李起诉，要求二宋赔偿。而宋以正当防卫为由，不同意赔偿。

提示与讨论

作为一种正当理由的抗辩,紧急避险与正当防卫既有相似之处又有原则区别。相似之处在于:①都是为了保护公共利益、本人和他人的合法民事权益;②都是对正在发生的侵害或危险采取相应的措施;③法律要求正当防卫、紧急避险都在必要限度内进行。区别在于:①正当防卫针对他人的不法侵害,紧急避险的危险可能由他人行为造成,也可能由自然原因造成;②正当防卫所施加的对象是不法侵害行为人的人身或财产,紧急避险施加于第三人,造成第三人人身或财产损失;③任何人都不对必要限度内的正当防卫负赔偿责任,对于在必要限度内的紧急避险,则受害的第三人可以从受益人处得到补偿。这种公平责任只有在法律没有特别规定适用无过失责任原则,而按过错责任原则来处理又显失公平的情况下才能适用。

《民法通则》第128条规定:"正当防卫超过必要的限度,造成不应有的损害的,应当承担适当的民事责任。"这里规定了防卫过当及其民事责任。防卫过当就是指防卫行为不符合正当防卫的限度条件,而造成被防卫人不应有的人身或财产损害。判断是否为正当防卫超过必要限度即防卫过当,应设定两个标准:一是,如果采取正常的防卫手段就足以制止不法侵害,而防卫人采取较激烈的手段,则此种防卫超过了必要限度;二是,利益衡量,若为了防卫一个很小的合法权益而给侵害人造成较重的损害,就可认定防卫超过必要限度。防卫过当,应承担法律责任,但应承担减轻或从轻的民事责任,在涉及赔偿范围时,应当减除防卫在必要限度内的损害部分。本案二被告对原告实施的行为符合正当防卫要求的对象、目的及时间条件,但都违反了正当防卫的限度条件的要求。二被告合力采取正常的方式

第三章 法律责任

就能制止原告行为,但却采取猛烈打击的方式,损害大大超过他们所保护的利益,应承担法律责任。

【案例60】 起诉超时效,有理难获赔

天津市保税区某货运公司李某将其所驾驶的单位所有的蓝鸟汽车长期存放在塘沽区一服务站所属的存车场内。2012年3月20日,李某在取车时,发现车辆被盗,遂向塘沽分局报案,后被盗车辆被查获。因车辆受损,事主货运公司将提回后的被盗车辆送去维修,共花去修理费用等3万余元。2014年3月,货运公司以保管不善为由,将存车场诉至法院,要求其赔偿损失3.3万余元。法院审理认为,原告在发现车辆被盗后,未及时向被告主张权利,至起诉之日已超过了法定诉讼时效,因而驳回了原告的诉求。

提示与讨论

我国《民法通则》规定,在一般情况下,向人民法院请求保护民事权利的诉讼时效期间为2年。由于不予追究,或超过诉讼时效期限,人民法院对受害人的告诉不予受理,就使违法者实际上免除了法律责任。民法中的诉讼时效期限的规定意在要求、促使受害人在知道自己的权利受侵害之后及时向人民法院请求权利保护。受害人在法定的诉讼时效期限内不向人民法院提出告诉请求的,可视为受害人已宽恕加害人的加害行为。在民事法律领域,受害人的宽恕表示可成为加害人的免责依据。

《民法通则》第135条规定:"向人民法院请求保护民事权利的诉讼时效期间为二年,法律另有规定的除外。"第136条规定:"下列的诉讼时效期间为一年:①身体受到伤害要求赔偿的;②出售质量不合格的商品未声明的;③延付或者拒付租金的;④寄存财物被丢失或者损毁的。"第137条规定:"诉讼时

效期间从知道或者应当知道权利被侵害时起计算。但是,从权利被侵害之日起超过二十年的,人民法院不予保护。有特殊情况的,人民法院可以延长诉讼时效期间。"第 138 条规定:"超过诉讼时效期间,当事人自愿履行的,不受诉讼时效限制。"第 139 条规定:"在诉讼时效期间的最后六个月内,因不可抗力或者其他障碍不能行使请求权的,诉讼时效中止。从中止时效的原因消除之日起,诉讼时效期间继续计算。"第 140 条规定:"诉讼时效因提起诉讼、当事人一方提出要求或者同意履行义务而中断。从中断时起,诉讼时效期间重新计算。"第 141 条规定:"法律对诉讼时效另有规定的,依照法律规定。"本案是寄存物丢失和损毁的范围,其诉讼时效为 1 年。2012 年 3 月权利人就知道权利被侵害,可是 2 年后 2014 年 3 月才主张权利,权利人货运公司就失去胜诉权。

【案例 61】 男子抢劫逃亡 12 年后悔过,投案自首获减轻处罚[1]

刘某生于 1981 年 12 月,1999 年 7 月份,贺某、叶某(均判刑)邀约被告刘某等人吃完大排档后驱车去铜梁县旧县镇某酒楼找"小姐"玩耍,被酒楼管理人员阻止,因对酒楼管理人员不满,随即滋事,后发现酒楼有房间亮着灯,便强行闯入,对正在酒楼"玩耍"的梁某、王某实施抢劫,抢得梁某现金 1 400 元、手机 1 部、手表 1 只及衣服 1 件,案发后刘某潜逃外地。近年来,刘某母亲因担心儿子焦虑过度死亡,其父也因此病重,刘某对自己的年少无知深深自责,良心发现,决定改过自新,遂于 2011 年 8 月到公安机关投案自首。

---

[1] 资料来源:http://www.chinanews.com/fz/2011/11-09/3447031.shtml,访问日期:2014 年 7 月 8 日。

第三章 法律责任

提示与讨论

铜梁县人民法院经审理认为，被告刘某与他人一道，以非法占有为目的，采取暴力手段，当场劫得公民人民币1 400元、手机1部、手表1只及衣服1件，构成了抢劫罪。由于被告刘某犯罪时未满18周岁，是未成年犯罪，依法应从轻或减轻处罚；十余年来饱受精神折磨，深深悔过，日前主动投案，并如实供述了犯罪事实，是自首，依法可以从轻或减轻处罚。综合全案情节，决定对其减轻处罚，判决被告刘某犯抢劫罪，判处有期徒刑二年，并处罚金2 000元。

第四节 法律制裁

法律制裁是由特定的国家机关根据法律责任的判定、将因违反法律义务而应承担的不利后果施加于具体的违反法律义务者的活动，即由特定的国家机关对违法者依其所应承担的法律责任而实施的强制性惩罚措施。法律制裁以确认违法行为为前提，是法律责任实现的重要方式。法律制裁旨在强制责任主体承担违法行为的后果，迫使其付出或丧失一定的利益，从而恢复被侵害者的合法权益，治理违规行为，实现社会关系的正常运转。

法律制裁与法律责任有对应性。法律责任以违反法律义务者为主体，强调其应当承担不利后果。法律制裁以特定的国家机关为主体，强调这一主体主动地施加不利后果于违反法律义务者。由于违反法律义务者不主动地承担其应承担的不利后果，所以，需要国家机关将不利后果强制性地施加于违反法律义务者，使法律责任落到实处，这就形成与法律责任对应的法律制裁。对法律制裁的理解必须注意以下几点。

>>> **案例** 法理学

第一,法律制裁是以国家机关为主体的活动。只有特定的有执法权的国家机关才能依其职权施加法律制裁。其他任何政党、社会团体、企事业组织都无权施加法律制裁。在刑事领域实施刑事制裁的机关是人民法院、监狱机关和公安机关。实施民事制裁的机关,在我国是法院执行庭。实施行政制裁的机关,有政府部门的有行政执法权的各机关,也有人民法院执行庭。

第二,法律制裁是因法律责任的存在而产生的特定国家机关的活动。也就是说,法律责任是法律制裁的依据。没有因违反法律义务而承担不利后果的应当性(责任),就没有国家机关施加法律制裁的正当性。法律制裁决不能脱离法律责任这一依据而任意进行。脱离法律责任来谈法律制裁,就会为国家机关的专横任性提供凭借。

第三,法律制裁必须以法定的责任判定程序的终结以及法律责任的归属判定为前提。例如,在我国的刑事领域,这种法定的责任判定程序表现为依照刑事诉讼所进行的公安机关的侦查、人民检察院的起诉(在自诉案件中由自诉人起诉)、人民法院的审理案件的过程;这种法律责任的归属判定表现为人民法院的判决。依据人民法院对被告所作出有罪及应承担的具体责任形式及责任范围的判决,人民法院、监狱机关或公安机关分别实施相应的具体制裁。

根据违法行为和法律责任的性质不同,法律制裁可以分为刑事制裁、民事制裁、行政制裁、经济制裁和违宪制裁等。

第一,刑事制裁。刑事制裁是指国家对于违反刑事法律的犯罪分子依其所应承担的刑事责任而实施的刑罚。刑罚是法律制裁中最为严厉的强制方法,只能由国家审判机关来实施。根据我国刑罚规定,刑罚分为主刑和附加刑两类。主刑包括:①管制(三个月以上,二年以下;数罪并罚时不能超过三年);②拘役

第三章 法律责任

(十五日以上，六个月以下)；③有期徒刑（六个月以上，十五年以下；数罪并罚不超过二十年）；④无期徒刑；⑤死刑（包括"判处死刑同时宣告缓期二年执行，实行强迫劳动，以观后效"）。附加刑包括：①罚金；②剥夺政治权利；③没收财产。附加刑也可单独适用。一般来说，当罪犯被判处承担有期徒刑、无期徒刑责任时，由监狱机关实施这种剥夺自由刑的制裁。当罪犯被判处承担死刑责任、罚金责任、没收财产责任时，由人民法院实施制裁。当罪犯被判处承担拘役、管制等剥夺政治权利的责任时，由公安机关实施制裁。

第二，民事制裁。民事制裁是国家对于违反民事法规的违法当事人依其所应承担的民事责任而施加不利后果的活动。民事制裁的形式是多种多样的，例如恢复财产原状、返还原物、排除妨碍；损害赔偿；收缴进行非法活动的财物和非法所得；罚款；支付违约金；责令排除侵害、恢复名誉、赔偿损失；责令具结悔过；告诫；责令停业、停产或搬迁；等等。实施民事制裁的机关，只能是人民法院。

第三，行政制裁。行政制裁是国家对于违反行政法规的违法行为人依其所应承担的行政责任而施加不利后果的活动。根据行政违法的危害社会的程度不同、制裁的方法不同、实施行政制裁的机关的不同以及承受行政制裁主体的不同，行政制裁可区分为以下几种。①行政处分。行政处分是国家行政机关依照行政隶属关系对有违法失职行为的国家工作人员施加不利后果的活动。根据我国1957年制定的《国务院关于国家行政机关工作人员的奖惩暂行规定》，行政处分包括警告、记过、记大过、降级、降职、撤职、开除留用察看、开除等几种形式。②行政处罚。行政处罚是由国家特定的行政机关对于有违反行政管理秩序行为的公民、法人或者其他组织施加不利后果的活动。

根据《行政处罚法》的规定，行政处罚形式包括：警告、罚款、没收违法所得、没收非法财物、责令停产停业、暂扣或吊销许可证、暂扣或吊销执照、行政拘留，以及法律、法规规定的其他行政处罚。

  第四，违宪制裁。违宪制裁是依据宪法或法律的特殊规定对违法行为人的违宪行为施加不利后果的活动。这种制裁形式同其他几种制裁是有区别的。行使违宪制裁的主体是监督宪法实施的国家机关或人民群众（公民、法人和其他组织）。制裁形式主要有以下三种。①撤销同宪法相抵触的法律、行政法规、地方性法规。我国《宪法》第16条规定，全国人大常委会有权"撤销国务院制定的同宪法、法律相抵触的行政法规、决定和命令"；有权"撤销省、自治区、直辖市国家权力机关制定的同宪法、法律和行政法规相抵触的地方性法规和决议"。②撤销中央国家机关有关违宪的各种决定、命令或决议。我国《宪法》第67条规定的全国人大常委会的职权中，包括了这一内容。③国家赔偿。国家赔偿是在国家机关和国家机关工作人员违法行使职权侵犯公民、法人和其他组织的合法权益造成损害的情况下，受害人通过要求国家承担赔偿责任而表现的对国家的制裁。根据《中华人民共和国国家赔偿法》第2章、第3章所列的行政赔偿范围和刑事赔偿范围，主要涉及对公民的人身权和公民、法人、其他组织的财产权的损害赔偿。由于这两种权利是宪法保障的公民基本权利，国家机关和国家机关工作人员违法行使职权对它们造成损害应属违宪行为，因此，我们将受害人要求国家机关承担赔偿责任的制裁列入违宪制裁。这种制裁的形式主要是要求国家支付赔偿金。实施这种制裁的主体是特殊的主体——因国家机关、国家机关工作人员违法行使职权的受害人（公民、法人和其他组织）。

第三章 法律责任

【案例 62】 法律制裁是法定的机关行使的

两个 12 岁的双胞胎兄弟因为在书店没有付钱就拿了两张光碟,而被保安扣押在办公室,并让双胞胎兄弟中的大的(杨特)先回家找家长领人(要缴纳保证金赎人),否则书店要把双胞胎兄弟送到监狱里面去。双胞胎母亲到书店时,杨点低头坐在储藏室里,脸上带着惊恐的表情。姚平说,当时她让两个孩子回家,但是值班的两个叫王俊明和陈浩的保安没有同意,而是让他们母子三人一同到办公室,商量如何处理这件事情。姚平本来想按照两张光碟的价格付给保安 30 元钱,但是保安非要她交 300 元的保证金,并给家长说书店会派人去两个孩子的学校进行调查,看看他们有没有前科行为,然后再到派出所开具证明后才能将保证金取回。孩子母亲无奈交了保证金才把双胞胎兄弟带回家。回家路上母亲数落孩子几句,两名男孩回到家后就跑进了卧室。姚平去推门,发现孩子已经把房门反锁,敲门却没有人应。接着,住在一楼的同乡跑上楼来告诉了他们,他看见两个孩子一起从阳台上跳了下去,结束了他们幼小的生命。

提示与讨论

原本这两张盘值不了几个钱,最后付出的代价是两条孩子的生命。在书店的这段遭遇我们可以分成两个内容:一个内容是扣留;一个内容是罚款。在发现有孩子在这个书店偷书前提下,书店的保安有没有权利扣孩子?这是肯定没有这个权利的。因为公民的人身自由权是《宪法》赋予公民每个人的权利,没有法定理由、非法定的机关和人员不能限制人身自由。未成年人更应该受社会各方的保护,所以当时遇到这种情况的时候,保安其实可以制止他们偷东西,但是保安没有权利去扣留。比较合理的方式应该是把孩子叫到办公室,对他进行批评教育。

>>> 案例 法理学

对于这个孩子的问题，保安已经找到他的父母了，应该和他的监护人来谈这个问题。经记者调查，保安之所以让交保证金是和店里偷一罚十的规定有关。书店、超市等的这个规定完全是错误的，作为一个书店他没有执法权，更没有处罚权。公民侵犯公私财物，由法定的机关（如公检法等）来处理，书店、城市等的保安没有权利给偷东西的人给予罚款甚至扣留的法律制裁。

【案例63】法律制裁权不能随意让渡给当事人处置

2007年12月29日晚23时许，夏某某来到前妻住处看望女儿。由于话不投机，和前妻发生了争吵。前妻回到娘家，见姐姐哭泣，弟弟王某当即赶到姐姐家和前姐夫发生争执扭打。双方在扭打中，夏某某顺手摸起床边的一把水果刀朝王某腰部捅了一刀（经鉴定，为重伤）。夏某某很快因为涉嫌故意伤害被关押。但夏某某也告诉承办检察官，自己在案发过程中也被王打了。经过医院检查，发现夏某某眉骨外伤性骨折，伤情鉴定为轻伤。案件移送检察院审查起诉后，双方都对自己的过激行为后悔不已，都表示愿意谅解对方对自己的侵害，不想追究对方的刑事责任，要求撤销案件私了。当事人能否处置刑事制裁呢？

☞ 提示与讨论

传统刑事诉讼程序，尤其公诉案件程序是国家为了追究犯罪、维护公共利益而设置，通过一系列严格的程序步步推进，最终实现刑罚权。在此过程中，无论是被告人还是被害人都难以左右诉讼的结果，只能按照法定程序完成诉讼，并且按照诉讼角色安排保持一种对抗关系。本案中前姐夫夏某某把小舅子打成了重伤，小舅子同时把前姐夫打成了轻伤，均构成严重违法（犯罪），依照法律规定，双方之间应各承担刑事责任，受到

第三章 法律责任

刑事制裁。无论是公安机关、检察院、法院，除符合法定免责或减轻条款外，均不能随意放弃追究违法犯罪者刑事责任或减轻违法犯罪者刑事责任的权力，即公权力机关的法律制裁权不能随意让渡给个人处置。即使新刑事诉讼法中的刑事和解制度[1]也是有严格的适用范围、适用条件、适用主体。

【案例64】法律制裁，要依法定程序

2012年12月11日，王某驾驶一辆机动车途经某县城区，在城区内违章停放车辆，将道路排水管轧坏，该县建设局，当即决定对王某罚款10 000元，同时向王某送达了行政处罚告知书和行政处罚决定书，后因王某未交付罚款，建设局于2013年4月25日向人民法院申请强制执行。

提示与讨论

《行政处罚法》第33条规定，对公民违法行为当场作出行政处罚的罚款数额为50元以下，而本案的处罚数额高达10 000元，显然应当适用一般程序予以处罚。建设局简单适用当场处罚的简易程序，对王某实施高额罚款，程序严重违法。建设局对

---

[1] 所谓刑事和解，又称致害人与被害人的和解，是在犯罪发生之后，被害人或其亲属与致害人直接或经由调停人的帮助，通过协商双方达成民事赔偿和解协议后，司法机关根据案件的具体情况对犯罪嫌疑人、被告人不再追究刑事责任或从轻减轻刑事责任的诉讼活动。2013年1月1日起实施的新刑诉法第277至279条对公诉案件刑事和解程序进行了专门规定。根据相关法律和新刑诉法的规定，刑事和解主要适用于轻伤害案件、过失犯罪案件、未成年人犯罪案件等可能判处三年以下有期徒刑的轻微刑事案件。适用对象主要包括未成年犯、成年人犯罪中的初犯、偶犯、过失犯。适用主体主要有基层群众组织、公安、检察、审判机关等。运行结果：一是撤销案件（适用于公安部门对受理的轻微刑事案件在侦查环节启动和解机制后的情形）；二是不起诉处理或建议法院对被告人从宽处理（适用于对移送检察院审查起诉的轻微刑事案件，符合条件的刑事案件达成和解协议后的情形）；三是不再追究被告人的刑事责任或对被告人从宽处理（适用于法院和解成功的轻微刑事案件）。

> 案例 法理学

王某送达行政处罚决定书的同时一并送达告知通知书,未给相对人王某必要的陈述申辩期间,客观上剥夺了王某的陈述、申辩权,显然也违反了行政处罚的法定程序。

【案例65】孙志刚被故意伤害致死,加害人受刑事制裁

2003年3月17日晚,被害人孙志刚因未携带任何证件外出,被广州市公安局天河区分局黄村街派出所民警错误收容。3月18日晚,孙志刚称有心脏病被送至广州市收容人员救治站诊治。3月19日晚,因孙志刚大声呼叫,引起救治站护工乔燕琴不满。乔遂与吕二鹏、乔志军、胡金艳等人商量,授意李海婴等8名被收治人员殴打孙志刚。3月20日凌晨,被告人李海婴、钟辽国、周利伟、张明君、李龙生、韦延良、何家红、李文星等先后两度对孙志刚轮番殴打,致使孙志刚于3月20日上午经抢救无效死亡。后经法医鉴定,孙志刚系因背部遭受钝性暴力反复打击,造成大面积软组织损伤致创伤性休克死亡

广州市中级人民法院于2003年6月5日至6月6日公开审理乔燕琴、李海婴、钟辽国等故意伤害原广州市达奇服装公司职员孙志刚致死案,于2003年6月9日作出一审判决。以故意伤害罪判处被告人乔燕琴死刑,剥夺政治权利终身;判处被告人李海婴死刑,缓期2年执行,剥夺政治权利终身;判处被告人钟辽国无期徒刑,剥夺政治权利终身;判处被告人周利伟、张明君、吕二鹏有期徒刑15年,剥夺政治权利5年;判处被告人李龙生有期徒刑12年,剥夺政治权利4年;判处被告人韦延良、何家红、李文星、乔志军、胡金艳有期徒刑3年至10年。同日,孙志刚案涉及的原广州市公安局天河分局黄村街派出所民警李耀辉,原广州市脑科医院江村住院部副主任张耀辉,原广州市收容人员救治站负责人彭红军,医生任浩强,护士邹丽

萍、曾伟林等6人，以玩忽职守罪，被广州市天河区人民法院和白云区人民法院分别判处有期徒刑2年至3年。

提示与讨论

司法机关对于违反刑事法规的犯罪者依其所犯罪行要给予相应的刑事制裁。根据我国《刑法》规定，刑罚可分为主刑和附加刑两类。本案中，被告人乔燕琴等因犯故意伤害罪，因情节不同，分别被判处死刑、死缓、无期徒刑及有期徒刑不等。涉案的公安民警及有关职能部门的工作人员也因玩忽职守被判刑。案件定罪量刑准确，很好地体现了罪责自负、罪刑相适应原则。

【案例66】一缕阳光赔八千，侵犯相邻权被处民事制裁

因居住了十余年的房屋门前，建起了一幢七层的高楼，影响了采光权，居民颜某盛怒之下，索讨"一缕阳光权"。2005年1月31日，江苏省丰县人民法院公开宣判此案，居民颜某获赔8000元。1990年3月，颜某在丰县县城建造4间房屋供家庭居住使用，该房屋与丰县某单位相邻，居住了十余年相安无事。2003年12月，门前南面矗立起一幢某单位建设的七层办公楼，影响了颜某正常的生活，平静的家庭顿起波澜。鉴于高楼影响了采光权，颜某多次找到该单位的负责人，但均未得到满意答复。2004年12月23日，颜某一纸诉状将该单位推向被告席。他诉称，在高达20余米的楼房的遮挡下，其房屋内见不到一缕阳光，尤其在冬天，院内积雪长期不化，阴暗寒冷，严重影响了其生活，侵害了其采光权，现要求该单位赔偿其损失5万元。经勘查，颜某房屋与办公楼北侧垂直距离17.6米，故建筑间距不符合技术规定，高楼影响了颜某采光。丰县某单位在颜某房屋正南侧建造高楼，使阳光不能照射进颜某房屋内，导致房屋

使用价值降低,客观上也影响了颜某正常的生活居住环境。

提示与讨论

依民法通则规定,不动产的相邻各方,应当按照有利生产、方便生活、团结互助、公平合理的精神,正确处理采光、排水、通风等方面的相邻关系。根据2000年9月江苏省建设厅编制的《江苏省城市规划管理技术规定》所规定:"建筑间距等于日照间距系数乘以南侧建筑物的计算高度。"丰县日照间距系数为1.35,办公楼高度22.65米,建筑间距应为30.57米。

【案例67】 35名黄牛、座霸被行政制裁

据2005年2月3日《贵阳晚报》报道,贵阳铁路公安处在贵阳火车站广场对刘桃元、李月勇、魏中明等35名扰乱车站秩序和倒卖车票、座位的不法人员进行了公处。据介绍,这些违法人员有的长期在铁路站区或列车上从事倒卖车票不法活动,有的无票进站霸座卖座,有的聚集在广场强买强卖,严重扰乱了车站秩序,侵害了旅客合法权益。

被公处的35名违法人员中,刘桃元、李月勇等5人被处以劳动教养,魏中明、曹碧英等30人被处以7至15天不等的治安拘留。

另悉,1月25日春运以来,贵铁警方已抓获"黄牛"、"座霸"等各类违法人员256名。其中,治安拘留174名,查缴热门方向车票50多张,票面金额4 000余元。

提示与讨论

所谓"座霸"、"黄牛"之类是指非法"中介"的代号。如机动车检验领域就有所谓的"车虫"、"二哥"、"黄牛"之类的非法"中介"。其产生原因是随着机动车数量的逐渐增多,以及

车检程序又很繁杂,使车检的效率逐渐显现低下,于是有的车主为了尽快完成车检或为了使不合格的车能被检测合格,就不惜花钱寻找捷径。这类人与车管所民警或职工相互勾结,形成利益联盟,分赃非法利益而产生的特殊"行业"。本案中的"座霸"、"黄牛"是基于春运车票难买的现实,做投机取暴利。因他们行为已触犯相关行政法律法规,因此被处以"劳动教养"或"治安拘留"的行政制裁。

【案例 68】岳阳一副镇长因违宪而被罢免

湖南岳阳市华容县人民法院近日对该县塔市驿镇畜牧水产站站长邹鲁武贿选案作出判决,以"破坏选举罪"判处剥夺政治权利1年。在2004年6月,邹鲁武因贿选被镇人大会罢免了副镇长职务。参与策划贿选的邹游、柴荣免予刑事处罚。据《东方新报》2004年12月22日报道,4月16日,塔市驿镇召开人大会拟补选一名副镇长。现年34岁的邹鲁得知后,便通知邹游、柴荣共同商议如何竞选副镇长。邹鲁武决定拿出3 000元,由邹游、柴荣对各自熟悉的人大代表行贿,共贿赂27名人大代表。邹鲁武还利用自己是镇人大第四代表团团长的身份,跟镇人大代表打招呼,结果在选举会上顺利当选。

提示与讨论

邹鲁武贿选破坏了宪法规定的选举制度,因此不仅以"破坏选举罪"被处以刑事制裁,而且还承担被"罢免"的违宪责任。

第四章 法律关系

第一节 法律关系的概念、构成及分类

法律关系是指法律在调整人们行为的过程中形成的以权利、义务为内容的社会关系。与一般社会关系相比较，法律关系有三方面重要特征：第一，法律关系以法律存在为前提，是法律调整社会关系的一种状态；第二，法律关系以权利、义务为内容；第三，法律关系以国家强制力做后盾。

任何一个法律关系都是由三部分构成的，即主体、客体和内容。所谓主体，是指法律关系的参加者，即法律关系中权利的享有者和义务的承担者。所谓客体，是指法律关系主体的权利义务指向的对象，一般包括物、行为、智力成果和精神利益。法律关系的内容是指在法律关系主体间形成的权利义务关系。离开了特定的权利与义务，任何法律关系都不可能存在。

根据法律关系赖以产生的法律规范的部门不同，可以将法律关系分为民事法律关系、刑事法律关系、行政法律关系和诉讼法律关系。针对主体是单方具体化和双方具体化，可将法律关系划分为绝对法律关系和相对法律关系。按照法律关系各主体之间的法律地位是否平等，将法律关系划分为平权型法律关

第四章　法律关系

系和隶属型法律关系等。不同类型的法律关系中，主体、客体和内容的要求都是不同的。

【案例69】 不当得利是民法调整范围

原告张某与被告纪某是同村农民。2012年9月，被告纪某以给原告介绍对象为名，向原告索要现金7 000元。后来，由于对象没有介绍成功，双方发生纠纷。原告张某诉请法院判令被告纪某返还不当得利7 000元。

提示与讨论

依《民法通则》第92条的规定："没有合法根据，取得不当利益，造成他人损失的，应当将取得的不当利益返还受损失的人。"这是不当得利之债发生的法律依据。本案中，被告纪某索要7 000元钱没有法律依据和合同根据，属于不当得利，应当返还。原被告基于法律规定而在双方之间确立了特定的权利义务关系，这种权利义务关系依民法产生，受民法调整。

【案例70】 房屋买卖合同纠纷案是典型的民事法律关系

崔先生与某房地产开发公司签订房产认购书，认购一套楼房并选择贷款方式交纳购房款。双方约定，认购方应在签订本认购书的同时交纳认购金2万元，该定金将依据契约转为房价款的一部分或契约之定金；认购方需在签订认购书后3日内，与卖方签署契约并按选定的付款方式交付首期房价款；如卖方在上述期限内未经认购方同意将该房产出售给其他人，卖方应向认购方双倍返还定金。崔先生当天依照认购书交纳了2万元。认购书签订后的3天内，崔先生两次到售楼处与开发商就签订正式的商品房买卖合同进行商谈。崔先生要求开发商在合同中写明所购之房可以办公，而开发商却只同意写可以协助办理办

117

公,合同因此未能签订。崔先生认为,既然合同没能签订,那么认购金应该退给自己,而开发商却认为认购书中已有明确约定,崔先生交纳的 2 万元不是认购金而是定金,崔先生在期限内没有签订正式的商品房买卖合同,则定金不能退还。多次协商未能达成一致后,崔先生将开发商告上了法庭,要求解除与开发商签订的认购书,同时要求对方退还 2 万元认购金并赔偿经济损失 1 062 元。

提示与讨论

合同是民事法律调整的范围,崔先生和某房地产开发公司的关系属民事法律关系。崔先生交纳的 2 万元具有定金的性质,为订立商品房买卖合同的担保,现双方因对房屋能否商住两用产生分歧而导致商品房买卖合同未能订立,而认购书中对此问题没有明确约定,故商品房买卖合同未能订立是不可归责于双方当事人的原因,双方均不存在过错,不适用定金罚则,原告交纳的定金应予返还。原告在审查商品房预售许可证时未尽注意之责任,故法院没有支持他要求赔偿经济损失的诉讼请求。

【案例71】 绝对法律关系与相对法律关系

吴某有一家传的古董花瓶,价值人民币 11 万元。某日,吴某的朋友李某(男,42 岁)到吴某家中做客时看到此花瓶,遂起意欲将此花瓶据为己有。某日晚,李某趁吴某全家出行的机会潜入吴某家中将花瓶盗走,后被当地公安机关抓获并以盗窃罪被人民法院依法判处有期徒刑 7 年。此事发生后,吴某拥有古董花瓶的事在当地传开,被古董商陶某得知,与吴某商定以人民币 15 万元买下该花瓶。双方达成协议,陶某支付人民币 15 万元给吴某,吴某将古董花瓶完好交给陶某。

第四章 法律关系

提示与讨论

本案例体现了法律关系的一种划分方法。按照法律关系的主体是否完全特定化,将法律关系分为绝对法律关系与相对法律关系。首先,吴某在将古董花瓶卖出前对花瓶享有的所有权是绝对法律关系。其权利主体是特定的、具体的,即只有吴某对该花瓶享有所有权,而义务主体则是除权利主体之外的不特定的所有人或组织,即任何人和组织都不得侵犯吴某对该花瓶的所有权,否则就要承担相应的法律责任。其次,吴某与陶某的买卖关系是相对法律关系,其权利和义务主体都是特定的,双方的权利义务也明确具体,即吴某享有要求陶某支付15万元人民币的权利,应履行给付完好真实的古董花瓶的义务,而陶某则享有取得花瓶的权利,履行支付价款的义务。其权利义务都只能向特定的对方要求和履行,而且不能针对其他人。

【案例72】平权型与隶属型法律关系

陆某在上海市浦东大道600号有私房一套,欲出租,遂在"好运"房产中介公司登记。冯某在"好运"房产中介公司看到该房屋欲出租,认为各方面条件都符合自己的需要。于是,陆某、冯某和"好运"房产中介公司三方在某日签订了房屋租赁合同,约定陆某提供该私房给冯某居住,租金为每月3 500元,冯某先一次性支付3个月租金给陆某,以后每月的10日按时交付租金,如若拖延,每日加付租金的3%人微言轻利息。租赁合同一次性签订时间为3年,期满后可续签。根据《租赁房屋治安管理规定》,陆某持房屋产权证、居民身份证及户口簿,到当地派出所进行了私房出租登记,并与派出所签订了治安责任保证书。

提示与讨论

该案例提出法律关系的又一种划分方法,即按照法律关系各主体之间的法律地位是否平等,将法律关系划分为平权型法律关系和隶属型法律关系。平权型法律关系又叫横向法律关系,当事人各方在法律关系中的地位是平等的,不存在隶属关系,如陆某和冯某之间的租赁合同关系。隶属型法律关系又叫纵向法律关系,可能存在于具有职务关系的上下级之间,也可能存在于依法享有管理职权的国家机构和在其管辖范围内的各种被管理的主体之间,如本案例中的陆某与公安派出所之间的管理与被管理的关系。行政法律关系是最典型的隶属型法律关系,行政机关与相对人之间有管理和隶属的关系。

第二节 法律事实

法律事实是指能够引起法律关系产生、变更或消灭的各种事实的总称。法律关系的产生、变更与消灭不是随意的,必须符合两方面条件:一是,抽象的条件,即法律规范的存在,这是法律关系形成、变更与消灭的前提和依据;二是,具体条件,即法律事实的存在,它是法律规范中假定部分所规定的各种情况。一旦这种情况出现,法律规范中有关权利和义务的规定以及有关行为法律后果的规定就发挥作用,从而使一定的法律关系产生、变更或消灭。

根据法律事实是否以当事人的意志为转移,可分为法律事件和法律行为。法律事件是指与当事人意志无关的、能够引起法律关系形成、变更或消灭的事实,如人的死亡、时间的流逝。法律行为是指与当事人的意志有关的、能引起法律关系产生、变更或消灭的事实。

第四章 法律关系

【案例73】 因写借条行为引起债权债务的法律事实

王某与张某系生意上的朋友。半年前的一天,两人在饭店喝酒,王某说起现在生意难做,不讲信义的人越来越多。张某也随声附和。一向爱开玩笑的王某说:"老兄,凭咱们的关系,我就是给你张借条玩玩都放心。"随即写了"今借张某人民币6 000元"的字条放在饭桌上。不料,几日后,王某居然收到法院的传票,方知张竟将他起诉到了法院,要求他给付借款6 000元。

提示与讨论

法律行为引起法律关系。在法律关系中,法律主体依法对自己的行为承担相应责任。本案中,王某的一纸借条明确了双方的权利义务关系,在无反证的情况下,法律承认它的效力。王某必须对自己的行为负责。

【案例74】 因产品质量问题引发死亡的法律事实

某日,王玉强被发现在家中淋浴时死于卫生间的地板上,死时手握热水器的喷浴头。该热水器系上海爱普乐电器有限公司生产的阿波罗牌热水器,是死者一家在营口经济技术开发区新洋炉具商店购买的。营口市公安局经过刑事技术鉴定,根据损伤、解剖、病理学检验,结论为王玉强死于电击死。死者的继承人以原告身份提起诉讼,认为死者是由于使用了爱普乐公司生产的、新洋炉具商店销售安装的质量不合格的热水器淋浴时被电击致死,要求生产者和销售者赔偿死亡补偿费、丧葬费、被扶养人生活费等费用。

提示与讨论

王玉强因购买热水器而与生产厂家和销售商之间形成了特定的法律关系。王玉强作为消费者，在购买、使用商品时享有人身不受损害的权利，因使用商品受到人身损害的，享有依法获得赔偿的权利。由于"死亡"这一法律事实，使王玉强家属与生产厂家和销售商之间又形成了新的赔偿等法律关系。根据《消费者权益保护法》第35条第2款的规定，消费者因商品缺陷造成人身财产损害的，可以向销售者要求赔偿，也可以向生产者要求赔偿；第42条规定，经营者提供商品或者服务，造成消费者或者其他受害人死亡的，应当支付丧葬费、死亡赔偿金以及由死者生前扶养的人所必需的生活费等费用。因此，当损害事实发生时，生产厂家和经营者要承担相应的法律责任。

【案例75】 地震、海啸事件引起中日贸易的变化[1]

2011年3月11日在日本东北部海域发生震级9.0级的大地震，地震引发的大规模海啸淹没了东北部地区，造成人员大量伤亡。突如其来的日本大地震对日本乃至全球经济都造成了重大影响。2011年上半年，根据海关总署公布的数据显示，中日贸易在强震的冲击下呈现出不同寻常的态势。例如，在强震后10天时间里，农产品、服装及衣着附件、纺织品等我国对日出口的传统优势产品出口同比分别增长27.9%、54.2%和29.4%，环比分别增长47.9%、47.9%和13.9%。日本灾后重建也给中国企业提供了机遇。由于强震造成日本灾区的部分机场、铁路和地铁暂停运营，所有港口关闭，基础设施破坏严重，导致部分相关成品无法运至机场或港口，从而使日本对我国出口受限，

---

[1] 资料来源：http://www.seabay.cn/news/20110723/4018366.shtml，访问日期：2014年7月18日。

即中国减少了进口,同期我国自日进口单月增幅则同比分别为47.6%、19.0%、16.6%、4.7%、7.9%和9.0%,基本呈大幅下滑的态势。

提示与讨论

在经济全球化不断深入发展、产业链分工日益细化的条件下,中日两国之间早已形成了十分密切、共存共荣的经贸关系。进口、出口都是国家与国家之间的经济法律关系。地震、海啸事件引起了进出口法律关系的发生、变更和消灭。

第五章 法律体系

第一节 中国的法律体系

　　法律体系是指由一国各法律部门构成的、具有内在联系的统一整体。一国的现行法律规范,是其国家机关在不同时期,为了实现不同的目的而创制的所有法律规范的总和。一方面,这些法律规范的形式多种多样,内容和使命也各不相同,但这并不意味着它们是杂乱无章、毫无关联的,相反,它们具有内在的统一性,是一个内部协调一致的不可分割的整体。另一方面,这些法律规范之间又具有某些差别,分成若干不同的法律部门和法律制度。这些既有区别又有联系的法律部门就构成了一个有机联系的法的整体,即法律体系。我国的法律体系是一元的,因为我国是单一制国家。我国法律体系的组成"人员"包括:宪法、行政法、刑法、诉讼法、民商法、经济法、劳动法、环境法、军事法等。

　　法律体系不同于法系和立法体系。法系是指法学研究的范围与分科,立法体系是指规范性法律文件的体系。法律体系是内容,那么立法体系就是其外在表现形式,是法律体系的文件表达形式。

第五章 法律体系

【案例76】"马伯里诉麦迪逊案"违宪审查第一案

1800年美国大选，联邦党人亚当斯总统落选，民主党人杰弗逊当选为下一届总统。亚当斯为了使联邦党人能够制约下届政府，于1801年3月4日新总统上任前采取一系列紧急措施。先是任命国务卿马歇尔为联邦最高法院首席法官，之后又借国会通过巡回法院法案时，成倍增加联邦法院法官人数，并于3月3日深夜之前完成提交参议院批准任命、总统签署、国务卿加盖国玺等法官任命的法律程序，但是由于时间仓促，有些委任状还没送出。3月4日新总统上任后，命令国务卿麦迪逊扣押尚未发出的委任状。马伯里就是这批未领到委任状的人之一，等了数月后，马伯里起诉，联邦最高法院首席法官马歇尔认为"迟到的正义是非正义的"，马伯里被任命为法官已经履行了必要的法律手续，有权得到委任状。而国务卿麦迪逊扣押委任状是没有道理的，宣布"违宪的法律不是法律"。开创了联邦最高法院审查国会法律的违宪审查先例。我国也存在违宪审查案，内容涉及社会生活各个方面。如山东齐玉苓案、广州的孙志刚案、天津师范大学罗彩霞案、安徽芜湖张先著乙肝歧视案、某村干部发动一百多个小学生挨家挨户搜查丢失的电视机案、重庆大学生村官任建宇转发不良微博被劳动教养案等。

提示与讨论

宪法是我国的根本大法，是法的主要渊源。它规定了国家制度和社会制度的根本问题，包括国家的性质、任务、政治制度、经济制度、公民的基本权利和义务、国家机关的组织和活动的基本原则等，具有最高的法律地位和法律效力。任何法律、法规、决定和命令不得同宪法相抵触，否则无效。宪法法律部门的核心是《宪法》，此外还包括《中华人民共和国立法法》

(以下简称《立法法》)、《中华人民共和国宪法修正案》、《中华人民共和国全国人民代表大会和地方各级人民代表大会选举法》、《中华人民共和国紧急状态法》、《中华人民共和国国家赔偿法》、《中华人民共和国国籍法》(以下简称《国籍法》)、《中华人民共和国领海与毗连区法》等方面的法律文件。

所谓违宪审查,是指特定的国家机关对某项立法或某种行为是否符合宪法所进行的具有法律效力的审查和处理。这一制度的主要目的就是裁定并处罚违宪行为,尤其是立法机关和行政机关制定违宪的法律和法律性文件的行为,以制约国家权力,保障公民权利,保证宪法的有效实施。

宪法的生命在于实施,而宪法的有效实施主要依靠违宪审查制度来实现。现实中,刑事犯罪由公安机关负责侦查,贪污受贿由纪检、监察部门进行"双规",构成职务犯罪的,移交司法机关追究刑事责任,民事纠纷、行政纠纷由基层组织和基层政府调解,调解不成,由法院裁决。但是违反宪法,发生宪事纠纷由哪个部门管辖,是纪委、人大还是法院?法律没有做出明确具体规定,出现一些立法空白。在现行法律体系中,有刑事诉讼法、民事诉讼法、行政诉讼法,而没有宪法诉讼法。《宪法》规定,我国的违宪审查程序由全国人大常委会执行。2000年颁布实施的《立法法》首次赋予了普通公民对违宪审查"提出建议"的权利,其第88条第2项规定,全国人大常委会有权撤销同宪法和法律相抵触的行政法规。第90条第2款规定,公民认为行政法规同宪法或法律相抵触的,可以向全国人大常委会以书面形式提出进行审查的建议。孙志刚案中的三博士上书就基于此规定。《收容遣送办法》是1982年制定的行政法规,其中有关限制人身自由的内容,与我国《宪法》和《立法法》相抵触。我国《宪法》规定,公民的人身自由不受侵犯。《立法法》规定，对公民政治权利的剥夺、限制人身自由的强制措施和处罚，只能制定法律。只能由法律规定的事项而尚未制定法律的，全国人大及其常委会有权授权国务院对其中的部分事项先制定行政法规，但是有关犯罪和刑罚、对公民政治权利的剥夺和限制人身自由的强制措施和处罚、司法制度等事项除外。可见，《收容遣送办法》属于应予改变或者撤销的行政法规。

【案例77】 烟草专卖局的行为是否违法

某市烟草专卖局根据消费者的举报，对王某涉嫌经营非法卷烟的商店进行监控。经过数日外围的查证，2003年1月9日，该局执法人员持烟草管理行政执法证及检查证，对王某的住宅、商店及其相邻的缝纫铺进行检查。在王某母亲在场的情况下，从住宅检查出6个品种的卷烟共计37条。另外，在缝纫铺也查获12条卷烟。经现场勘验，发现所有卷烟既无防伪标志，又无当地烟草公司印章，遂予以暂扣。王某不服，向法院提起行政诉讼，请求确认被告侵宅行为违法，并判令被告返还所扣卷烟。

提示与讨论

行政法是有关国家行政管理活动的法律规范的总称。它调整的社会关系主要是：国家行政机关相互之间和国家行政机关同企业、事业、社会组织之间以及行政机关同公民之间的行政管理关系。行政法有独特的调整方法，即行政命令。行政机关发布指示或命令的行政行为对行政关系的发生、变更和消灭，具有决定作用。行政法的调整对象极为复杂，因而行政法部门是由很多单行的法律、法规组成的，其数量之多，居于所有法律部门之首。行政法主要分行政组织法（如《中华人民共和国公务员法》）、行政行为法（如《行政处罚法》）、行政监督救济法（如《行政诉讼法》）等。

> **案例** 法理学

本案中,烟草专卖局不是国家行政机关,但它是在《中华人民共和国烟草专卖法》的授权下,有一定的行政管理职能,包括涉及行政处罚权,在行政法上称行政性公司。行政执法中住宅检查权的行使问题——行政机关能否独立行使住宅检查权——在理论上及实务中均存有一定争议,该问题较为普遍和突出,给执法部门的查证工作带来一定困惑。

【案例78】 送礼竟敢送"炸弹",敲诈不成被判刑

某日,被告人苏海与其同伙鹏某(另案处理)密谋后,一同到商店购买了电池、胶带、石英钟等物品,经过加工自制了两枚"炸弹",并商定将"炸弹"放入节日礼品盒中,委托他人分别送给河南省渑池县渑池大酒店总经理赵某某和渑池量贩超市总经理梁某某,对其进行敲诈索取钱物。同时,被告人苏海使用自己的身份证在中国银行河南省渑池县支行开办了一个银行账号,号码为63627*29915,将自制的"炸弹"放入两个精致的"点心盒"中,并分别在盒中放入内容为"下午1点速到中国银行存款50万,账号63627*29915。小心你家里还有1个"的便条,然后贿买他人分别送至赵某某、梁某某家中。受害人打开礼品盒后发现属炸弹威胁,当即向渑池县公安局报案。河南省渑池县公安局刑侦人员经过仔细侦查鉴定后,确认赵某某、梁某某二人收到的"炸弹"没有爆炸物成分。经核对银行账户,将被告人苏海抓获。

≡ 提示与讨论

刑法是关于犯罪和刑罚的法律规范的总称,是国家的重要法律之一,是国家对严重破坏社会关系和社会秩序的犯罪分子定罪量刑的根据。我国刑法的基本原则是:罪刑法定原则;罪刑相适应原则;罪责自负原则;惩罚与教育相结合原则等。我

国现行《刑法》于1979年颁布，1997年八届人大五次会议作全面修订，条数由原先的192条增加到452条。修订前全国人大常委会先后通过的《关于严惩严重破坏经济的罪犯的决定》、《关于严惩严重危害社会治安的犯罪分子的决定》、《关于惩治走私罪的补充规定》、《关于惩治贪污罪贿赂罪的补充规定》、《关于惩治泄露国家秘密犯罪的补充规定》等，或纳入新《刑法》，或已不再适用而被废止。修订后的《刑法》已成为较完备的法典。

本案中，苏海以诈取钱财为目的，伙同他人故意投放虚假危险物品，造成不特定多数人心理恐慌，已严重扰乱了社会秩序，其行为构成故意投放虚假危险物质罪。

【案例79】 深圳船舶纠纷选择宁波海事法院管辖

2005年1月4日，宁波海事法院受理一起船舶改装合同纠纷，争议标的达1 274万元人民币。原告深圳市远东海运有限公司诉称，2001年，其与被告香港中鹏发展有限公司签订《船舶改装合同》两份，由原告为被告改装"粤航8"、"粤航9"两轮船。原告按合同约定改装完毕，双方经结算，两船的改装费共计1 294万元。被告仅于2001年支付20万元，其余款项一直未予支付。原告向宁波海事法院起诉，要求被告支付欠款1 274万元人民币，并主张对两船享有留置权。双方当事人在《船舶改装合同》中明确约定由宁波海事法院管辖。

☙ 提示与讨论

诉讼法是关于诉讼程序的法律规范的总称。根据诉讼案件的性质，诉讼法可以分为刑事诉讼法、民事诉讼法和行政诉讼法等。相对于实体法，诉讼法是程序法，其任务是从程序方面保证实体法的实现。一般来说，诉讼法的内容包括：规定司法机关以及其他诉讼参与人进行诉讼活动的原则、程序、方式和方法；规定检查或监督诉讼活动的原则、程序、方式或方法；关于执行程序的规定等。根据我国《民事诉讼法》的规定，法院管辖遵循属地原则。本案合同签订地、合同履行地、诉讼标的物所在地等均在深圳，而不在浙江省辖区内（即宁波海事法院管辖范围），宁波海事法院没有法定的管辖权。但是，协议管辖优于地域管辖。

【案例 80】 所有权受民法调整，股权受商法调整

某市的国有企业红星化工厂因经营不善，陷于困境，经市政府批准进行裁员分流和股份制改造。红星化工厂决定出资50万元，分流的20名职工各出资1万元，以有限责任公司的形式设立红星饮料有限公司。红星饮料有限公司登记成立后，经公司董事会决定，化工厂委派的董事王某任公司董事长兼总经理，分流的20名职工各出资1万元成为公司的股东和职工。在全体职工的努力下，饮料公司经营得红红火火，化工厂和职工每年都有分红。建公司不久，由于化工厂仍不景气，遂决定从饮料公司调拨50万元用于支付本厂职工的工资。王某以需经公司股东会同意为由予以拒绝。化工厂表示化工厂与饮料公司本是一家，饮料公司也是化工厂出资设立，并对王某以撤职相威胁。王某无奈只得同意从饮料公司划拨50万元给化工厂。饮料公司的职工知道实情后，认为化工厂无偿要去50万元没有道理，严重侵害了他们和公司的利益。遂诉至法院要求化工厂返还此50万元。

提示与讨论

民法是调整平等主体之间的财产关系和人身关系的法律规范的总称。民法所调整的社会关系主要是商品经济关系，即横向的财产关系。这种关系的性质决定了民法的基本原则是当事

人法律地位平等和公平、等价有偿的原则。这是民法不同于行政法、经济法的主要特点。民法除调整商品经济关系外，还调整不具有商品关系特性的继承关系、赠与关系、借用关系以及与人身不可分离又不具有直接财产内容的人身关系。民法在我国法律体系中占有重要地位。商法是调整商事关系的法律规范的总称。两者的区别在于以下四点。①民事关系是平等主体之间基于民事行为而形成的社会关系，这种民事行为既包括非经营活动，也包括经营活动。而商事关系仅仅是商主体实施商行为（经营行为）所形成的社会关系，不包括非经营活动。②民事关系不仅包括财产关系，也包括人身关系。而商事关系主要涉及财产关系，不涉及与自然人相关的人身关系。③民事关系中的财产关系反映的是商品交换关系，重点是财产的支配权。而商事交易中的财产关系不仅包含商品交换，而且包含商品的生产和经营关系，不仅包括财产的支配权，更多的是财产的管理权、经营权。④民事关系强调主体的平等权利，即私法上的权利。商事关系不仅强调这种私法上的平等权，同时强调公法上的国家主体对商主体的管理权，强调因国家管理所形成的各种关系，如商事登记管理关系等等。

民商法是民法、商法合成的法律部门，民法文件包括《民法通则》、《婚姻法》、《继承法》、《合同法》、《著作权法》、《专利法》、《商标法》等；商法规范性文件包括《海商法》、《公司法》、《破产法》、《票据法》、《对外贸易法》等。

本案例中，红星化工厂从饮料公司无偿调拨50万元的行为侵害了饮料公司的法人财产权，其所持的理由实质上是混淆了财产所有权（民法调整）与股东所享有的股权（商法调整）的界限。基于民法和商法的规定，无论是红星化工厂，还是红星饮料有限公司均对各自财产享有法人财产权，它们的财产权利

> 案例 法理学

都平等地受到法律的保护，彼此都不得侵犯对方的财产权利及其合法权益。化工厂无偿调拨饮料公司50万元，显然侵害了饮料公司的财产权。化工厂对饮料公司有50万元的出资，就权利性质而言，依民法，化工厂在饮料公司成立前对此50万元拥有所有权，可依法占有、使用、收益和处分；依公司法，在饮料公司成立后，化工厂对50万元出资的所有权即转化为股权，化工厂只能依公司法的规定（召开股东大会等）行使股权而不能再直接行使所有权。

【案例81】 受民法调整还是经济法调整

某市煤气总公司是该市唯一的经营人工管道煤气的企业。该公司自1986年供应人工管道煤气以来，所有用户的人工煤气灶均按该公司的统一制式的《煤气代办工程承包合同》规定，由该公司提供，用户在使用管道煤气时都要与该公司签订此合同。合同中约定，由煤气总公司包勘测设计、包建筑安装、包燃具供应、包通气点火。煤气总公司指定市燃气实业公司为其燃气灶具的唯一经销商。用户王某于1990年8月与煤气总公司签订合同后，接受燃气实业公司的灶具使用煤气，但由于灶具质量不合格，灶具安装三天后就无法使用。王某要求燃气实业公司退换，被燃气实业公司以王某与其没有买卖灶具合同关系为由予以拒绝。王某一气之下向法院起诉煤气总公司，要求其返还煤气灶款，接受退还的煤气灶，同时王某向市工商局举报，反映煤气总公司不允许用户自行购置煤气灶具的问题。

提示与讨论

经济法是调整国家对经济管理所发生的经济关系的经济法律、法规的总和，其调整对象是国家在市场经济条件下对整个国民经济的宏观调控和规范经济行为，以及国家同企业之间、企业相互之间的纵向经济关系。经济法主要包含两个部分：一是，创造平等竞争环境、维护市场秩序方面的法律，主要有《反垄断法》、《消费者权益保护法》、《广告法》等；二是，国家宏观调控和经济管理方面的法律，主要有《会计法》、《税收征管法》、《电力法》等。目前我国还没有形成完整的经济法体系，经济法同民法、行政法仍有交叉，其间的联系和区分还有待逐步明确。民法和经济法均调整财产关系，但两者还是有很大区别。

第一，在调整市场秩序方面，民法是私法，确认和保护市场主体的地位和利益，强调个人的权利。而经济法是具有私法因素的公法，确保和强调社会整体利益和安全，反对个体暴利和绝对私权。

第二，从对市场秩序规范调整的内容上看，民法和经济法虽然都要在规范市场主体、客体、交易行为和竞争行为等方面发挥作用，但两者的调整仍表现出较大差异。①民法对市场交易主体的设立、组织、资格、条件等进行一般规定，但一些特殊性市场主体如政府交易机构、市场优势拥有者等则由专门的经济法律、法规加以规范。②就市场交易客体而言，民法规范了市场交易中的一般有形物、无形物的构成、特征、交易方式等，但对国家禁止流通物、限制流通物等的品种、类别、流转规则等，则往往由经济法加以确认。③民法通过合同等基本制度确立了市场交易的基本规则，但是一些关系国计民生的重要市场，如粮油、房地产、证券、保险、劳动力等市场，需要有与普通商品市场不同的交易方式和规则，因此由经济法来确立与其性质相适应的特殊规则和制度。④就市场主体的竞争行为而言，民法以意思自治、等价有偿、诚实信用等原则为市场主体进行竞争确立了基本行为准则，但是对各种垄断和不正当竞争、限制竞争等行为的规范调整则是经济法的基本任务。

第三,从对市场秩序的调整方法来看,民法以主体地位平等为基础,以主体意思自治为原则,以自愿、平等、等价有偿等方法来保障市场主体的交易行为和竞争行为的顺利进行。经济法调整的是需要由国家进行干预的各类经济关系,因此经济法对市场秩序的调整,以公权介入为主,以命令和服从为基本特征,以指令性和指导性调整为基本方法。

第四,在法律责任的承担上,民法主要是财产责任,而经济法上的违法责任承担方式既可以单独适用民事、行政、刑事责任,也适用三种责任同时并用。

本案中,王某与煤气公司之间的争议,是一合同纠纷。从形式上看,他们之间的合同,是双方意思表示一致的结果,但从实质上看,王某作为普通消费者,在与煤气公司缔约过程中,无法与其进行平等的协商,对于煤气公司提出的缔约条件要么接受,要么不接受,没有具体协商的可能。在这里,煤气公司利用其自然垄断的优势地位,在缔约过程中强制性地剥夺了王某自己选用燃气灶具的权利,使王某被迫接受不合理条件,增加了王某的经济负担。煤气公司限定消费者购买其指定的经营者经销的煤气灶的行为,同时也排斥了其他经营者参与竞争销售,妨碍了竞争机制功能的发挥。从对此种限制竞争行为的法律调整来看,作为单个的消费者的王某,可以基于民法的平等、自愿等原则,通过民法上确立的合同无效、违约责任等制度来获得救济和保护。民法虽然保障单个的消费者能够获得救济和补偿,但对保障其他经营者的参与竞争的权利,维护公平竞争的交易秩序方面发挥的作用还是有限的,所以现代国家都纷纷制订反垄断法、反不正当竞争法,来打击和制止各种损害公平竞争的行为。我国颁布的《反不正当竞争法》第 6 条明确规定,限定他人购买其指定的经营者的商品,以排挤其他经营者的公平竞争的行为属于不正当竞争行为。就本案而言,王某依民法追究煤气公司的合同责任从而获得个体利益的保护,政府主管机关还应依经济法追究煤气公司不正当竞争的经济法律责任,从而维护竞争秩序和社会利益。现代市场经济的秩序靠的是民法和经济法的共同规范,来实现其安全、效率、公平、公正等价值目标。

【案例82】"溺水而亡"谁之过

某日,付某等三人贸然进入某城市供水渠道上的隧洞内捕鱼,结果导致付某等三人均溺水而亡,而作为该渠道的管理人水渠管理处在事发当天的供水调度和渠道管理没有任何过失。付某的家属向人民法院提起诉讼,要求被告水渠管理处承担侵权损害的民事赔偿责任(包括经济和精神损失)。

☞提示与讨论

本案属于民法调整的范畴,而不是行政法调整的范畴。付某等三人与水渠管理处之间没有依附、隶属关系,是一种平等主体间发生的法律关系,由民法调整。本案被告的供水调度和水渠管理行为都是严格按照有关法律、法规各规范文件等规定执行的,不存在疏于管理的过错。同时,被告只能对其所负的法定管理义务负责。相反,原告是具有完全民事行为能力之人,对于冒险进入渠道隧洞内捕鱼的危险性应当可以预见,而轻信可以避免,仍冒险进入隧洞内捕鱼。所以,受害人付某等三人主观上具有明显的过错,其死亡之后果是其自身造成的。所以,本案被告不应承担民事责任,应当由受害人自己承担损害责任。

案例 法理学

【案例83】 世界第一大拱桥——巫峡长江公路大桥纠纷

因经销商出售的产品质量不合格,导致巫山世界第一大跨径钢管砼中承式拱桥工程停工95天。四川公路桥梁建设集团有限公司(以下简称桥梁公司)一纸诉状将被告江西武冠新材料股份有限公司(以下简称武冠新公司)告上法庭,要求赔偿其停工待料期间的损失。重庆市巫山县人民法院日前作出判决:产品经销商武冠新公司赔偿施工单位桥梁公司的损失89 850元。

巫山县巫峡长江公路大桥是世界第一大跨径钢管砼中承式拱桥。对该大桥的建成,可确保我国在钢管砼拱桥施工技术领域的世界领先地位,而且也是我国拱桥无支架缆索吊装技术的一次全面考验。2001年11月12日,桥梁公司与巫山县交通开发总公司签订了承建该大桥的合同。因修建该桥压注钢管需大量的高效抗裂剂,2003年7月22日,桥梁公司与武冠新公司签订了WG-HEA高效抗裂剂购销合同。合同签订后,因武冠新公司提供的产品在实验室抽样试拌过程中发现无法用于灌注钢管砼,桥梁公司遂于2003年8月21日向武冠新公司发出信函,要求更换产品、赔偿损失、解除合同及派员到巫山工地解决前两批产品的善后事宜。武冠新公司营销技术服务部部长、副总工程师抵达工地后,经实验仍不能用于灌注钢管砼。为确保工程质量,2003年8月24日,铁二院咨询监理公司向巫山长江公路大桥监理部发出工程监理通知单,要求对所购买的WG-HEA高效抗裂剂立即清场退货。2003年10月9日,巫山县质量技术监督局对武冠新公司送至大桥工地的WG-HEA高效抗裂剂进行抽样并送检,经检验判定为不合格产品。

在审理中,武冠新公司反诉要求桥梁公司支付货款394 500元,并对重庆市建设工程质量检验测试中心做出的检验报告提出了异议。巫山县人民法院遂委托巫山县质量技术监督局对武冠新公司送至大桥工地实验室的 WG-HEA 高效抗裂剂进行抽样，并委托重庆市建设工程质量检验测试中心重新鉴定。2004年11月30日，重庆市建设工程质量检验测试中心做出司法鉴定报告，认定该样品为不合格样品。

提示与讨论

原、被告签订了产品购销合同，双方应按合同约定履行义务，但被告提供的产品，其质量不符合合同约定及国家标准，导致原告工地停工待料95天，给原告带来了一定的损失，原告要求被告赔偿其损失符合法律规定，其合理部分，被告应予以赔偿。《产品质量法》属于经济法的范畴，因为有国家行政权力的干预。

【案例84】 劳动合同与雇佣合同

原告路某与被告卢某于某日经协商达成劳务协议，约定由原告支付1 830元作为被告学习汽车驾驶的培训费，卢某领取驾照后，即由原告购买汽车，卢某应为原告开车3年，月工资200元，汽车营运收入归原告所有，如有违反，罚款5 000元。原告在合同签订后，支付被告1 830元培训费，卢某也取得驾照并依约到原告家开车，合同履行一半时，被告卢某以原告每月扣付工资100元为由停止为原告开车而回家。原告认为，卢某吃住都在原告家，每月从工资中扣除100元生活费是合理的，被告不为其开车是违约，故诉至法院要求被告支付违约罚款5 000元。

提示与讨论

劳动法是调整劳动关系以及由此而产生的其他关系的法律规范的总和。劳动法的内容包括：劳动合同的订立和解除程序，集体合同的订立及执行办法，工作时间和劳动报酬的规定，对女工和未成年工的保护规则、劳动纪律及奖惩办法、劳动保险及福利制度、处理劳动争议的机构和程序等。《劳动法》是这一部门法的主导性文件。

　　劳动法因其调整对象的特殊和功能的独特，已从民法中分离出来，成为一个独立的法律部门，从性质上看兼具公法和私法的属性，但是民法作为基本法在劳动关系中仍有适用的余地，尤其针对雇佣关系的法律调整，民法仍具有劳动法不可替代的适用功能。本案中的原、被告双方订立了一份劳务合同，从内容上看，被告应依约向原告提供驾车的劳务，原告应依约支付报酬，这两个自然人之间的劳务合同依我国现行《劳动法》尚不能定性为劳动合同，而应属于传统民法中的雇佣合同，故法院只能依民法和合同法的一般规定加以判处。

【案例 85】 未签劳动合同的工伤纠纷案

　　某年 3 月，31 岁的顾某进入上海市某管道工程公司工作，在未签订书面合同的情况下，双方口头约定了顾某的月工资为 1 100 元。工作尚不到 1 个月，顾某却不幸受伤，经有关部门鉴定属工伤，因工致残程度为八级。同年 7 月底双方签收鉴定结论书。1 个月后，为工伤待遇等事宜，顾某申请仲裁，在未获满意仲裁结果后，顾某一纸诉状将公司告上了法庭，要求公司支付伤残补助金、医疗费、精神损失费等共计 11.8 万余元。公司方则辩称，顾某作为外来从业人员，劳动关系已于去年 7 月底终结，应适用外来从业人员保险办法，在伤残鉴定之后，不应再享受医疗期的待遇，因此坚决不同意顾某的诉请。对于劳动关系何时终结，法庭上双方各执一词，公司认为在签收工伤鉴定结论书时，即已告知顾某双方之间的劳动关系已解除。而顾某则表示，公司方从未向其提出过解除劳动关系，在签收工伤鉴定结论书后,自己与以往一样住在工厂里,直至去年10月被公司赶出厂区。另经审理查明,去年3月、4月公司向顾某发放了全额工资,5月、6月则是每月发放800元,7月起停止发放。那么在没有签订书面合同的情况下,外来务工人员在工作中导致工伤,公司是否应当支付其相关费用呢?

提示与讨论

双方虽未签订书面的合同,但双方存在事实劳动关系。由于管道工程公司未能提供充分有效的证据证明双方间的劳动关系已于7月底终结,因此采纳顾某的陈述,以10月为双方劳动关系终结日期。管道工程公司应依据相关规定,按顾某正常工作期间的工资标准,支付顾某工伤发生之日至工伤医疗期满之时,即双方签收鉴定结论书当月的工资。由于顾某在签收工伤鉴定结论书、工伤医疗期满之后并未向公司提供正常劳动,因此公司可按当地规定标准支付顾某自去年8月至双方劳动关系终结之时的生活费。

【案例86】同居23年判赔偿23万

陈某与游某于1981年相识并确定恋爱关系。一年后在东莞市常平镇新市二街同居,并以夫妻名义共同生活,得到当地市民的认可,但两人没有到有关部门办理正式结婚登记手续。1995年双方共同出资在该镇板石霞村兴建了七层楼的钢混建筑房屋一栋,1999年建成后,该房屋的产权证登记为游某的名字。之后,游某又与一河南籍妇女冯某同居并致冯某怀孕。游某欲结束与陈某的同居关系,并不让陈进入两人居住的房屋,还将该房屋的部分房间出租给他人,两人正式分居。陈多次诉至法院,要求分割财产,但游某则否认双方有同居关系,拒绝分割财产。法院认为双方存在事实婚姻关系,并认定有夫妻共同财产，对陈某精神损害赔偿的诉讼请求给予支持，判处游某补偿陈某租金221 674元和精神损害费10 000元。

提示与讨论

婚姻法是调整婚姻关系和家庭关系的法律规范的总和，其主要内容包括我国婚姻的基本原则、结婚和离婚的法定条件以及夫妻之间的权利和义务等。该案的焦点是双方事实婚姻关系是否成立。该案依据婚姻法中对事实性婚姻有具体界定的条款，保护了妇女的合法权益。同时，已经建立婚姻关系的男女双方，应办理法定的登记手续，否则受到伤害将难以得到合法的补偿。

【案例87】怀孕期间女方可以提出离婚请求

2003年6月，20多岁的小伙子郭某经他人介绍，认识了百里挑一的女青年君君。二人一见钟情，不到半个月办了婚姻大事。同年9月的一天，君君突然感到身体不舒服，丈夫郭某丢掉手边一切工作，赶紧送妻子去医院。经医生一检查，原来是妻子有了身孕。得知这一消息，使从此升为准爸爸的郭某更是眉开眼笑。打这一天起，郭某为保护自己的妻子和未来的孩子不受委屈，在各方面都对妻子考虑得周周到到、细细致致。正当街坊邻居羡慕他俩夫妻恩爱时，丈夫郭某却突然陷入了异常痛苦之中。原来，他在一张报纸上看到一则消息，说是有对夫妻结婚不久，女的就怀孕了，而男的却认为妻子怀孕早不可能，所以，那男的就千方百计找有关方面鉴定，从而确定妻子怀的不是自己的孩子。为此，疑心极大的郭某也怀疑起自己的妻子来了。为了找到一些证据，他开始利用假上班真观察的方法跟踪妻子。跟踪了多天，他虽然没发现妻子有什么不轨行为，但是，他却回想起妻子与他刚结婚到怀孕那段时间里，每个月总有几天在外边住宿的情况。为此，疑团在他心中越来越大，伴

第五章 法律体系

随而来的是对妻子的质询、争吵和厮打。在暴力威胁下，受了委屈的妻子仍然出于维护家庭和睦的愿望规劝丈夫，可是，任凭自己怎样解释都说服不了丈夫，在此情况下，她只好来了个快刀斩乱麻，离开了他们共筑不到一年的爱巢。2004年5月中旬，君君来到郑州高新技术产业开发区人民法院，以感情彻底破裂为由提出与丈夫离婚。十月怀胎，一朝分娩。看到即将就要分娩的当事人，法官们出于为保护妇女儿童权益的考虑，苦口婆心地对夫妻俩一直规劝，告诉他们要慎重选择。然而，多天过去了，妻子君君想到丈夫不信任自己，还打骂自己的情况坚持要离，并声称孩子出生后由自己抚养，不需要男方郭某支付任何费用。在这对夫妻双方对财产没有争议、已丧失和好可能的情况下，法官只好准许了他们的离婚协议。

提示与讨论

《婚姻法》第34条规定："女方在怀孕期间、分娩后一年内或中止妊娠后六个月内，男方不得提出离婚。"但女方可以提出离婚。本案中法院之所以支持了女方的诉讼请求，是因为认定原被告感情确已破裂。判断夫妻感情是否确已破裂，应当从婚姻基础、婚后感情、离婚原因、夫妻关系的现状和有无和好可能等方面综合分析。

【案例88】 加工磨盘排放含重金属废水，浦江3人被判污染环境罪

2013年3月，桂某在浦江县仙华街道下辖村的一公屋内，以电镀的方式加工磨盘，加工时放入硫酸镍、金刚砂等物质，未采取有效处置，将清洗磨盘的废物品直接排放到外界环境中，经检测，该加工点门口水样的pH值不符合《污水综合排放标准》一级标准，总镍浓度超过限值标准3倍以上。同年5月，

>>>> **案例** 法理学

邓某某在浦江县仙华街道下辖一村老小学处经营磨盘上砂加工厂，生产制作磨盘，将清洗磨盘后产生的明知含有重金属镍元素的废水、废物未经处理直接排放于周边环境中，经检测，废水中镍浓度为 47mg/L，超过《污水综合排放标准》限值标准 3 倍以上。同年 7 月，卢某某在其位于浦江县浦南街道前于村一出租房内，以与桂某同样方式加工磨盘，亦将清洗磨盘的废物品直接排放到外界环境中，经检测，废水中镍浓度超过《污水综合排放标准》限值标准 3 倍以上。浦江法院经审理认为，桂某等 3 人的行为均已构成污染环境罪，判处桂某等 3 人有期徒刑 1 年至 1 年 3 个月不等，并处罚金人民币 3 000 元至 5 000 元不等。

提示与讨论

环境法是关于保护环境、自然资源、污染防治以及其他防治公害的法律规范的总和。环境法是新兴的法律部门，它对于保证现代化建设中合理利用自然环境和资源，防止环境污染和生态环境被破坏，保护人民健康，促进经济发展具有重要作用。主要包括《森林法》、《草原法》、《水土保持法》、《土地管理法》、《环境保护法》、《渔业法》等。

本案中，由于被告将将清洗磨盘后产生的明知含有重金属镍元素的废水、废物未经处理直接排放于周边环境中，使该加工点门口水样的 pH 值不符合《污水综合排放标准》一级标准，总镍浓度超过限值标准 3 倍以上，被浦江法院认定桂某等 3 人的行为均已构成污染环境罪，判处桂某等 3 人有期徒刑 1 年至 1 年 3 个月不等，并处罚金人民币 3 000 元至 5 000 元不等。

第五章 法律体系

【**案例89**】 数学与军事秘密[1]

1944年,韦弗接到请求,希望确定攻击日本大型军舰的水雷布阵的类型。但是美国海军对日本大军舰的航速和转弯能力一无所知。幸运的是海军当局有许多这些军舰的照片。当把问题提到纽约州立大学应用数学组时,马上有人提供了一个资料:1887年,数学家凯尔文曾研究过当船以常速直线前进时,激起的水波沿着船只前进的方向形成一个扇面,船边到角边缘的半角为$19°28'$,其速度可以由船首处两波尖顶的间隔计算出来。海军当局根据这个公式测算出了日舰的航速和转弯能力。

1943年4月,日本海军最高司令部发出的极其秘密的无线电波飞越了浩瀚的太平洋,到达了驻在南太平洋和日本占领的中国海港的各日本舰队,各舰队的司令官接到命令:日本联合舰队总司令长官山本五十六海军大将,将于4月18日上午9时45分,在六架零式战斗机保护下,乘两架三菱轰炸机飞抵卡西里湾,山本的全部属员与他同行。这份绝密电报当即被美国海军通讯情报局的专家们破译出来,通过海军部长弗兰克·诺克斯之手,马上被放到美国总统罗斯福的案头上。于是,一个海空奇袭山本海军大将座机的战斗计划在酝酿、制定之中。4月16日早晨7点35分,美国闪电式战斗机群腾空而起,终于在卡西里湾上空将山本的座机截住,兰菲尔少校在紧追中两次开炮,山本的座机右引擎和左机翼先后爆炸起火,最后两翼折断朝东坠落,机身在离山本的目的地卡西里只有几里的荆棘丛中爆炸。

美国斯诺登事件也是与国家机密有关。自2007年小布什时期起,由美国国家安全局(NSA)开始实施绝密电子监听计划

---

[1] 资料来源:http://zhidao.baidu.com/link?url=4jfXVne-FAgNBKJDPkZ_copjZuOEDdMjSBcMxPdcmf79ot0aPc3OgO5hPMS4tqg5VX72psZ_P6cm0-vspgbDa,访问日期:2014年7月19日。

>>>> **案例** 法理学

[棱镜计划（PRISM）]，正式名号为"US-984XN"。美国情报机构一直在九家美国互联网公司中进行数据挖掘工作，从音频、视频、图片、邮件、文档以及连接信息中分析个人的联系方式与行动。监控的类型有10类：信息电邮、即时消息、视频、照片、存储数据、语音聊天、文件传输、视频会议、登录时间、社交网络资料的细节。其中包括两个秘密监视项目：一是监视、监听民众电话的通话记录；二是监视民众的网络活动。2013年7月1日晚，维基解密网站披露，美国"棱镜门"事件泄密者爱德华·斯诺登（Edward Snowden）在向厄瓜多尔和冰岛申请庇护后，又向19个国家寻求政治庇护。从欧洲到拉美，从传统盟友到合作伙伴，从国家元首通话到日常会议记录，美国惊人规模的海外监听计划在前中情局雇员爱德华·斯诺登的揭露下，有引发美国外交地震的趋势。

提示与讨论

军事法是指关于军事法规和国防建设方面法律规范的总和，主要包括《国防法》、《兵役法》、《保守国家秘密法》、《中国人民解放军军官军衔条例》等。军事活动与科技是分不开的，国防法中有专门国防科技工业法类。军事秘密是国家秘密的重要组成部分，分为绝密、机密、秘密三个等级。"绝密"是最重要的军事秘密，泄露会使国防和军队的安全与利益遭受特别严重的损害；"机密"是重要的军事秘密，泄露会使国防和军队的安全与利益遭受严重的损害；"秘密"是一般的军事秘密，泄露会使国防和军队的安全与利益遭受损害。密码学是研究编制密码和破译密码的技术科学。研究密码变化的客观规律，应用于编制密码以保守通信秘密的，称为编码学；应用于破译密码以获取通信情报的，称为破译学，总称密码学。密码在战争中的重要性不言而喻，而在现代战争条件下，信息无疑是决定战争胜

第五章 法律体系

负的关键。通信的流畅性与安全性也是决定战场环境的重要因素。在信息战争中，除了使用间谍直接刺探敌军情报之外，还可以直接截获敌方情报传递。所以对情报进行加密，同时让己方拥有从情报中解密的能力，就是非常关键的了。战争中，情报非常重要，是国防的一部分，而国防就是国家的防务，是指国家为防备和抵抗侵略，制止武装颠覆，恐怖分子等，保卫国家的主权、统一，领土完整和安全所进行的军事活动，以及与军事有关的政治、经济、科技、外交、教育等方面的活动。

"二战"迫使美国政府将数学、科学技术与军事目标空前紧密地结合起来，开辟了美国数学发展的新时代。1941年美国参战，联邦政府开始大幅度增加科研经费的拨款。1941年至1945年，政府提供的研究与发展经费占全国同类经费总额的比重骤增至86%。美国的"科学研究和发展局"于1940年成立了"国家防卫科学委员会"（NDRC），为军方提供科学服务。1942年，NDRC又成立了应用数学组（Applied Mathematics Panel，简称AMP），它的任务是帮助解决战争中日益增多的数学问题。AMP和全美11所著名大学订有合同，全美最有才华的数学家都投入了这项工作。AMP的大量研究涉及"改进设计以提高设备的理论精确度"以及"现有设备的最佳运用"，特别是在空战方面，到战争结束时共完成了200项重大的研究。可见，社会需要是科技发展的动力。恩格斯指出："社会一旦有技术上的需要，则这种需要会比所有大学更能把科学推向前进。"[1]

---

[1] 中共中央马克思恩格斯列宁斯大林著作编译局：《马克思恩格斯全集》（第4卷），人民出版社1972年版，第505页。

第二节 中国的法律体系结构图

【案例90】 中国特色社会主义法律体系

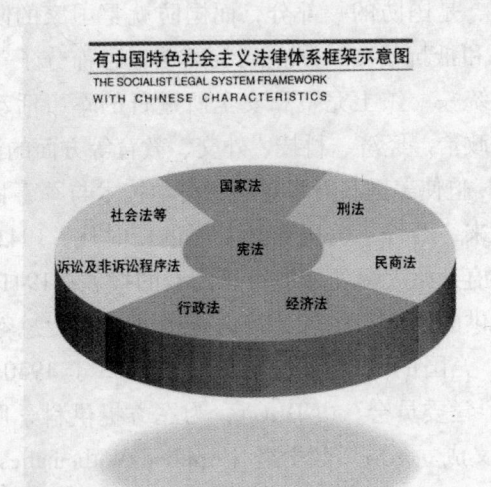

有中国特色社会主义法律体系框架示意图
THE SOCIALIST LEGAL SYSTEM FRAMEWORK
WITH CHINESE CHARACTERISTICS

- 国家法
- 社会法等
- 刑法
- 宪法
- 诉讼及非诉讼程序法
- 民商法
- 行政法
- 经济法

提示与讨论

法律体系是指由一国现行的各个部门法构成的有机（协调一致）联系的统一整体。在单一制的国家结构形式下，一个国家只有一个以宪法为核心的法律体系。

第六章 法的效力

法的效力有广义和狭义之分，广义上的法的效力是指法律的约束力和强制力，指人们应当按照法律规定的那样行为，必须服从法律的规定。通常，法的效力分为规范性法律文件的效力和非规范性法律文件的效力。所谓非规范性法律文件的效力，是指判决书、裁定书、逮捕证、许可证、合同等的法律效力。这些文件在经过法定程序之后也具有约束力，任何人不得违反。但是，非规范性法律文件是适用法律的结果而不是法律本身，因此不具有普遍约束力。所以狭义的法的效力就是指规范性法律文件的效力，它包括法的效力层次和法的效力范围。

第一节 法的效力层次

法的效力层次是指规范性法律文件之间的效力等级关系。根据我国《立法法》的有关规定，我国法的效力层次可以概括为：①上位法的效力高于下位法，即规范性法律文件的效力层次决定于其制定主体的法律地位，行政法规的效力高于地方性法规；②在同一位阶的法律之间，特别法优于一般法，即同一事项，两种法律都有规定的，特别法比一般法优先，优先适用特别法；③新法优于旧法；④实体法优于程序法；⑤国际法优于国内法等。

【案例91】 上位法的效力高于下位法

S省N市市民杨某骑自行车在本市新开街由南向北行驶时，经路口遇红色信号灯未停，闯红灯违章，被执勤交警发现，民警谢某对其违章行为予以纠正，并以N市交管局二大队名义，开具公安交通管理当场处罚决定书，对原告处以罚款100元。杨某认为处罚过重，拒绝缴纳，并当场与交警发生争执，引起围观，交警遂将杨某的自行车扣留。杨某不服，向N市公安局提出复议申请，复议机关做出维持罚款的复议决定，杨某不服，遂向人民法院提出行政诉讼，请求法院依法判决撤销被告对原告罚款和扣留自行车的处罚决定。法院在审理中查明：被告交管局的处罚依据的是《N市道路交通管理规定》第24条第4项、第53条，根据该规定对非机动车行驶违章处100元以下罚款或警告。该《N市道路交通管理规定》是于1999年8月11日经S省第八届人民代表大会常务委员会第十六次会议的批准于同年10月2日起正式施行的。

提示与讨论

根据《中华人民共和国道路交通安全法》（以下简称《道路交通安全法》）第89条之规定，行人和非机动车违法，只能处以警告或5元至50元罚款，而本案中原告杨某骑自行车遇红色信号灯时闯红灯，违反了交通规章，事实清楚，被告依职权进行处理，其行为是合法的，但被告在适用法律上却有问题。交管局对杨某罚款100元，显然与此规定不符。虽然该局所依据的《N市道路交通管理规定》有罚款100元的规定，但依据"上位法优于下位法、后法优于前法"的原理，以及我国《立法法》的规定,《N市道路交通管理规定》与《道路交通安全法》中对同样违章的行为处罚标准不一致,下级法与上级法相抵触时,下级法无效。交管局有法不依而继续适用本市土政策是错误的。因此,交管局的处罚错误,其罚款数额不符合法定标准。对拒绝接受罚款处罚的非机动车驾驶人,可以扣留其非机动车。杨某毕竟有交通违法行为,不能不负法律责任,依本法第89条规定,同时从本案情况看,交警是在其拒不接受处罚时扣其自行车的,扣车行为并不违法。尽管交管局超额罚款不对,但并不意味杨某的诉讼请求正确。

【案例92】 新(后)法的效力高于旧(先)法

星期天,吴先生骑新购买的摩托车去百货大楼购物,因见大楼前停满了车,为图一时方便就将车停在路边。等买了东西出来,发现自己的车不见了,只见一块标明到城区交警大队接受处理和该大队联系电话的标志牌,才知道自己的车已被执勤的交警拖走了。待找到交警大队接受处理时,交警部门办案人员以吴先生乱停车为由说要罚款20元,除要交罚款外,还要交清障费。吴先生认为自己违章停车是事实,但交警未经自己同意即把自己的车拖走是交警的单方行为,拖车本没道理,更不应收取清障费用。但交警坚持不交钱就不准把车开走,吴先生无奈交了罚款和费用,但去领车子时,发现车子不少地方受损,还擦掉了好大一块漆,右边的车灯也被损坏了。吴先生非常生气,就要求交警部门对此照价赔偿。可交警部门的答复是,这一切是违法停车所造成的,与他们无关,并拒绝赔偿。

提示与讨论

首先,交警拖车符合法律规定,因为吴先生违反了临时停车的规定。所谓临时停车是指车辆在非禁止停车的路段或设有

> **案例** 法理学

禁止车辆长时间停放标志的路段，按规定进行短暂停留；临时停车不得影响交通。吴先生把车停在繁华路段的街边，显然影响交通，交通民警可以用清障车把违停车辆拖至不妨碍交通的地方。根据《道路交通安全法》第 93 条，违反道路交通安全法律、法规关于机动车停放、临时停车规定的，同时机动车驾驶人不在现场，而停车又妨碍其他车辆、行人通行的，交警可以在处 20 元以上 200 元以下罚款的同时，将该机动车拖移至不妨碍交通的地点或者公安机关交通管理部门指定的地点停放。吴先生当时违章停放车辆又不在现场的行为正好符合上面法定情形，交通民警可以直接采用拖曳车辆这一行政强制措施，直接指派清障车把车辆拖至不妨碍交通的地方。这在交通法规上称为采用拖曳车辆的行政强制措施。采取拖曳车辆行政强制措施不需要经过驾驶员同意。交警拖车在法律上没有问题。

其次，按照"新法优于旧法"的原理，交警收取清障费用不对。因为清障费是《道路交通安全法》出台前，根据《交通违章处理程序规定》中"拖曳违章停放的车辆可以收取清障费"而规定的。但是刚出台的《道路交通安全法》已经明文禁止了这种做法，特别规定"拖车不得收取费用"，据此，以各种名义收取清障费用都是违法的。

最后，交警的执法行为是合法的。但他们在执行公务中，损坏了吴先生的摩托车，侵犯了吴先生的合法权益，根据车子损坏情况，依据《道路交通安全法》第 93 条第 3 款的规定，吴先生有权要求交警部门对此承担补偿责任，交警部门也应补偿。交警部门以违法停车为由拒绝补偿是没有根据的。

【案例 93】 特别法的效力高于一般法

甲因农业生产而急需用钱，但又求借无门。某乙趁机表示愿借给甲3 000元，但半年后须加倍偿还，否则以甲的两头耕牛代偿。甲表示同意。甲乙之间的行为是可撤销的民事行为，理由是乘人之危。

提示与讨论

本题涉及乘人之危的认定和效力问题。乘人之危是指行为人利用对方当事人的急迫需要和危难处境，迫使其作出违背本意而接受对其非常不利的意思表示。乘人之危的构成要件是：①表意人在客观上处于急迫需要或者紧急危难的境地，表意人所处的境地是客观的，而不是想象的；②行为人有乘人之危的故意，即相对人明知表意人正处于急迫需要或紧急危难的境地却故意加以利用，使表意人因此而被迫作出对行为人有利的意思表示；③相对人实施了足以使表意人作出违背自己真意的意思表示的行为；④相对人的行为与表意人的行为之间存在因果关系；⑤表意人因其意思表示而蒙受重大不利。乘人之危的民事行为依《民法通则》为无效民事行为，《民法通则》第58条规定："下列民事行为无效：（一）无民事行为能力人实施的；（二）限制民事行为能力人依法不能独立实施的；（三）一方以欺诈、胁迫的手段或者乘人之危，使对方在违背真实意思的情况下所为的；（四）恶意串通，损害国家、集体或者第三人利益的；（五）违反法律或者社会公共利益的；（六）经济合同违反国家指令性计划的；（七）以合法形式掩盖非法目的的。无效的民事行为从行为开始起就没有法律约束力。"但乘人之危的民事行为依《合同法》为可撤销的民事行为。《合同法》第52条规定："有下列情形之一的，合同无效：（一）一方以欺诈、胁迫的手段订立合同，损害国家利益；（二）恶意串通，损害国家、集体或者第三人利益；（三）以合法形式掩盖非法目的；（四）损害社会公共利益；（五）违反法律、行政法规的强制性规定。"另依《合同法》第54条规定,因乘人之危而订立的合同,受损害方有权请求人民法院予以变更或者撤销。依据"特别法优于一般法"的法律适用原理,在合同领域,乘人之危属于可撤销的民事行为。本题中,甲与乙之间的借贷行为属于乘人之危的民事行为应无疑问,借贷行为属于合同行为,故该行为属于可撤销的民事行为。

【案例94】 实体法的效力高于程序法

某合伙组织字号为"兴达商行",其中甲出资60%,乙、丙各出资20%,甲被推举为负责人。在与兴达商行的债务人丁的一场诉讼中,甲未与乙、丙商量而放弃兴达商行对丁的债权5万元,乙、丙知道后表示反对。甲放弃债权的行为的效力应如何认定?

提示与讨论

甲放弃责权的行为是有效行为。《最高人民法院关于贯彻执行〈中华人民共和国民法通则〉若干问题的意见》(以下简称《民法通则意见》)第45条规定:"起字号的个人合伙,在民事诉讼中,应当以依法核准登记的字号为诉讼当事人,并由合伙负责人为诉讼代表人。合伙负责人的诉讼行为,对全体合伙人发生法律效力。未起字号的个人合伙,合伙人在民事诉讼中为共同诉讼人。合伙人人数众多的,可以推举诉讼代表人参加诉讼,诉讼代表人的诉讼行为,对全体合伙人发生法律效力。推举诉讼代表人,应当办理书面委托手续。"本题中,甲是合伙负责人,合伙负责人的诉讼行为,对全体合伙人发生法律效力,所以"甲未与乙、丙商量而放弃兴达商行对丁的债权5万元"的行为对全体合伙人是有效的。

但是,本题如果依据民事诉讼的有关原理进行分析,其答

第六章　法的效力

案将正好相反，应是无效行为。《最高人民法院关于适用〈中华人民共和国民事诉讼法〉若干问题的意见》（以下简称《民事诉讼意见》）第47条规定："个人合伙的全体合伙人在诉讼中为共同诉讼人。个人合伙有依法核准登记的字号的，应在法律文书中注明登记的字号。全体合伙人可以推选代表人；被推选的代表人，应由全体合伙人出具推选书。"据此，个人合伙的诉讼是一种共同诉讼，按照民事诉讼法关于共同诉讼的理论，这种共同诉讼应是必要共同诉讼。所谓必要共同诉讼，是指当事人一方或者双方为两人以上，诉讼标的是同一的，法院必须合一审理，并在裁判中对诉讼标的合一确定的共同诉讼。个人合伙之所以是必要共同诉讼，是因为全体合伙人对于诉讼标的（比如本案中，个人合伙对丁的5万元债权）原先就存在共同的权利义务关系（即具有同一性），全体合伙人对合伙的目的事业或合伙的债权债务享有共同的权利并承担共同的义务，对债权同债务承担连带责任。正因为存在这种共同的权利义务关系，《民事诉讼法》第53条才规定："当事人一方人数众多的共同诉讼，可以由当事人推选代表人进行诉讼。代表人的诉讼行为对其所代表的当事人发生效力，但代表人变更、放弃诉讼请求或者承认对方当事人的诉讼请求，进行和解，必须经被代表的当事人同意。"据此，代表人（也指本案中的合伙负责人）的一般性的诉讼行为应对其所代表的当事人发生效力，但如果涉及对诉讼标的的实体处理（变更、放弃诉讼请求或者承认对方当事人的诉讼请求，进行和解），则必须经被代表的当事人同意。此立法的目的在于，在确保"程序正义"的情况下，不致损害"实体公正"，以有效维护共同诉讼人之间在实体上对诉讼标的的共同的权利义务关系。同时，在诉讼行为中并不存在表见代理的问题，表见代理是民事实体法的制度，不能当然地将它推而广之到民事诉讼之中。

造成本题在答案方面存在分歧的主要原因是国内法在对同一问题进行规定时所存在的冲突,1988年1月26日起施行的《民法通则意见》规定:"起字号的个人合伙,在民事诉讼中,应当以依法核准登记的字号为诉讼当事人,并由合伙负责人为诉讼代表人。合伙负责人的诉讼行为,对全体合伙人发生法律效力。"1992年7月14日通过的《民事诉讼意见》第47条及1991年4月9日通过的《民事诉讼法》第54条规定,个人合伙的全体合伙人在诉讼中为共同诉讼人。个人合伙有依法核准登记的字号的,应在法律文书中注明登记的字号。全体合伙人可以推选代表人;代表人的诉讼行为对其所代表的当事人发生效力,但代表人变更、放弃诉讼请求或者承认对方当事人的诉讼请求,进行和解,必须经被代表的当事人同意。对此类冲突,我们应按照法的适用的一般原理进行处理,即上位法优先于下位法、特别法优先于一般法、后法优先于前法、实体法优于程序法。对于本题的"合伙负责人诉讼行为的效力问题"应依据"实体法优先于程序法"的原理,适用《民法通则意见》第45条。

【案例95】国际法的效力高于国内法

1983年,从沈阳机场运载105名乘客飞往上海的中国民航客机296号,自沈阳东塔机场起飞后,被机上乘客卓长仁、姜洪军、安卫建、王彦大、吴云飞和高东萍等六名持枪歹徒采用暴力和威胁的方式劫持。他们用枪射击驾驶舱门锁,破门闯入驾驶舱后,对舱内人员射击,将报务员王永昌和领航员王培富击成重伤。威逼机长王仪轩和副驾驶员和长林改变航线。他们用枪顶着机长的头并威胁乘客要与全机同归于尽,还强行乱推

第六章 法的效力

驾驶杆,使飞机在颠簸倾斜、忽高忽低(最低离地面600米)的状态下飞行,严重危及飞机和全机人员的安全。飞机被迫在我国渤海湾、沈阳、大连和丹东的上空盘旋后飞经朝鲜人民共和国,又飞入了韩国领空,被韩国四架鬼怪式战斗机拦截,迫降在该国的春川军用机场。飞机降落后,罪犯们又控制飞机和机上人员长达八小时之久,最后向韩国当局缴械并受到拘留。事发后,韩国有关当局对事实进行了调查,并迅速将情况通知了中国政府和国际民用航空组织理事会。中国外交部收到通知后,向韩国提出请求按照有关国际条约规定,立即将被劫持的航空器以及机组人员和乘客交给中国民航当局并将劫机罪犯引渡给中国处理。国际民用航空组织理事会主席阿萨德·科泰特、秘书长朗贝尔致电韩国当局,表示对中国民航296号班机被非法劫持一事的密切关注,并相信韩国将不遗余力地、安全地交还乘客、机组人员和飞机,按国际民用航空组织大会的决议和韩国参加的1970年《关于制止非法劫持航空器的公约》的规定,对劫机犯予以惩处。随后,经韩国民航局局长金彻荣的同意,中国民航局局长沈图率民航工作组一行33人于1983年5月7日赴汉城(首尔)协商处理这一事件。经与韩国代表谈判,双方签署了一份关于交还乘客、机组人员和飞机问题的备忘录。按备忘录规定,被劫持的飞机上的乘客,除三名日本乘客回日本外,其余中国乘客和机组人员都先后返回中国。被劫持的飞机经韩国有关部门做了技术检修后归还了中国。

关于劫机罪犯,韩国拒绝了中国的引渡请求,而坚持由其自行决定进行审讯和实施法律制裁。故1983年6月1日韩国汉城地方检察院以违反韩国《航空安全法》、《移民管制法》和《武器及爆炸物品管制法》为由对六名劫机犯提起诉讼。7月18日汉城地方刑事法院开始审判。1983年8月18日汉城地方刑事

>>> **案例** 法理学

法院作出判决,以六犯违反《航空器运输安全法》、《武器及爆炸物品管制法》、《出入国境管理法》,判处卓长仁、姜洪军有期徒刑6年,安卫建、王彦大有期徒刑4年,吴云飞和高东萍有期徒刑2年。六犯不服判决,向高等法院及最高法院上诉,均被驳回。

提示与讨论

本案涉及的国际法问题有两个:一个是对非法劫持航空器行为的管辖、惩治和引渡问题;另一个是对被劫持的航空器、机组人员和乘客的保护问题。本提示以本案的"管辖权"为例说明国际公约优于国内法的原理。

民用航空运输业的发展为国际交往、经济贸易往来和人员交流提供了极大的便利。于是,在航空器上的犯罪活动成为引起世界各国广泛关注的重大问题。为了防止和惩治这种行为,国际间通过召开外交会议,制定了"反劫机三公约",即1963年《关于在航空器内犯罪和其他某些行为的公约》(简称《东京公约》)、1970年《关于制止非法劫持航空器的公约》(简称《海牙公约》)和1991年《关于注标塑性炸药以便探测的公约》(简称《蒙特利尔公约》)。1988年,针对一些国家多次发生机场暴力行为,国际民用航空组织主持制定了《蒙特利尔议定书》,规定了在用于国际民用航空的机场发生的非法暴力行为也是犯罪。1991年,又制定了《蒙特利尔公约》,公约禁止生产、储存和运输非注标塑性炸药,以防止恐怖分子利用难以探测的塑性炸药进行恐怖活动,而危及民用航空活动。上述公约和议定书,从不同的角度对于危害国际民用航空安全的非法行为的概念、犯罪、管辖权、引渡和起诉、缔约国的权力和责任以及航空器机长的权力等问题做出了明确的规定,缔约国都承担义务,不得放纵危害民用航空安全的罪行,对罪犯不问其动机都要给予严厉惩罚,从而建立了制止危害国际民航安全的行为的法律制度,也是对国际航空刑法的重大发展。

首先,必须对非法劫持航空器的罪行进行确定。不论各国国内法对非法劫持航空器的行为如何定罪,国际法非法劫持空器的行为是指1970年的《海牙公约》第1条规定的行为:"凡在飞行中的航空器内的任何人,用暴力或暴力威胁,或用任何其他胁迫方式,非法劫持或控制该航空器,或任何此类未遂行为,或者是实施此类行为或任何此类未遂行为的人的共犯,即构成犯罪。"按公约第3条第1款规定,所谓"飞行中"是指自航空器装载完毕、机舱各门均已关闭时起,直到打开任一机舱门以便卸载时为止。航空器被迫降落时,在主管当局接管该航空器及其所载人员和财产的责任前,应被认为仍在飞行中。另外,该公约仅适用在其内发生罪行的航空器的起飞地点或实际降落地点是在该航空器登记国领土以外,不论该航空器是从事国际飞行或国内飞行。卓长仁等人在航空器内持枪射击、威逼机长改航的行为,完全符合《海牙公约》第1条的规定,是非法劫持航空器的罪行。

被告的律师认为被告是在中国所属航空器飞经中国大连上空时在机内犯罪,是外国人在外国飞机上在国外犯罪,韩国法院无管辖权。韩国法院驳斥了这一观点。实际上,韩国是《东京公约》、《海牙公约》、《蒙特利尔公约》的缔约国,本案所劫持的飞机属中国所有,而迫降在韩国境内。根据《东京公约》的规定,在航空器内发生的犯罪及其他危及航空安全的行为,原则上由航空器登记国行使管辖权,这与船舶适用船旗国管辖权相似。缔约国应采取措施,对在本国的航空器内发生的犯罪行使管辖权,因此,对此案,中国当然具有管辖权。但是,航空器登记国优先行使管辖权并不排除其他国家根据其国内法行使管辖权。根据《东京公约》第4条的规定,在下列情况下,航空器登记国以外的国家也可行使刑事管辖权:犯罪的影响及于该国领土;受害者具有该国国籍或在该国有永久居所;犯罪行为危害该国安全;犯罪行为违反该国有关航空器飞行或操纵规则;该国为遵守国际多边条约的义务,有必要行使管辖权。《东京公约》第3条第3款还规定:"本公约不排斥根据本国法行使刑事管辖权。"因此,根据上述规定,韩国无疑对此案具有管辖权。

第二节 法的效力范围

我国法的效力范围是指法律的生效范围或适用范围,即法律对什么人、什么事、在什么地方和什么时间具有约束力。法律效力可以分为四种,即对人的效力、对事的效力、空间效力、时间效力等。

一、法的对象效力(对人的效力)

法律对人的效力,又称法的对象效力,是指法律规范适用于哪些人或组织。在世界各国的法律实践中先后采用过四种对人的效力的原则,即属人主义、属地主义、保护主义和以属地主义为主,与属人主义、保护主义相结合的原则这四种原则。属人主义,即法律只适用于本国公民,不论其身在国内还是国外,非本国公民即使身在该国领域内也不适用。属地主义,即法律适用于该国管辖地区内的所有人,不论是否为本国公民,都受法律约束和法律保护,本国公民不在本国,则不受本国法律的约束和保护。保护主义,即以维护本国利益作为是否适用本国法律的依据,任何侵害了本国利益的人,不论其国籍和所在地域,都要受该国法律的追究。以属地主义为主,与属人主义、保护主义相结合,指既要维护本国利益,坚持本国主权,又要尊重他国主权,照顾法律适用中的实际可能性。如外国人在外国对本国的国家或公民犯罪的,依照我国法律可能判处3年以上有期徒刑的,可以适用本国法律,但外国法律对该行为不认为是犯罪的除外。我国采用的是第四种原则。根据我国法律,对人的效力包括两个方面。①对中国公民的效力。中国公民在中国领域内一律适用中国法律。在中国境外的中国公民,也应遵守中国法律并受中国法律保护。但是,这里存在着适用中国法律与适用所在国法律的关系问题。对此,应当根据法律区分情况,分别对待。②对外国人和无国籍人的效力。外国人和无国籍人在中国领域内,除法律另有规定者外,适用中国法律,这是国家主权原则的必然要求。

【案例96】 外国人在中国嫖娼受"行政处罚"

英国中国项目开拓公司董事长陈某(葡萄牙国籍)在北京同芦、李在回龙观饭店舞厅跳舞时,与胡某(女,19岁)、李某(女,17岁)相识。次日晚,陈与芦、李将胡某、李某带到田园庄饭店包租的房间内嫖宿。陈将李某单独带到该饭店的541房内发生性行为,并送给李某衣物三件。某市公安局外国人管理、出入境管理处依照《中华人民共和国治安管理处罚法》,对陈予以治安拘留10天,并罚款5 000元的处罚。

⚡提示与讨论

本案体现了法律适用的"属地主义"原则,即外国人在中国也要遵守中国法律。

【案例97】 叛逃、非法提供国家秘密案

国家机关干部李某（男，48岁）长期以来对社会主义制度不满，久有叛逃国外之意，只是等待时机。经过精心策划，于1967年3月21日，趁其到边界执行公务之机擅离岗位偷越国境叛逃国外。李某叛逃后即向该外国间谍机关提供我国的国家秘密、情报，后又撰写了多篇文章，发表在该国报刊上，攻击人民民主专政政权，丑化我国的社会主义制度。该国电台播放李某的反华文章，并聘任他作该国广播电台汉语编辑部部长达6年之久。1979年6月23日，李某被遣送回国。某人民法院经审理，以投敌叛变罪判处李某有期徒刑10年，剥夺政治权利3年。

提示与讨论

中国人在国外违反中国法律应予追究，体现了我国法律适用的"属人主义"原则。

二、法律的空间效力

法律的空间效力是指法律在何种区域范围内具有效力，它以国家的领土主权为基础而存在。一国的法律在本国的领陆、领空、领水和底土内均有法律效力，同时还延伸到本国驻外国的使馆、悬挂本国国旗的船舶和航空器等。我国大部分法律法规在我国主权（领陆、领水、领空、驻外使馆、运行中的船舶航空器等）范围内有效；某些法律法规在我国局部范围内有效，如地方法规；某些法律法规在主权之外、域外有效力，如刑法。

第六章 法的效力

【案例 98】 外国公民伤害我国公民是否应负法律责任

34 岁的日本籍男子小泉到中国旅行,并于 2003 年 3 月 10 日结束行程,乘坐悬挂中国国旗的轮船"海鹰"号回国。在回国的途中,小泉与船上的中国船员陈某发生口角,小泉即掏出随身携带的水果刀,将陈某刺成重伤。后根据我国刑法,小泉被以故意伤害罪判处有期徒刑十年。

提示与讨论

本案例体现出法律的空间效力和对人效力。本案例中的案件发生在悬挂我国国旗的船舶上,因此适用我国刑法。法律的对人效力是指一国的法律对哪些人有效,有属地主义、属人主义和保护主义。本案例中外国人对我国公民犯罪,也可以根据保护主义适用我国刑法。

【案例 99】 各地治理"随地吐痰"

2003 年 5 月 16 日,长沙市第十二届人大常委会第三次会议通过了关于修改《长沙市城市市容和环境卫生管理办法》的决定,其中一项重要内容就是,对随地吐痰、乱扔果皮等行为的罚款额度由原来的 5~20 元提高到每次 50 元以上 200 元以下。据西安市市政委市容环卫管理处的人士介绍,5 月 30 日陕西省十届人大常委会第四次会议表决通过了陕西省人大常委会关于修改《陕西省爱国卫生条例》的决定,对 6 种不文明的陋习进行重罚,其中随地吐痰可以最高处罚 50 元。2003 年 4 月底,深圳市人大分组审议了《深圳经济特区市容和环境卫生管理条例(修改草案)》。《修改草案》对公共场所的环境卫生做出了明确的规定:"禁止随地吐痰、便溺和乱吐、乱扔香口胶渣、甘蔗渣、瓜果皮核、纸屑、烟头或其他废弃物,违者责令清理,并可处最高 200 元的罚款。"

提示与讨论

非典疫情让人们意识到良好的卫生习惯对人们生存环境的重要性。在市民自觉加强卫生防疫的同时,不少地方也相继采取了一些措施,教化、培养人们的卫生习惯。科学研究表明,非典病毒在一口痰中的存活时间可达 38 小时。该案例表明各地对随地吐痰的处罚力度,但各地的地方法规只能在自己的管辖区内有效。

【案例 100】 刑法的空间效力

犯罪嫌疑人苏某,男,系海添船务有限公司(香港)所属"天王星"轮船员,住江西省广丰县杉溪乡塔山村。犯罪嫌疑人苏某在"天王星"轮从新加坡驶往中国台湾途中,于 2000 年 2 月 16 日凌晨 2 时许,趁同船水手卢某当班之机,从舷窗翻入卢某的房间,窃得美金、新加坡币等钱款,折合人民币共计 3 300 余元。同年 2 月 28 日船靠本市闽南船厂。上海市水上公安局接该船报案后侦破此案。经查:海添船务有限公司系我国国有企业投资在香港注册的公司,为商务方便,其所属"天王星"轮在塞浦路斯登记注册,船籍为塞浦路斯。案发时该船舶航行在公海海域。对本案是否应追究犯罪嫌疑人苏某的刑事责任,有三种不同的意见。

第一种意见认为:本案是件普通盗窃案,应根据我国刑法追究苏某的刑事责任。理由是:苏某是中国公民,他作案是在"天王星"轮上,而该轮船的所有权归属我国,不论该轮船籍如何,均不能改变是中国轮船这一本质属性。因此本案应作为一般盗窃案件,追究犯罪嫌疑人苏某的刑事责任。

第二种意见认为:本案是起中国公民在我国领域外犯罪的

案件,适用我国刑法,但不应追究苏某的刑事责任。理由是:"天王星"轮船籍为塞浦路斯,在外籍轮船上作案,应视为在该国领域内犯罪。虽然苏某系中国公民,应适用我国刑法,但由于苏某盗窃数额未达到"巨大",只可能处三年以下有期徒刑、拘役或者管制,所以根据我国《刑法》第7条第1款之规定,不应追究苏某的刑事责任。

第三种意见认为:同意本案是起中国公民在我国领域外犯罪的案件,适用我国刑法,但应追究苏某的刑事责任。理由是:犯罪嫌疑人苏某盗窃数额已达到起刑点,构成盗窃罪。根据我国刑法规定,盗窃罪的最高刑是死刑,本案不能适用《刑法》第7条第1款的规定,应对犯罪嫌疑人苏某追究刑事责任。

提示与讨论

本案争议的主要是我国刑法的空间效力和如何理解"法定最高刑"的问题。我们重点讨论我国刑法的空间效力问题。刑法的空间效力,包括两方面的内容:对地域的效力和对人的效力。事实上,对地域的效力与对人的效力并不是截然分开的,由于人的法律身份、活动空间和国家主权内容的复杂性,刑法并不能简单地、毫无例外地适用于特定地域上的所有人,或特定人活动的所有地域,其中又包括种种例外,这样使对地的效力和对人的效力两者之间互相联系,又存在差异,构成刑法空间效力两个方面不同的内容。因此,才产生了关于刑事管辖权的两个最早的,也是最基本的原则:属地原则和属人原则。随着近代社会国家之间交流不断扩大,国际合作增多,国家独立和主权意识加强,又出现了保护原则和普遍原则。我国《刑法》第6条第1款规定"凡在中华人民共和国领域内犯罪的,除法律有特别规定的以外,都适用本法"是属地管辖;第7条第1款规定"中华人民共和国公民在中华人民共和国领域外犯本法之罪的，适用本法"是属人管辖；第8条规定"外国人在中华人民共和国领域外对中华人民共和国国家或者公民犯罪，而按本法规定的最低刑为三年以上有期徒刑的，可以适用本法"是保护管辖；第9条规定"对于中华人民共和国缔结或者参加的国际条约所规定的罪行，中华人民共和国在所承担条约义务的范围内行使刑事管辖权的，适用本法"是普遍管辖。结合本案，犯罪嫌疑人苏某是中华人民共和国公民，无论其在我国领域内还是领域外犯罪，根据属人原则，均应适用我国刑法。对这点大家是没有异议的，问题是以什么标准来衡量是领域内还是领域外。我们认为，当然是以我国刑法的标准来衡量。《刑法》第6条第2款规定："凡在中华人民共和国船舶或者航空器内犯罪的，也适用本法。"我国刑法根据国际惯例，将在我国登记注册，悬挂我国国旗、国徽或军徽等标志的船舶或者航空器视为我国拟制领土（或称外延领土、浮动领土等），在这些拟制领土上的犯罪视为在我国领域内犯罪。根据这一原理以及国际冲突规范中的对等原则，在悬挂塞浦路斯国旗的船舶上犯罪，当然不能视为是在我国领域内犯罪。

三、法律的时间效力

法的时间效力是指法律何时生效、何时终止效力以及法律对其生效以前的事件和行为有无溯及力。法律的生效时间主要有三种：自法律公布之日起生效；由该法律规定具体生效时间；规定法律公布后符合一定条件时生效。法律终止生效，即法律被废止，指法律效力的消灭。它一般分为明示的废止和默示的废止两类。法的溯及力，也称法律溯及既往的效力，是指法律对其生效以前的事件和行为是否适用。如果适用，就具有溯及力；如果不适用，就没有溯及力。法律是否具有溯及力，不同法律规范之间的情况是不同的。关于法律的溯及力问题，一般通行两个原则。首先，"法律不溯及既往"原则，即国家不能用现在制定的法律指导人们过去的行为，更不能由于人们过去从事某种当时是合法而现在看来是违法的行为，而依照现在的法律处罚他们。其次，作为"法律不溯及既往"原则的补充，法律规范的效力可以有条件地适用于既往的行为。从我国目前有关"法律溯及既往"的原则的规定，一般采用"不溯及既往"的原则。具体表现在：就有关侵权、违约的法律和刑事法律而言，一般适用法律不溯及既往的原则；而在某些有关民事权利的法律中，法律有溯及力。

【案例101】 法的溯及力

《国籍法》第17条规定："本法公布前，已经取得中国国籍的或已经丧失中国国籍的，继续有效。"本条是对承认国籍法公布前已经取得或丧失中国国籍继续有效即国籍法的时效的规定，该规定包含两方面的意思。一是，在本法公布以前，按照当时的国籍政策已经取得或丧失中国国籍的，本法承认其继续有效。一方面，本法公布前已经取得中国国籍的，不论他们取得中国国籍的条件是否符合国籍法规定的条件，是否按国籍法规定办理申请入籍并获得批准的手续，他们仍然具有中华人民共和国成员的法律资格，是社会主义中国的公民。已经取得中国国籍的公民要求重新处理他的国籍问题是不符合本条规定的。另一方面，本法公布前已经丧失中国国籍的，不论他们丧失中国国籍的情况如何，是否符合国籍法规定丧失中国国籍的条件，有没有办理退籍手续，他们已经丧失了作为中华人民共和国成员的资格，不再是中国公民，不能因为他们丧失中国国籍的情况和条件与国籍法的规定不符，就承认他们仍是中国公民。丧失

> 案例 法理学

国籍的本人也不能以国籍法的规定为依据,要求推翻已经丧失中国国籍的事实,承认他仍是中国公民。如果他们对中国具有深厚的感情,要求恢复中国国籍,那是在本法公布后发生的新的国籍问题,应按本法第13条的规定办理。二是,国籍问题虽然发生在本法公布之前,但没有得到解决的,在本法公布之后,应按本法的规定办理。

提示与讨论

法的溯及力是指新的法律颁布后,对其生效以前所发生的法律事件是否有效。该案是关于《国籍法》第17条的规定是否具有溯及既往的效力的问题。法一般不具有溯及既往的效力,这是法律的一个基本原则。关于这一原则的一个通俗的解释是,比赛规则不可以在比赛开始之后再作修改……因为这对参赛者来说是不公平的。它是人类希望在公平的规则下追求社会正义的理想,其精神已经超出了司法的范畴,而体现在追求法治的人类社会的方方面面。如中国的现行《刑法》就采用了"从旧兼从轻"的原则。

【案例102】 投机倒把为何无罪

张某,男,甘肃省兰州市人,1962年10月20日生,农民。该人于1995年初听内地的朋友顾某说,甘草在内地非常有市场,销路很好。正好甘肃地区盛产甘草,张某遂起意贩卖甘草。1995年9月起,张某开始一边雇人在甘肃省境内各地挖甘草,一边想办法租用卡车进行贩运,运至内地即由顾某组织进行销售,获利后一人一半。1995年9月至1997年7月,张某和顾某共计贩卖甘草2万公斤,获利达30余万元。1997年8月,张某的行为被当地农民赵某发现,向公安机关举报张某犯有投机倒把罪。由于1997年3月14日新颁布的《中华人民共和国刑法》

已经取消了投机倒把罪，故公安机关于1997年8月6日依法决定对张某的行为不予立案。

提示与讨论

这一案例体现出法律的时间效力。一般自新法颁布之日起旧法即自动失效，如果在新法中明确了生效时间的，就从该时间起新法生效、旧法失效。在新法颁布以前的行为由旧法调整，新法不具有溯及既往的效力。刑法由于具有特殊的国家强制性，对违反刑法的行为的惩戒也最为严厉，故为了防止严刑峻法，刑法的时间效力有一定的特殊性，即遵循"从旧兼从轻"原则，也就是说，在新刑法颁布实施之前的行为仍由旧刑法调整，但如果该行为在新刑法中处罚较轻或者不认为是犯罪的，就根据新刑法的规定加以调整。所以，在本案例中，由于投机倒把行为在新刑法中不认为是犯罪，故对张某的行为不认定为犯罪。

第七章　法的继承与移植

第一节　法的继承

法的继承是指新法对旧法的批判的吸收。由于社会生活条件具有历史延续性，法作为上层建筑具有相对独立性，加上人类文明成果具有共同性，决定了法的继承的必然性。

【案例103】 我国现行《宪法》、《婚姻法》的基础

我国现行《宪法》是1982年制定的，但它是以1954年《宪法》为基础进行修改而产生的。1954年《宪法》是一部好宪法，但经过近30年后国家的政治、经济和社会生活已经发生了巨大变化，它已不可能完全适应新时期需要了。这就要求在1954年《宪法》的基础上总结我国社会主义发展的丰富经验，继承和发展1954年宪法的基本原则，既考虑当前的现实，又考虑发展的前景，制定出一部有中国特色的、适应新时期社会主义现代化建设需要的新宪法。我国现行《婚姻法》是1980年制定的，但它是在1950年《婚姻法》的基础上，根据实践经验和20世纪80年代新情况制定的。1978年党的十一届三中全会以来，我国的社会主义民主和法制建设有了很大发展。婚姻家庭

方面的法制建设也进入了一个崭新的阶段。为了健全婚姻家庭法制，惩治婚姻家庭领域内违法现象，第五届全国人民代表大会第三次会议于1980年9月通过了第二部《中华人民共和国婚姻法》，并决定于1981年1月1日起施行。它标志着我国婚姻立法进入了一个崭新的历史发展时期。

提示与讨论

该案例说明法律在立法方面的继承。

【案例104】诉讼代理制度的继承

《左传》中记载了两个诉讼代理案件。一个案件是僖公二十八年即公元前632年，卫侯与元咺争讼于晋。因为卫侯是国君，元咺是他的臣子，君臣出庭争讼有损君主的威严，不合宗法等级，所以卫侯派针庄子代理自己出庭坐地对质，同时还派宁武子和士荣协助针庄子。结果卫侯输了官司，便杀了士荣，砍了针庄子的脚，宽免了宁武子。另一个案件是襄公十年即公元前563年，楚王叔陈生与伯舆争讼，王叔派其宰臣，伯舆派其大夫，分别代理二人坐狱于王庭而对质争辩。通过这两个案件也可以看出，因为诉讼当事人的地位非常高，所以为维护自己人格尊严，故派其臣子代为参加诉讼。

提示与讨论

我国现行法律中的诉讼代理制度是继承古代法中的相关制度而延续下来的。我国古代的诉讼代理源于西周。《周礼》，原名《周官》，是记载古代设官分职的典章制度和礼仪规范。传说是周公所作，实际上是出于战国时期具有浓厚儒家味道的法家之手。《周礼》中就有关于诉讼代理人的记载，被代理人一般是有一定地位的统治阶级成员。《周礼·秋官·小司寇》中记载：

"凡命夫命妇不躬坐狱讼。"意思就是说，作为原告或者被告的命夫、命妇者，无须亲自到法庭上进行诉讼。《周礼疏》对此解释说："古者取：囚要辞皆对坐，治狱之吏皆有威严；恐狱吏亵，故不使命夫命妇亲坐。若取辞之时，不是不坐，当使其属或子弟代坐也。"这体现了周朝在礼刑的制定和适用上的一条重要原则，即"礼不下庶人，刑不上大夫"。命夫者，其男子为大夫者；命妇者，为大夫妻者。躬，是指亲身或亲自。恐狱吏亵，是指怕法官在审判时侮辱奴隶主贵族的人格尊严。由此可见，周朝的诉讼代理是为维护奴隶主贵族的特权而设立的，是奴隶主阶级意志在司法活动中的一种表现。另外，在考古发现的地下文物中，也证实了西周存在诉讼代理的情形。例如1975年陕西省岐山县出土的青铜器《㒭匜铭·铭》上记载了一起诉讼案件的判决书。其中就涉及原告、被告、判官、诉讼代理人与证人等。据考证，该铭记于公元前808年。

【案例105】 人民调解制度的继承

我国现代民事诉讼法中规定的人民调解制度与古代的民间调解是有渊源关系的，可以说是对古代民间调解制度的一种创造性转化。封建社会的民间调解主要有两种形式：一是作为基层小吏的乡老、里正主管调解区内的民事案件和轻微刑事案件；二是家族、亲族均负有调解民事纠纷与轻微刑事案件的责任。我国现在城乡约设有100万个调解委员会，其职责是依照社会公德、法律及乡规民约等对一些民事纠纷和轻微的刑事案件进行调解（前提是当事人自愿），最终使当事人在互谅互让的基础上达成协议。从这一制度实施的效果看，确实对家庭和睦、邻里团结起了积极作用。据统计，近几年来，人民调解委员会平均每年调解民间纠纷700余万件，从而大大缓解了民间的社会矛盾。澳大利亚维多利亚州最高法院大法官哈里·布吉斯在访问中国时说："中国司法制度最有特色的是人民调解制度。"日本著名律师天野宪治盛赞道："完全没有想到中国的调解委员会是这样好的一个组织，为民排难解纷，既能增加人民之间的团结，又能安定社会治安，非常公正，又不接受任何报酬，这在世界其他国家是完全不能想象的。"另据称，"中国独创的人民调解方式已被联合国法律组织接受为综合治理的指导原则之一"。[1]

提示与讨论

中国早在西周时期即流行"尚中"的道德观念，这在《尚书》、《易经》及出土文物中均有证明。西周时期的铜器《牧簋》铭文中有"不中不刑"一语，意谓不公正就不可判刑，说明"尚中"的道德观已影响到司法领域，而变为一种基本的司法道德了。孔子有"刑罚不中，则民无所措手足"的言论，强调了司法公正对治理好民众的重要作用。孔子还把周人"尚中"的观念改为"中庸"的思想，把反对"过"与"不及"和保持对立面的和谐作为这一思想的基本内容，并由此衍生了"和为贵"的思想，作为处理社会矛盾的方法和目标。于是"中庸"与"慎刑"成为寻求司法公正的基本途径，这对中国社会的民间调解产生了直接的影响，流传至今。

第二节 法的移植

法的移植是指一个国家、民族对其他国家、民族的法律制

---

[1] 蔡诚:《当代中国的司法行政工作》，当代中国出版社1995年版，第207页。

度的借鉴和吸收。社会发展和法律发展的不平衡性决定了移植的必然性;市场经济的客观规律和根本特征决定了法律移植的必要性;法律移植是对外开放的应有内容;法律移植是法制现代化的必然需要;不同传统的法律制度一般都有各自的长处和弊病,移植使他们能够取长补短。

【案例 106】 中国"辩诉交易"第一案

2002 年 4 月 11 日,黑龙江省牡丹江铁路运输法院开庭审理一起故意伤害案。根据牡丹江铁路运输检察院的指控,2000 年 12 月 18 日晚,被告人孟广虎在黑龙江省绥芬河火车站北场内,因车辆争道与吊车司机王玉杰发生争执。随后,孟广虎和王玉杰等数人争吵。因感到势单力薄,孟打电话叫来了 6 个人,与王玉杰等人发生互殴,最后致被害人王玉杰脾脏破裂、小腿骨骨折,经法医鉴定为重伤。这是一起共同犯罪案件。但公安机关没能抓获与孟广虎同案的其他犯罪嫌疑人。牡丹江铁路运输检察院欲以故意伤害罪起诉孟广虎。孟广虎的辩护人(牡丹江天元律师事务所律师)丁云品认为,由于本案的其他犯罪嫌疑人在逃,无法确定被害人的重伤后果是何人所为。公诉机关则认为,由于本案系多人参与混战的特殊背景,即使抓获所有犯罪嫌疑人,证据收集也将困难重重,但无论如何,被告人孟广虎对找人行凶造成被害人重伤后果理应承担重要或全部责任。公诉方建议辩护人同意采用案件管辖法院准备试用的"辩诉交易"方式审理此案。辩护人在征得被告人同意后,向公诉机关提出了"辩诉交易"申请。而后,控辩双方进行了协商,达成三点合意:被告人承认自己的行为构成故意伤害罪,愿意接受法院的审判,自愿赔偿被害人因重伤而遭受的经济损失,请求法院对其从轻处罚;辩护人放弃本案具体罪责事实不清、证据不足的辩护观点，同意公诉机关指控的事实、证据及罪名，要求对被告人从轻处罚并使用缓刑；公诉机关同意被告人及其辩护人的请求，建议法院对被告人从轻处罚并可适用缓刑。控辩双方达成协议后，由公诉机关在开庭前向法院提交了"辩诉交易"申请，请求法院对双方达成的"辩诉交易"予以确认。牡丹江铁路运输法院受理了该申请后，由合议庭对双方达成的"辩诉交易"进行了严格的程序性审查，认为该"辩诉交易"协议及申请文本内容齐全，签字、印鉴清晰，格式规范，决定受理。同时，法院又组织被告人和被害人双方就附带民事赔偿进行庭前调解，并达成了由被告人赔偿被害人人民币4万元的协议。在开庭审理中，合议庭对双方达成的"辩诉交易"实体内容进行了认真的审查。首先，由公诉人向法庭陈述与辩方就被告人的刑罚进行"辩诉交易"的过程以及"辩诉交易"的主要内容。法官当庭询问被告人是否委托其辩护人就其刑罚问题与控方交易，对"辩诉交易"内容是否清楚，是否明了法院一旦确认"辩诉交易"其将面临的刑罚后果，是否基于自愿，在交易过程中是否存在贿赂交易和强迫交易的情况等。其次，因本案被害人出庭参加诉讼，法官当庭询问被害人是否已就附带民事赔偿与被告人达成协议，该协议是否已经实际履行，对被告人的刑事处罚有什么意见等。法庭休庭合议后，继续开庭宣判，对控辩双方达成的"辩诉交易"予以确认，并依照刑法的有关规定，以故意伤害罪判处被告人孟广虎有期徒刑3年缓刑3年。至此，国内第一例试用"辩诉交易"方式审理的刑事案件宣告结束，整个开庭时间仅用了25分钟。被害人和被告人说：我们都满意。对于这起国内"辩诉交易"第一案的审判结果，无论是公诉人、辩护人，还是被害人、被告人，都表示满意。

提示与讨论

本案是我国移植美国"辩诉交易"司法制度的范例。"辩诉交易"是指法院开庭审理之前,处于控诉一方的检察官和代表被告人的辩护律师进行协商,以检察官撤销指控、降格指控或要求法官从轻判处刑罚为条件,换取被告人的有罪答辩。当控辩双方达成协议,且被告人的有罪答辩被法官确认出于当事人"自愿"和"理智",则在判决中体现这个协议,而无须再正式开庭审理。当然,控辩双方达成的协议,法院并没有义务必然接受,也可以驳回,如果驳回,则法院不受协议的约束,并给予被告人撤回其有罪答辩的机会。"辩诉交易"的实践于20世纪30年代就已在美国出现,但一直处于"地下交易"的状态。直到1970年,美国联邦最高法院正式确认了"辩诉交易"的合法性。1974年7月1日修正施行的《联邦刑事诉讼规则》,对"辩诉交易"作了明文规定。从此,"辩诉交易"在美国得到广泛应用。据统计,目前,联邦和各州约90%的刑事案件是以"辩诉交易"结案的。2000年9月13日,曾经轰动一时的美籍华裔科学家李文和"间谍案"基于控方与被告人李文和2000年9月10日达成的"辩诉交易"而在新墨西哥州的阿尔伯克基联邦法院宣判,李文和被当庭释放。而引起世界广泛关注的微软公司违反反垄断法一案,微软公司和美国司法部也于2001年11月达成了"辩诉交易"。"辩诉交易"对于提高诉讼效力、保护被害人隐私、惩罚和教育被告人(该制度避免犯罪嫌疑人因证据不足而被释放)等方面都有积极的意义,应移植!

【案例107】 行政听证制度的借鉴

1996年3月第八届全国人大四次会议通过了《行政处罚法》。自同年10月1日起施行。据1997年4月11日《北京晚

第七章 法的继承与移植

报》载,4月4日北京市首次举行了劳动行政处罚听证会。市劳动监察大队和北京磁气应用电子有限公司的代表出席听政。听证会由北京市劳动局法规处主持,该会进行近两个小时,在公开、公正、民主的气氛中进行,调查人和当事人双方充分陈述各自理由,主持人将根据双方陈述理由写出意见,待研究后做出是否处罚的决定。《行政处罚法》规定:"公民、法人或者其他组织对行政机关所给予的行政处罚,享有陈述权、申辩权;对行政处罚不服的,有权依法申请行政复议或提起行政诉讼。"该法还规定,行政机关做出较大数额罚款等行政处罚决定之前,"应告知当事人有要求举行听证的权利;当事人要求听证的,行政机关应当组织听证。当事人不承担行政机关组织听证的费用"。这一法律还专门规定了听证程序。

提示与讨论

听证制来源于西方国家,尤其是美国。据美国《布莱克法律辞典》关于听证的释义中说明:"听证在立法和行政机构中广泛使用,可以是裁定性(adjudicative)或仅是调查性的。裁定听证可以在普通法院中申诉。国会委员会在制定立法前常实行听证;这些听证从而成为立法史的重要渊源。"[1]与美国听证制不同,中国听证制仅适用于行政机关的行政处罚领域中。这一制度的健全运行将促进我国的社会主义民主。

【案例108】 罪刑法定原则"引进"中国

1979年制定的《刑法》,由于当时历史条件,规定了与罪刑法定相对称的类推适用,"本法分则没有明文规定的犯罪,可

---

[1] Henry Campbell Black, M. A., *Black's Law Dictionary*, 5th ed., St Paul Minn: West Publishing Co., 1979, p.649.

>>>> 案例 法理学

以比照本法分则最相类似的条文定罪判刑，但是应当报请最高人民法院核准"（第79条）。1997年修订后的《中华人民共和国刑法》第3条规定："法律明文规定为犯罪行为的，依照法律定罪处刑；法律没有明文规定为犯罪行为的，不得定罪处刑。"原刑法规定的"类推适用"被删除。在中国刑事立法史上，这一修改是一个重大的进步，受到社会舆论的普遍赞扬。

提示与讨论

意大利的贝卡利亚在1764年因发表《论犯罪与刑罚》小册子而名闻全欧，被后世奉为刑事古典学派创始人。在这一小册子中，他谴责封建刑事制度，倡议许多进步的的刑事学说，其中之一即罪刑法定原则，即犯罪和刑罚应有法律明文规定，法官不能任意解释，不容许类推。1789年的法国《人权宣言》第8条也规定："法律只应规定确实需要和显然不可少的刑罚，而且除非根据在犯法前已经通过并且公布的法律而合法地受到科处，不得处罚任何人。"第1条已将"罪刑法定"与"法律不溯及既往"的原则联在一起。1949年联合国通过的《世界人权宣言》（第11条）以及1966年联合国通过的《公民权利和政治权利国际公约》（第15条）都规定了"罪刑法定"原则。

第八章 法律程序

法的程序是指人们进行法律行为所必须遵循或履行的法定的时间和空间的步骤和方式。法律行为包括由国家权力参与并主导其间的行为，如选举行为、立法行为、行政行为、司法行为、监督行为等，也包括由普通社会关系主体做出的一定法律行为，如契约行为、监护行为、婚姻行为等。法的程序就是针对上述各种法律行为而提出的时间要求和空间要求。时间要求包括时序和时限，时序是法律规定的做出不同行为的先后顺序，时限是法律规定的完成一定行为的时间长短。空间要求是法律对行为主体、行为条件、行为方式等所做的要求，即规定一定的行为由谁做出、在何种条件下做出以及采取何种方式做出等。

第一节 法律程序的意义

在我国传统法律文化中，法的程序问题不受重视，重实体、轻程序的现象十分突出。在新中国成立后很长一段时间里，这种状况依然没有得到根本的转变。一方面，立法机关不重视程序法的创制工作，执法机关和司法机关不注重严格按法定程序办事；另一方面，法学理论界也不重视法的程序问题的研究，甚至对法的程序抱有种种不正确的看法。与中国的情况形成鲜明对比的是，西方自建立近代意义的法治以来，注重法的程序性就是一绵延不绝的传统。例如美国宪法竟有两条修正案规定了"正当程序"条款；英国的法学家们相信：只要你遵守细致规定的、光明正大的诉讼程序，你就几乎有把握获得公正的解决方法。那么，正当的法律程序对现代法治有什么意义呢？

在现代法治中，法的程序不仅具有工具性价值，而且具有独立的作为目的的价值。就是说，法的程序不仅能够促进正义、安全、秩序等外在实体价值目标的实现，而且它本身就蕴含着符合正义要求的内在优秀品质，是一种具有独立价值的实体。因此，正当的法的程序被看作是现代法治的基石。基于这种认识，我们可以把正当程序在现代法治中的意义归纳为以下几个方面。

第一，正当的法的程序能够有效地控制国家权力并实现人权。

通过控制国家权力以保障和实现人权是现代法治的本质特征之一。一切正当程序都具有明显的"控权"功能。正当程序具有公众参与性、过程公开性以及因角色分化独立所带来的抗辩性和交涉性等特点，从而使公众有机会通过公开方式与官员进行说理、争论、协商、抗辩和交涉，以防止官员滥用权力践踏自己的正当权利。因此，"程序的实质是管理和决定的非人情化，其一切布置都是为了限制恣意、专横和裁量"。[1]罗伯斯庇尔就曾说过："刑事诉讼程序，一般来说，不过是法律对于法官弱点和私欲所采取的预防措施而已。"[2]可见，正是程序创

---

[1] 季卫东："法律程序的意义"，载《中国社会科学》1993年第1期。
[2] [法]罗伯斯庇尔著，赵涵译：《革命法制与审判》，商务印书馆1986年版，第30页。

造了一种"以权利制约权力"的法律机制。20世纪以来，程序的"控权"功能得到了强化，尤其是在行政权行使的领域，单一的实体控权模式为"实体—程序"控权模式所取代，已成为世界性潮流。[1]

第二，正当的法的程序能够保障人的选择符合理性要求。

法律是抽象的规范，把抽象的法律规范适用于具体的事件，是通过选择来完成的，而选择是与程序联系在一起的。从某种意义上说，程序就是为了做出法律性选择而预备的相互行为系统。正当程序能从四个方面保障选择合乎理性。首先，程序的结构主要是按照职业主义的原理形成的，专业训练和经验积累使法律程序主导者的行为趋向合理化、规范化。其次，程序一般是公开进行的，这使得决策过程中出现的错误容易被发现和纠正。再次，程序创造了一种根据证据材料进行自由对话的条件和氛围，这样可以使各种观点和方案得到充分考虑，实现优化选择。最后，通过预期结果的不确定性和实际结果的拘束力这两种因素的作用，程序参加者角色活动的积极性容易被调动起来，基于利害关系而产生的强烈的参与动机将促进选择的合理化。

第三，正当的法的程序能够实现形式合理性或形式正义。

一个法律规则或法律决定在实质上是否公正合理，常常因为不同人的道德价值观念、文明进步程度、风俗习惯及个人信仰的不同而在评价上有所差异。因此，实质正义往往难以实现，人们希望通过法律（实际上是通过程序）实现的正义只能是形式正义。一项法律规则只要对它所管辖的一切人不偏不倚、一视同仁，那么，它就会被人们认为是正义的；反之，"任何做

---

[1] 孙笑侠："论新一代行政法治"，载《外国法译评》1996年第2期。

法，只要与人们认为是属于正当法律程序的方法——例如不偏不倚和公平听证——相违背，都被认为是有失公平的"。[1]所以，从形式上看，正义就是合法性，判断结果是否正当要看该结果的产生过程是否遵循了正当程序。正当的法律程序能够满足人们对形式合理性或形式正义的要求，从而唤起人们对法律的信仰。在正当的、合理的法律程序中，正义是以人们看得见的方式得以实现的，因此，即使是承受了不利结果的主体也会因为在程序上受到公平对待而认同和接受这一结果。这正是正当程序的魅力所在。德国学者马克斯·韦伯在《经济与社会》一书中曾提出，历史的发展方向是形式合理性而不是实质合理性，最发达的法律形式应该具备形式合理性。根据这一理论可以预言，正当程序在法律的发展过程中将发挥越来越重要的作用。

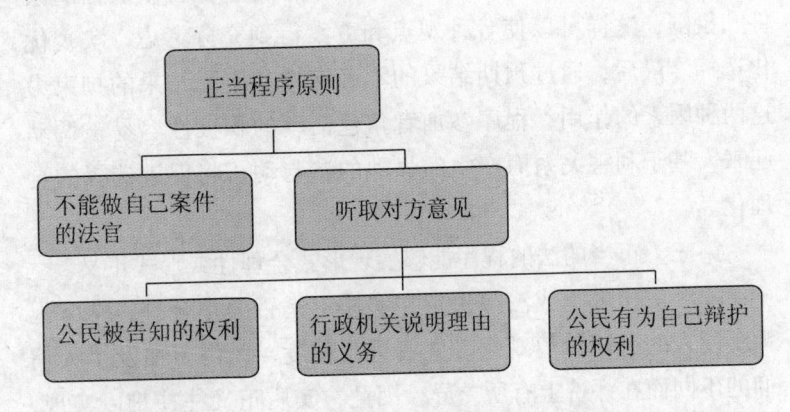

```
                    正当程序原则
                   /            \
          不能做自己案件      听取对方意见
            的法官           /     |      \
                    公民被告知的权利  行政机关说明理由  公民有为自己辩护
                                   的义务          的权利
```

【案例109】 公安机关是否有权裁决损害赔偿

2014年5月16日晚9时许，D县县城兴发米店店主史某与

---

[1] [美]彼得·斯坦等著，王献平译：《西方社会的法律价值》，中国人民公安大学出版社1990年版，第75页。

邻居文某、古某夫妇发生争吵。争吵中,古某揪住史某的头发,文某用扫帚殴打史某,附近的荣某、曾某见状,上去劝说。文某从店里拿出一根扁担往外冲,被附近群众拦阻,后文某的弟弟也来到该地,与文某一起手拿木棍追打曾某、荣某夫妇。经群众报警,公安人员及时赶到现场才制止住。经鉴定,史某、荣某均为轻微伤丙级。5月19日,D县公安局做出治安管理处罚裁决书,给予古某和文某治安拘留5天,并处罚款500元的行政处罚,同时还作出赔偿损失、负担医疗费用的裁决书,裁决由文某负担史某、荣某医疗费550元。文某、古某不服裁决向地区公安局申请复议,地区公安局做出复议决定,维持原裁决。文某、古某遂向法院提起诉讼。公安机关是否有权裁决损害赔偿?

提示与讨论

法院审理认为:D县公安局认定文某、古某具有殴打他人的行为,事实清楚,证据确凿,其对文某、古某的处罚适当,但裁决文某负担损害赔偿则无法律依据,判决如下:维持D县公安局分别对文某、古某治安拘留5天,并处罚款500元的行政处罚决定;撤销D县公安局对文某负担医疗费用的裁决。

公安机关对因民间纠纷引起的打架斗殴和毁损他人财物等治安案件,拥有治安处罚权,但必须强调的是公安机关对此类案件的经济损害赔偿则是无法进行裁决的。我国《治安管理处罚法》第9条规定:"对于因民间纠纷引起的打架斗殴或者损毁他人财物等违反治安管理行为,情节轻微的,公安机关可以调解处理。"公安部发布的《关于公安机关贯彻实施〈行政诉讼法〉若干问题的通知》第12条明确规定:"公安机关对因民间纠纷引起的打架斗殴和毁损他人财物等治安案件,除对违反治安管理的行为调解或裁决外,对造成的损失和伤害,需要赔偿

▶▶▶ 案例 法理学

和负担医疗费用的,可以进行调解处理。调解时应制作调解笔录。对调解不成或调解达成协议后反悔的,应告知双方当事人到人民法院按民事案件起诉。"

由此可见,公安部按照《治安管理处罚法》第9条的规定,对因民间纠纷引起的打架需要负担医疗费用的处理方式,在《关于公安机关贯彻实施〈行政诉讼法〉若干问题的通知》中作了明确的规定,即公安机关只有权对违反治安管理的行为进行调解或裁决,至于在损害赔偿方面,公安机关只能进行调解,而无权予以裁决。D县公安局在处理本案的医疗费时,违反了上述规定,所以,法院依法撤销其裁决是正确的。

【案例110】公安机关执行罚款处罚应遵循什么样的程序

胡某,K县公安交通管理局交警,每天执勤,负责K县东风大道的交通秩序。该路段经常有人骑自行车载人,对此胡某常当场对骑车人进行教育,对于屡教不改的,做出罚款10元的处罚。但是对于这类罚款,除非被处罚的骑车人要求,胡某一般不主动开具罚款收据,罚款所得的钱款,胡某也只是把开具了收据的部分上缴。骑车违章的人考虑到自己违章在先,感觉对胡某的行为表示异议有些理不直气不壮,也就没有向交通管理局反映。对发生在该路段的机动车违章,无论罚款数额是多少,胡某总是要求司机当场缴纳罚款,否则不予放行,而缴纳罚款后得到的罚款收据所载数额总是与实际缴纳的金额存在多少不等的差距。对和自己有交情的司机,即使违章,胡某也不予以纠正、处罚。胡某还经常没有正当理由的拦截正在行驶的汽车,要求进行检查,司机稍有申辩,就被罚款处罚。这让K县很多司机都非常不满。一段时期内,K县交通管理局接到了几十封反映胡某问题的检举信,这引起了交通管理局的高度重视，通过走访调查，对检举信中的问题有了明确的结果。最后，交通管理局按照有关规定对胡某做出了行政处分。胡某在执勤中的行为有哪些地方违反了法律的规定？什么是罚款决定与罚款收缴分离制度？胡某对于上述交通违法行为所做的罚款处罚决定应该怎样执行？

提示与讨论

胡某在交通执勤中违反法律规定的行为主要有：①当场收取罚款不主动开具罚款收据，开具收据的不如实填写罚款数额；②收缴的罚款不如数全额上缴国库；③不按规定作处罚决定，对罚款决定不实行罚款决定与罚款收缴相分离；④违反规定拦截、检查正常行驶的车辆；⑤不履行法定职责，不按规定对交通违法行为做出处罚。

罚款决定与罚款收缴分离制度，是针对罚款决定设定的一项专门制度，除了依据行政处罚法的规定可以当场收缴的罚款以外，做出罚款决定的行政机关应当与收缴罚款的机构分离。其目的在于加强对罚款收缴活动的监督，保证罚款及时上缴国库，治理行政处罚中的乱罚款行为。为此，国务院于1997年11月19日发布了《罚款决定与罚款收缴分离实施办法》，规定由"经中国人民银行批准由代理收付款项业务的商业银行、信用合作社"进行代收罚款活动。具体代收机构由县级以上地方人民政府组织本级财政部门、中国人民银行当地分支机构和依法具有行政处罚权的行政机关共同研究，统一确定。要施行金融机构代收罚款，需要满足一定的条件：①被处罚人自动履行；②给付的内容为金钱；③不需要当场执行。《行政处罚法》第47条规定了执法人员可以当场收缴罚款的情形，包括罚款数额在20元以下的，以及不当场收缴事后难以执行的。交通违法行为的罚款处罚决定的执行程序较为特殊，因为其中既包括可以当场收缴罚款的情形,也包括可以施行罚款决定与罚款收缴分离的情形。因此,对于交通违法行为处罚决定的执行,首先要确定是否可以当场收缴。可以当场收缴的,由执法人员当场依照法定程序收缴,并出具收据。不能当场收缴的,做出罚款决定的同时还要告知被处罚人到指定的代收罚款的金融机构缴纳,由代收机构收取。在本案中,胡某执勤时对交通违法行为人所做的罚款处罚决定,包含了可以当场缴纳的罚款决定和应当由金融机构代收的罚款决定两类。对骑车载人行为人的罚款决定,由于其罚款数额低于20元,可以当场收缴,现场出具罚款收据即可。当场缴纳的罚款,执法人员应当自收缴罚款之日起2天内交到行政机关。对机动车的罚款决定,只要不是数额低于20元,事后执行不存在困难的,都应当向被处罚人告知代收罚款的机构的名称、地址和应缴纳的罚款数额、期限,让被处罚人前去缴纳。该罚款由金融机构直接上缴国库。

【案例111】未履行听证程序的处罚是否有效

某日,湖南省冷水江市耐火材料厂个体驾驶员朱某驾驶跃进牌双排客货车,从耐火材料厂往市总工会停车场方向行驶。冷水江市乡镇企业局职工刘某骑两轮摩托车从盐业公司出发,带领两个孩子去公园。两车同向行驶,当行驶至金竹西路新境界娱乐城地段时,朱某驾车右拐弯往新境界娱乐城方向行驶且靠公路右侧边缘,刘某见朱某驾车右拐弯,自己不能继续向前行进时,急忙刹车。但因车速较快再加上刘某驾驶经验不足,摩托车制动不住,撞至路边的栅栏上并侧翻在地,造成摩托车严重损伤,一名孩子当场死亡,刘某及另一名孩子伤势严重。冷水江市交警大队根据事故现场及有关调查情况,对照《道路交通管理条例》(该条例现已废止)有关规定认定朱某应对事故负同等责任,并根据《道路交通事故处理办法》(本办法现已废止)和《行政处罚法》的规定对朱某做出行政处罚:吊销其驾驶执照并处200元罚款,并在处罚决定前告知了做出处罚的事实、理由和根据。朱某不服,向冷水江市人民法院提起行政诉讼,法院受理了此案。经审,冷水江市人民法院认为交警大队事实清楚、证据确实,但没有履行听证程序,属于程序违法,根据《行政诉讼法》第54条的规定,判决撤销冷水江市交警大队的行政处罚并判决其重新做出行政处罚。没有履行听证程序,对处罚决定会造成什么后果?

提示与讨论

《行政处罚法》第41条规定:"行政机关及其执法人员在作出行政处罚决定之前,不依照本法第31条、第32条的规定向当事人告知给予行政处罚的事实、理由和依据,或者拒绝听取当事人的陈述、申辩,行政处罚决定不能成立;当事人放弃陈述或者申辩权利的除外。"听证是一种最为正式的听取当事人陈述和辩解的方式,如果对于相对人要求听证的,行政机关不举行听证,那么根据上述规定,处罚决定不能成立。

本案中,冷水江市交警大队根据交通事故责任认定书,对耐火材料厂驾驶员朱某作出行政处罚:吊销其驾驶执照并处罚款200元。吊销许可证或者执照是一种对当事人的权益影响极大的行政处罚,是指行政机关对持有某种许可证或者执照的当事人,在其行为违反了许可证或者执照的使用要求时所给予的撤销许可证或执照,使当事人丧失从事某种许可的活动的资格或者权能的行政处罚。根据《行政处罚法》第42条的规定,行政机关在作出责令停产停业、吊销许可证或者执照、较大数额罚款前应举行听证。因此在吊销朱某的驾驶执照处罚决定做出前,交警大队虽告知了处罚的事实、理由和根据,但是没有告

>>> 案例 法理学

知朱某有要求举行听证的权利,侵犯了朱某的听证权。因此,从法律程序上来说此处罚决定属于有瑕疵的行政行为。朱某根据《行政诉讼法》第11条第1款第1项,人民法院受理"对拘留、罚款、吊销许可证和执照、责令停产停业、没收财物等行政处罚不服的"案件的规定,向冷水江市人民法院提起行政诉讼。法院认为交警大队虽然认定违法事实清楚、证据充分,但没有履行听证程序,属程序违法,依据《行政诉讼法》第54条第2款"具体行政行为有下列情形之一的,判决撤销或者部分撤销,并可以判决被告重新做出具体行政行为:……违反法定程序的"的规定,判决交警大队吊销许可证并罚款200元的处罚决定无效,并判决其重新做出行政处罚。

【案例112】深圳市公安局依照法定程序查处英国人 Craicen 妨碍公务案

2002年5月初,英国公民 Craicen(男,1938年6月3日出生)与自称为其妻的中国女子郭建华同邻居发生纠纷。其所在辖区深圳市公安局雷岭派出所在对 Craicen 口头传唤遭到拒绝后,进行书面传唤,但 Craicen 在郭建华的怂恿下,仍然拒绝传唤,并将传唤通知书及存根抢走。随后,南山公安分局民警到 Craicen 家查验护照,也遭到拒绝。经查,Craicen 也未按规定到当地派出所申报住宿登记。

2002年7月31日,深圳市公安局出入境管理处民警及派出所民警再次到 Craicen 家,出示工作证后,要求查验其护照,但 Craicen 仍然拒绝查验护照。民警向其解释了《中华人民共和国外国人入境出境管理法》(该法已于2012年被废止)的有关规定,告知其拒绝查验证件是违法行为。但此时的 Craicen 依然态度恶劣,拒绝合作,期间郭建华还有推打民警的行为(均有录像为证)。在此情况下,民警对 Craicen 和郭建华两人实施强制传唤。

经审查,Craicen 认识到自己行为已违反了《中华人民共和国外国人入境出境管理法》的有关规定,愿意接受公安机关处罚。当日,深圳市公安局对 Craicen 拒绝查验证件和未申报住宿登记的行为,根据《中华人民共和国外国人入境出境管理法实施细则》(该细则于 2012 年与《中华人民共和国外国人入境出境管理法》一同被《中华人民共和国出境入境管理法》废止)规定做出如下处理:合并处以人民币 1 000 元的罚款并缩短停留期限,同时上报公安部六局将其列入不准入境人员名单,对郭建华屡次妨碍公安机关执行公务的行为,根据《治安管理处罚条例》(2006 年被《治安管理处罚法》废止)的有关规定,处以治安拘留 15 日的处罚。

提示与讨论

依法处理,维护法律尊严。深圳市公安局出入境管理处充分运用法律手段,对违反《外管法实施细则》、《治安管理处罚条例》的英国人,坚决果断处理,维护了我国法律的尊严。依照法定的程序(表明身份、履行告知义务、听取陈述和申辩等)办案。收集证据,防止外交纠纷。在事件的处理过程中,公安机关做好了现场录音、录像等取证工作,证据充分,防止被动。

第二节 法律程序的分类

法的程序是以法律行为作为规范对象的(关于法律行为,法学界有广义和狭义两种理解。广义的法律行为包括合法行为和违法行为,狭义的法律行为仅指合法行为。此处所说的法律行为是狭义的,因为违法行为是无法定程序可言的,其本身往往就是违背法定程序的)。根据行为的主体、内容和性质的不同,可以把法律行为分为选举行为、立法行为、行政行为、司法行为、监督行为和一般法律行为六种。在前五种行为中,由国家权力介入其间并发挥着主导作用;而后一种行为即一般法律行为,是普通社会关系主体基于各自的权利和义务而做出的行为,没有国家权力介入其中。以法律行为的分类为基础,可以相应地把法的程序划分为以下六种。

第一,选举程序,即关于选举国家代表机关和国家公职人员的法定程序。根据《宪法》和《选举法》的有关规定,选举程序大体上包括划分选区、选民登记、代表候选人的提名、投票选举、宣布选举结果等几个阶段。在选举活动中,主要应遵循以下几项基本原则:①选举权和被选举权的普遍性,即凡年满18周岁的我国公民,除依法被剥夺政治权利的人外,不分民族、种族、性别、职业、家庭出身、宗教信仰、教育程度、财产状况和居住期限,都享有选举权和被选举权;②选举权的平等性,即每个选民在一次选举中只有一个投票权;③直接选举和间接选举并用,即不设区的市、市辖区、县、自治县、乡、民族乡、镇的人民代表大会代表,由选民直接选出;全国人民代表大会代表,省、自治区、直辖市、设区的市、自治州的人民代表大会代表,由下一级人民代表大会选出;④无记名投票,即选举人在选票上不写自己的姓名,秘密填写选票并亲自将选票投入加封的票箱;等等。

第二,立法程序,即有关国家机关制定、修改、补充或废止法律、法规的程序。我国的立法程序大体上可以分为四个阶段:①法律议案的提出,即依法享有专门权限的国家机关或个人向立法机关提出有关的法律议案或关于制定、修改、补充、废止某项法律的建议;②法律草案的审议,即立法机关对已列入立法日程的法律议案进行审查和讨论；③法律议案的通过，即立法机关对于经过审议的法律议案进行表决并正式表示同意；④法律的公布，即立法机关依照法律的规定将获得通过的法律公之于众。

第三，行政程序，即行政机关依照法定职权实施行政行为的程序。行政行为种类繁多，涉及面广，不同的行政行为所应遵循的程序往往有所不同。例如，根据《治安管理处罚条例》（于2006年被《治安管理处罚法》废止）第34条的规定，公安机关实施治安管理处罚行为的程序包括传唤、讯问、取证、裁决四个阶段。又比如，根据《行政复议条例》（于1999年被《行政复议法》废止）的有关规定，行政复议程序则包括申请、受理、审理、决定四个阶段。

第四，司法程序，即司法机关运用法律处理具体案件的程序。司法程序实际上就是诉讼程序，二者都是指司法机关在当事人和其他诉讼参与人的参加下解决案件争议所应遵循的程序。从司法机关角度看，是司法程序；从当事人角度看，则是诉讼程序。而且，世界各国在立法上都是用同一程序法来规定司法程序和诉讼程序的。我国的诉讼程序主要由民事诉讼程序、行政诉讼程序和刑事诉讼程序三方面组成。三种诉讼程序都要经历起诉、审判、执行三个主要阶段（刑事诉讼程序还包括侦查）。由于三种诉讼程序各具特色，因此，各自都要遵循一定的特殊原则。但是，三种诉讼程序又有某种程度的共性，所以，又都要遵循诉讼的普遍原则。这些普遍原则主要包括：①以事实为根据、以法律为准绳的原则；②公民在适用法律上一律平等的原则；③司法机关依法独立行使职权的原则；等等。

第五，监督程序，即执行法律监督职能的国家机关从事监督活动的程序。在我国，权力机关、行政机关和司法机关都有权进行法律监督活动,这三类国家机关从事监督活动的方式和步骤各不相同。我国权力机关监督的主要方式有:听取和审议"一府两院"的工作报告或专题报告、处理公民申诉案件、执法检查和视察工作、提出质询、改变或撤销不适当决定、罢免等。行政机关监督的主要方式有行政监察、行政复议、行政检查等。司法机关监督的主要方式有审判监督和检察监督两种。目前,我国有关监督程序方面的立法还不够完善,在许多重要问题上尚处于无法可依状态,因此,制定一部专门的《中华人民共和国监督法》已经迫在眉睫。

第六,一般法律行为程序,即普通社会关系主体从事一般法律行为的程序。对于一般法律行为是否必须遵循一定的法律程序,法律的要求不尽相同。有的一般法律行为,法律允许行为人根据实施行为的具体情况自主选择行为的方式和步骤,法律不为其特设一定的程序。有的一般法律行为,法律则要求行为人按照法定的方式和步骤来进行。这种针对一般法律行为而设定的方式和步骤,就是一般法律行为程序。例如,根据有关法律、法规的规定,签订合同必须经历要约和承诺两个步骤,而且,非即时清结的合同必须采用书面形式;口头遗嘱、录音遗嘱、代书遗嘱应当有两个以上无利害关系的人在场证明;买卖房屋必须经房管部门过户登记;涉外民事法律行为必须公证;开办中外合资、合作企业的协议必须经国家主管机关批准;等等。

【案例113】 确立法案"三审制"——用程序确保立法的民主与科学

在两审制确立后,随着立法步伐的不断加快,提交全国人大常委会审议的法律草案逐年增多,有时一次会议就需审议近十部法律，这就使得审议每部法律案的单位时间下降。与此同时，随着立法日益走向深层次和专业化，审议难度越来越大，仅仅两次审议，很难消化和解决那些极其复杂的立法难题。"审议时间不足"问题再次凸现出来。

在这种背景下，第九届全国人大常委会借鉴法制发达国家的"三读"（"三审制"）程序，即审议法律草案，一般需三次会议后方能通过。这一意义深远的程序制度改革，成功塑造了一种逐次深入的审议层次：一审，听取提案人对法律草案的说明，进行初步审议；二审，在经过充分的调查研究后，围绕法律草案的重点、难点和分歧意见，进行深入审议；三审，在听取审议结果报告的基础上，对法律草案修改稿再作审议，如意见不大即付表决。

提示与讨论

"立法议案的审议"是我国立法程序的重要环节。立法程序的完善与进步有诸多方面，引人注目，可圈可点。其中上述"三审制"就是一个比较显著的方面。立法的关键和实质环节就是审议，审议活动不走过场，严肃认真、深入扎实，才能够保障有质量的立法文件得以出台。而立法审议活动的难点在于利益的协调。在一定范围和层次上存在利益的对立和对抗或者说矛盾，是立法调整的前提和基础，立法就是要在矛盾问题上"划杠杠"，立法中争执不下、互不相让，也是因为利益的协调与妥协难以达成。有鉴于此，就必须寻求依赖于立法程序的保障。

三审制度，适应了我国利益格局不断复杂化的社会变迁趋势，可以由浅及深，不断固化立法代议人员的一致认识，不断清理和界定立法过程中的分歧焦点，加之我国实行的统一审议、听证会等制度的协调配合，将促进立法对于法案审议的充分、平等、效率的实现，体现出立法的法制化对于立法的民主化与科学化的维护以及民主化、科学化对于法制化，特别是立法程序法制化的依存。常委会审议的法律草案原则上都在中国人大网上公布，重要法律草案还在主要新闻媒体上公布，广泛征求社会各界的意见，同时健全吸纳公众意见反馈机制，积极回应社会关切。这既是扩大人民有序参与立法的过程，也是科学决策、民主决策的过程，还起到了普及法律知识的作用。如2011年《个人所得税法修正案（草案）》公布后，收到23万多条意见，在综合考虑各方面意见的基础上，经过反复协商和充分审议，常委会对草案做出重要修改，将工薪所得减除费用标准提高到3 500元，并降低了工薪所得第一级税率。全国6 000万人因此不再纳税，税负减少约2 000亿元。在中国人大网上，有8万多网民针对这一法律草案提出23万多条意见，创下当时立法征求意见数量之最，[1]充分体现对民意的充分尊重和审慎考量。

【案例114】"听证制"引入立法机关——在观点交锋中选择最佳方案

1999年9月，广东省人大常委会召开了共和国立法史上第一次立法听证会，邀请20名各方人士，就《广东建设工程招标投标管理条例》修订草案进行了立法听证。这种开门立法的做法，取得了极佳的效果。事后，这部地方性法规的一些条款正是根据听证会上的意见进行了更改。

---

[1] 资料来源：http://www.chinadaily.com.cn/hqzx/2014qglianghui/2014-03/10/content_17343729.htm，访问日期：2014年7月20日。

第八章　法律程序

📚 提示与讨论

　　立法听证是民主立法的保障程序之一，是指立法机关在立法审查阶段，就某项立法提案要不要制定为法律，或在法律草案起草审议中就法律条款的内容，以公开举行会议的形式，邀请政府官员、专家学者以及相关的利害关系人等陈述意见，并根据这些意见做出立法决策的程序。立法听证使公民能直接面对立法者口头直陈意见，而且有不同意见的辩论，使公民的意见能直接影响立法者。

　　从 1999 年 9 月广东首开立法听证之先河，直至《立法法》将其确立为一种规范化的立法前期运行过程中的环节阶段（尽管并非每一项立法都经历的必要程序），立法听证已经得到重视和普遍的接受。截至目前，全国各地举行的立法听证会已达 30 余次。相比我国长期使用的座谈会等征求意见的立法活动形式，听证会是一种更严格的法定程序。《立法法》规定了立法听证程序，是对我国和国际上行之有效的立法实践中贯彻民主精神的立法经验的法律肯定。凡是制定与公民权利义务有关的法律、法规，都应举行听证会。听证会必须邀请与该法律规范有利害关系的人参加，听取他们的意见。立法听证在实现立法民主、提升立法质量等方面正在发挥着重要的作用。

　　不可否认，立法是一种事关全局的重大的政治决策形式，而信息则是决策的基础。古人有云，兼听则明。立法听证可以促使立法主体在各种意见的交锋中做出正确的立法选择、立法决策。因为通过立法听证，社会公众则可以充分、有效地表达自己的愿望和意志。在整体上，立法听证的活动方式的采用，使立法主体、社会公众共同参与其中，这对于加快我们国家的整个民主法制进程，必将产生积极的推动作用。作为一种更加公开的民主立法程序，立法听证的目的在于以程序公开保证立法公正。

【案例 115】 沈阳律师声援"宝马撞人案"庭审程序严重违法

2003年10月16日,哈尔滨市菜农代义权与其妻刘忠霞驾驶着满载大葱的农用拖拉机赶往附近菜市场,车行至人才市场门前时,为避让迎面驶来的一辆面包车,与停靠在路边的牌照为黑AL6666号的宝马轿车发生剐蹭,接着发生了车主苏秀文驾宝马车撞死1人伤12人的事件。

2003年11月20日,苏秀文因交通肇事罪,被哈尔滨市道里区人民法院判处有期徒刑2年,缓刑3年。这个判决在民间引起了极大的争议,但她犯下的1死12伤的罪行没有也不会有任何争议。而没有争议的罪行却得到争议极大的判决,这恰恰是这一事件倍受社会和网络关注的原因。

提示与讨论

司法救济是人民解决纠纷的最终、最有力的途径,它关系老百姓的人身、财产等权利,也是人们树立法律信仰的一面镜子。然而,司法救济的结果必须是司法公正(包括司法实体公正和司法程序公正),否则也就没有了人们对司法的信赖。要做到司法实体公正,首先必须做到司法程序公正,后者是前者的保障和前提。"哈尔滨宝马案"庭审实录经《沈阳今报》披露后,在全国引起强烈反响。社会各界对漏洞百出的"宝马案"庭审过程纷纷提出质疑,也有人对媒体可能对审判造成的影响提出意见。辽宁大义律师事务所宋省友律师看罢"宝马撞人案"的庭审实录后,认为此案的审判程序存在严重问题。

第一,公诉机关在庭审时,证人没有对26份证人证言当庭指证,这违反了诉讼程序。根据我国《刑事诉讼法》的有关规定,指证查实无异后,才能作为法院定案的依据。而事实是,当天的庭审没有一个证人当庭指证。被害人的丈夫代义权既是被害人,又是最有力的证人,然而他却没有出现在当天的庭审过程中陈述事实。

第二,法医鉴定的"刘忠霞系生前与机动车相互作用致严重颅脑损伤、脑干琐碎而死亡"的结论没有道理。这个鉴定违背事实,违反法律,违反逻辑。宋律师表示,他当律师这么多年,从未听说过"人与车相互作用致人死亡"的说法。从事实上来说,被告人苏秀文是开车撞的人,而不是被害人刘忠霞主动撞的车。只能说是刘忠霞受外力作用导致损伤,这才合理。所以,法医的鉴定不符合事实,有明显问题。

第三,此案的诉讼主体有问题。换句话说就是,原审法院剥夺了被害人家属代义权的诉讼权利。从法律上讲,被害人是一个独立的诉讼主体,代义权可以代替妻子刘忠霞出庭诉讼。而事实上却是,庭审中并没有让被害人出庭。这是极不正常的,是严重的程序违法。

第四,被告人苏秀文的辩护律师曾经围绕着案发后苏秀文能够主动向到场的交警说明情况这一主题进行辩护,并认为苏的这种行为属于自首,理应从轻处罚。宋律师认为,这样辩护根本就是无稽之谈。只要是稍懂一点儿法律的人都会知道,交通肇事后,司机都有保护现场、主动报警的义务,这是一个司机正常的职责范围,是司机应该做的。这和自首根本扯不上关系。相反,如果肇事司机不这么做,那就是逃逸。

辽宁金河律师事务所李振革律师对"宝马撞人案"中的公诉机关职责提出质疑。第一,公诉机关的职能是代表国家指控犯罪。而在本案中,公诉机关却换位了,充当了一个辩护人的角色。在庭审过程中,公诉人曾三次就被告人停车时车的档位问题进行询问，其中带有明显的诱导倾向。比如提示性地问"车被刮时，是正在行驶，还是停靠"等。按照常理，在诉讼过程中，公诉人向被告人发问，应该从指控被告人有罪或罪重的角度发问。此时，被告人的辩护律师应申请审判长对公诉人诱导性的发问予以制止。而在本案中，公诉人却一反常态地诱导被告人做最轻罪的回答，直到被告人回答"对车的性能不了解"时，公诉人才满意收场。

第二，在整个庭审过程中，公诉人在法庭调查阶段，有明显的先入为主倾向。如公诉人在询问"如何启动宝马车时"，见被告人无法回答，此时的公诉人本应询问"是向前冲还是向后倒"，但公诉人却加了一句，"你又采取了什么措施"，明显地诱导被告人想到"刹车"两个字。检察院在起诉书中已审理查明，事发后苏秀文存在辱骂代义权夫妻的事实。奇怪的是，在后来的庭审过程中却突然颠倒成了"围观群众都在指责四轮车"。还有，在庭审刚开始时，苏秀文还可以清晰地回答公诉人的问话，但在公诉人一系列的诱导之下，被告人苏秀文却突然对所有的询问都不清楚了。

第三，更让人难以理解的是交警在本案中所起的"特殊"作用。苏秀文在最初的笔录中曾说自己经常驾车。可在庭审中，交警提供的证据却代替被告人翻供。最终苏认定自己"不会开车"。

第四，在本案中，交警存在严重的程序违法。事发当天，代义权在哈尔滨市道里区交警大队做笔录时，就指控苏秀文"故意杀人"。但交警却未按这种指控调查，而是直接按交通肇事调查。按照《刑事诉讼法》的有关规定，涉及刑事犯罪的，公安部门应移交到刑事侦查部门。但在本案中，交警并没有按法定程序办事，而是以"交通肇事"来调查。

第八章 法律程序

辽宁四洋律师事务所王琦律师认为：苏的口供多处矛盾，庭审不排除避重就轻。从基本事实来看，这不是简单的交通肇事案。因为这是来自双方争吵后上车又启动车而产生的后果。那么，这种1死12伤的后果就有两种可能：一是涉嫌交通肇事罪；二是故意杀人罪或是故意伤害致死。从庭审情况看，尽管存在着一些程序问题，但就苏的口供来看，存在着多个自相矛盾之处。如"一般习惯挂在停车档上"与"对车的性能不了解"，倒车应踩刹车还是油门等。这些问题的存在都涉及以上罪名，应以事实确认。

从庭审情况看，不排除有避重就轻的可能。判交通肇事罪，是根据驾驶技术不太好、因为找不到刹车而定的，如果当时倒车时就是踩在刹车上，而事实是踩在油门上，就证明倒车的事实是不存在的。无论当时苏秀文上车时是否说了"我要撞死你"，其行为如果是开车向前行驶，而不是向后倒车，主观上就存在一种故意，即对车前人的死伤采取了放任态度。犯罪事实的合理怀疑无法排除。

【案例116】侦察员程序违法能否认定被告有罪

侦查员王某接群众举报，薛某现正非法运输鞭炮，侦查员王某等三人遂迅速出警。当驾车追其至邻县某一村庄时，薛某因车陷入泥坑而弃车逃走，侦查员王某等三人赶到后，发现车上运输的确是鞭炮。后薛某因与别人打架被拘留，讯问时薛某供述了其多次非法运输鞭炮的事实。公安机关遂立案侦查，侦查员王某等三人出任了该次薛某非法运输爆炸物罪的证人，且侦查员王某等三人继续对薛某非法运输爆炸物案进行了侦查至终结。

该起非法运输爆炸物案中，侦查员王某等三人先是以侦查

>>> **案例** 法理学

员的身份对本案进行侦查,后又作为该起犯罪的证人,最后,又重新以侦查员的身份对本案继续进行侦查至终结。在本案的审理过程中,存在两种不同的观点。第一种观点认为,应认定犯罪嫌疑人薛某有罪,因为侦查员王某等直接发现了其犯罪事实,被告人亦承认,如不认定就等于放纵犯罪。第二种观点认为,不应认定该起犯罪,本案程序违法,因为侦查员王某既然出任了本案的证人,就应当自行回避,而不应再继续进行对本案以后的侦查。

提示与讨论

公安机关在执法过程中一定要按法定的程序办案。本案的事实没有问题,错就错在了侦查员王某等三人违反了刑事诉讼中的回避制度。我国的回避制度在刑事诉讼法中不仅适用于审判人员,而且也适用于检察人员和侦查人员等,适用于侦查、起诉、审判等各个诉讼阶段。本案中,侦查员王某等三人直接目击了薛某的犯罪事实,其可作为证人如实提供证言,但此时的身份已由侦查人员变为了证人,侦查员王某等三人就应当回避本案以后的侦查。对此,我国《刑事诉讼法》28条有明确的规定,即担任过本案证人、鉴定人、辩护人、诉讼代理人的审判人员、检察人员、侦查人员应当自行回避。本案中侦查员王某等三人继续对本案的侦查行为就违背了这一条款。之所以建立这一条款,就是因为如果侦查人员在本案中担任了证人,就可能对本案的事实或案件的实体结局产生先入为主的判断,再无法从容、冷静、客观地收集、审查、判断证据,易于产生主观归罪思想,从而无法保证公正、客观的进行刑事诉讼活动,故遇有这种情况应当回避。也有持第一种观点的同志提出,本案中侦查人员看见了薛某的犯罪事实,这不能定他的罪,不是放纵犯罪吗?

在这里,我想提一个著名的案例:辛普森杀妻案。该案警方查获的辛普森杀妻证据之多,似乎令他罪责难逃。但法庭辩论的结果是,警方在办案侦查过程中违法。众所周知,最后,大陪审团宣布辛普森杀妻罪名不能成立。判决公布后,美国媒体对公众作了两项民意调查。一是你是否认为辛普森是有罪的?大部分美国人回答:是。二是你是否认为辛普森受到了公正的审判?回答依然是:是。确实,一个人明明犯了罪,却被法庭无罪释放,这样的审判还能是公正的吗?对此,笔者只能这样回答,要根据法律,要依据合法的证据。本案中,侦查员王某等的行为没有根据法律(《刑事诉讼法》的有关条款)的规定而做出,故不应认定薛某有罪。

【案例117】原湖南计生委主任贿选被罢免全国人大代表职务

2003年9月28日,湖南省十届人大常委会第五次会议审议通过了关于罢免陈满生第十届全国人民代表大会代表职务的议案。

提示与讨论

选举必须按法定的程序,否则选举结果无效。经有关部门查证,原省委委员、省计生委党组书记、主任陈满生在省十届人大一次会议期间,违反规定,利用职务上的便利,通过请客、送礼、组织和动员本机关及本系统的干部,为自己当选全国人大代表拉选票,造成了很坏的政治影响。省人大常委会根据《中华人民共和国全国人民代表大会和地方各级人民代表大会选举法》第43条、第45条之规定罢免了陈满生第十届全国人民代表大会代表职务。

第二编

法的运行

第一章　立法的基本原则

立法原则是指导立法的总的精神，它所表明的一般是立法的性质、宗旨、根本任务和价值追求。《立法法》第 1 章总则第 3 条规定："立法应当遵循宪法的基本原则，以经济建设为中心，坚持社会主义道路，坚持人民民主专政，坚持中国共产党的领导，坚持马克思列宁主义毛泽东思想邓小平理论，坚持改革开放。"这是一条宪法性原则，具体来讲，我们在立法过程中应当遵循以下一些基本原则。

第一节　合宪性原则

合宪性原则是指在法的创制过程中，必须同宪法相符合，它包括职权的合宪性、内容的合宪性、程序的合宪性，等等。立法的合宪性，既是我们制定法律时应该遵循的基本原则，更是宪法的内容决定的。

【案例118】 废止《城市流浪乞讨人员收容遣送办法》

孙志刚，男，27 岁，2001 年，他毕业于武汉科技学院，之后在深圳一家公司工作，2003 年 2 月末，他应聘来到广州一家

>>> **案例** 法理学

服装公司工作。2003年3月17日晚10时,他像往常一样出门去上网。因为刚来广州,孙志刚还没办理暂住证,当晚他出门时,也没随身携带身份证。当晚11时许,他因为没有暂住证而被带到了黄村街派出所,随后,在三天的时间里,他又先后被送到广州市收容遣送中转站和广州收容人员救治站。3月20日,孙志刚死于广州收容人员救治站(广州市脑科医院的江村住院部)。经法医鉴定,孙志刚为被人殴打导致死亡。黄村街派出所的一位侦查员在填写审查意见时写道:"根据《广东省收容遣送管理规定》第9条第6款的规定,建议收容遣送。"在广东省人民代表大会常务委员会2002年2月23日通过并已于同年4月1日实施的《广东省收容遣送管理规定》中,明确规定:"在本省城市中流浪乞讨、生活无着人员的收容遣送管理工作适用本规定。"该《广东省收容遣送管理规定》是根据1982年5月国务院发布施行的《城市流浪乞讨人员收容遣送办法》而制定的,具有法律效力。

提示与讨论

此案经媒体披露后,旋即在社会各界引起广泛争论。争论的焦点集中在《城市流浪乞讨人员收容遣送办法》是否具有违宪性。依据我国《宪法》和《立法法》的规定,"限制人身自由的强制措施和处罚"的法律只能由全国人大及其常委会作出,其他机关无权立法。而《城市流浪乞讨人员收容遣送办法》是国务院制定的,属于行政法规,其效力层次低于法律,更低于宪法,其内容与宪法相违。2003年5月14日,北京大学三位法学博士以普通中国公民名义上书全国人大常委会,提出要求对《城市流浪乞讨人员收容遣送办法》进行违宪审查的建议,5月23日,又有贺卫方、盛洪、沈岿、萧瀚、何海波5位著名法学家同样以中国公民的名义,再次联合上书全国人大常委会,就孙志刚案及收容遣送制度实施状况提请启动特别调查程序，推动全国人大常委会对收容遣送制度进行违宪审查进入实质性法律操作层面。国务院总理温家宝6月18日主持召开国务院常务会议，审议并原则通过了《城市生活无着的流浪乞讨人员救助管理办法（草案）》。会议认为，二十多年来，我国经济社会发展和人口流动状况发生了很大变化，1982年5月国务院发布施行的《城市流浪乞讨人员收容遣送办法》，已经不适应新形势的需要。为从根本上解决城市生活无着的流浪乞讨人员的问题，完善社会救助制度和相关法规，会议审议并原则通过了《城市生活无着的流浪乞讨人员救助管理办法（草案）》。会议决定，该办法草案经进一步修改后，由国务院公布施行，同时废止1982年5月国务院发布的《城市流浪乞讨人员收容遣送办法》。

【案例119】我们身边的立法者

在我们生活的周围经常可以看到类似的一些规定："此处严禁停放自行车，违者罚款50元。"或者超市里的店堂告示"偷一罚十"，还有公交车的"无票乘车，20倍罚款"等规定不一而足，这些机构或个人真的有如此权力，可以集立法、司法执法大权于一身？

我国《宪法》明确规定，只有全国人大及各级人大才享有立法权，国务院（各部委）及各级人民政府享有地方性法规和规章的制定权，任何个人无立法权。

提示与讨论

在我国，宪法是国家的根本大法，在国家生活中具有极其重要的作用。宪法是其他一切法律、法规、规章制定和修改的依据，任何法律的制定和修改都不能与宪法相违背，否则即是无效行为。

>>>> **案例** 法理学

第二节 适时性原则

适时性原则是指一个国家法的创制必须顺应历史发展和时代变化，要从实际出发，实事求是，及时的、适时的创造出符合时代需要的法律。

【案例120】《突发公共卫生应急条例》20天出台

在2002年末至2003年初中国出现非典型性肺炎疫情之后，国务院法制办于4月14日接到紧急通知，立刻起草《突发公共卫生应急条例》，4月16日，确定参与法规起草的相关专家名单，4月17日，20余位专家入住北京金龙苑宾馆，不分昼夜开始起草法规，4月18日，也就是48小时之后，完成条例征求意见稿，经过数次修改，5月9日，国务院总理温家宝正式签署国务院令，5月12日正式颁布《中华人民共和国突发公共卫生应急条例》。这部法规从开始起草到国务院常务会议审议通过，一共只用20天时间，这也是新中国成立以来出台速度最快的一部法规。

【案例121】 我国着手脑死亡立法

经过近30年的争议和讨论，我国开始突破几千年以心跳呼吸停止、瞳孔扩散为标准的传统死亡观念，由中国医学会组织全国内科、神经内科、法学、伦理学等有关专家深入讨论、起草的我国脑死亡诊断标准初稿已完成，目前正在广泛征求各方意见，进行修改和完善。按照立法程序，有了脑死亡诊断标准，下一步还要制定技术规范和管理程序，最后提交全国人大讨论并通过实施。目前，在联合国189个成员国中，已有80个国家承认了脑死亡标准。

> **提示与讨论**
>
> 法律的制定与社会的发展密切相关,没有永恒的法律,因为适合于一个时期的法律并不符合于另一个时期。法律必须与不断变化的文明状况相适应,而各级各类有权创制法律的机关就需不断地制定出与新的形式相适应的法律。

第三节 科学性原则

首先,立法的科学性原则表现为它的理性化特征。法律是一种具有确定性、普遍性、可靠性的事物,法律的创制是建立在人类能够鉴别、判断、评价、认识客观事物基础上的高度自觉性的行为。其次,科学性原则的第二个体现就是它的合理化原则,要求法律所体现的内容必须是主观符合客观。一个国家法律的创制,需要正确地、准确地反映客观世界的各种规律性,这样的法律才是一部"良法"。

【案例 122】 刑法修改

1999 年 12 月全国人民代表大会常务委员会通过的《中华人民共和国刑法修正案》第二条,对国有公司、企业、事业单位的工作人员的渎职行为,譬如擅自为他人提供担保给单位造成重大损失的,在仓储或者企业管理方面严重失职造成重大损失的,根据现行刑法难以追究刑事责任的,规定为犯罪,并处以刑罚。

其实在 1979 年《刑法》中,对国有公司、企业、事业单位的工作人员的渎职行为已经规定为犯罪。1979 年《刑法》第 187 条规定:"国家工作人员由于玩忽职守,致使公共财产、国家和人民利益遭受重大损失的,处五年以下有期徒刑或者拘役。"刑法界定:国有公司、企业、事业单位从事公务的工作人员,"以国家公务人员论"。而在1997年对刑法进行全面修订时,据说是为了形成比较严密的理论体系并和国际接轨,将渎职犯罪的主体界定为国家机关工作人员,从而将国有公司、企业、事业单位的工作人员排除在外(只在破坏社会主义经济秩序罪中作了一些界定)。现在等于又改了回来。

【案例123】 吉林首次立法维护公民生育权,独身女性也可生孩子

从2002年11月1日起,《吉林省人口与计划生育条例》(以下简称《条例》)开始正式施行,其第30条第2款规定:"达到法定婚龄决定终生不结婚并无子女的妇女,可以采取合法的医学辅助生育技术手段生育一个子女。"

据悉,这在全国各地的相关立法中,还是第一次。"不想结婚,又希望享受身为人母的幸福",这种念头不少大龄独身女青年都有过。然而,"非婚生育"既为法律所禁止,又要承受社会舆论的重压。2002年9月1日,《中华人民共和国人口与计划生育法》开始实施。按其规定,各地可根据当地的经济、文化发展水平和人口状况,制定各自的具体配套办法。9月27日,吉林省第九届人大常委会审议通过了《吉林省人口与计划生育条例》。吉林省计生委法规处的工作人员解释说,制定此项规定是为了最大限度地维护公民的生育权。

提示与讨论

该《条例》正式出台后,引起人们的关注。东北师范大学法学教授孟繁超表示,这个规定存在一定的操作难度,日后,孩子相关的知情权、继承权、抚(赡)养权容易引发新的法律

纠纷。还有很多人关心,有该《条例》"撑腰"的"未婚妈妈"是否就真的能理直气壮地生活,而不受社会舆论的困扰。立法是一门政治性、社会性、科学性都很强的工作,因此应当树立质量观念和成本观念。立法讲究成本,是立法走向科学的重要标志之一。立法的成本构成应当包括两个方面:一是,法律的酝酿、起草、制定、通过、公布等,需要一定的费用,这是直接的支出;二是,法律实施后,通过执法机关的执法活动,使立法对社会经济、政治、文化、资源、伦理道德、生活习惯等产生一定的影响,如果这种影响有较大的负面作用,立法机关就会修改法律,负面作用和修改法律的支出,也应记入立法成本。譬如有些法律、法规之间存在着矛盾、冲突、不衔接等问题,不仅给执法活动造成了混乱,更重要的是使社会的公平、正义等原则受到普遍怀疑,结果不是促进社会经济的发展,而是妨碍经济发展;不是促成人们良好道德风尚的形成,而是使人投机钻营、不守信用。由于立法上的原因而使社会不应付出的这些代价,立法应当承担责任。立法成本的这一部分构成是巨大的,虽然不用立法机关直接支付,但整个社会必须用政治、经济、文化、道德等的短暂停止甚至后退来消化立法上的缺陷。

第四节 经验性与预见性结合原则

总的来说,法律是社会实践经验的总结,但其在确认和肯定既成事实的同时又不排除科学的预见性。法律在保护现实中存在的合理事物的同时,又要促进事物合乎规律的发展。

【案例124】 故意传播非典,应否定罪

如果有人明知自己患有非典而故意传播给他人,是否应定

> 案例 法理学

罪。我国刑法没有规定，只规定了传播性病罪。从目前情况看，在2003年非典肆虐期间，传播非典的社会危害性比性病严重得多，因此应该治罪，况且类似非典这种传染性疾病今后还有可能出现。据悉，瑞典法律规定，任何使他人有感染致命疾病危险的行为定性为犯罪。我国立法机关也应借鉴外国的经验，对那些明知自己有严重传染病而故意传播，或放任传播的行为定性为犯罪。一些国家在非典流行期间紧急修订了各自的相关法律，为抗击非典和今后可能出现的类似传染病提供更完备的法律依据。

新加坡国会于2003年4月25日通过《传染病法》修正案并立即生效。该法律规定，任何新加坡人如果知道或怀疑自己感染了非典，必须到专门收治非典患者的医院就诊，除了求医之外不得出现在其他公共场所，否则政府可以对他们罚款5 000新元，并判其监禁；加重处罚违反卫生当局隔离令者，政府可给不遵令居家隔离者戴上手腕电子监视器，甚至可将他们强制隔离在医院或指定地点。

韩国国立保健院于2003年4月26日决定修改现行《检疫法》有关条款，将"非典"列入霍乱、鼠疫等严重传染性疾病范畴。按照这部法律修正案，非典患者在治愈前必须进行隔离，疑似患者必须进行10天的强制性隔离，如果违反这一规定，将处以罚款和徒刑。

2003年4月23日，最高人民检察院发出通知，要求各级检察机关对国家机关工作人员严重失职、渎职，造成疫情扩散等严重后果，构成犯罪的要及时立案查办。另外，对抱有各种非法目的，编造传播虚假信息，扰乱社会秩序，借机闹事的犯罪行为，以及为牟取非法暴利，利用群众恐慌情绪，垄断货源，囤积居奇，哄抬物价，生产、销售假药、劣药，破坏社会主义经济秩序的犯罪活动,要与有关部门密切配合,及时做好批捕、起诉工作,坚决依法惩处,这是整个司法部门的表态。然而新刑法设立的罪名够用吗?抗击非典同样对刑法提出了挑战。人大法学院王作富教授认为,"抗击非典,三个刑法问题待解决",即,非典是否该列为甲类传染病(这是认定某些犯罪的前提);故意传播非典应否定罪;编造、故意传播与非典有关的虚假信息,是否适用《刑法修正案(三)》第八条;等等。而且,抗击非典向我国刑法提出的问题肯定远不止这些。

提示与讨论

我们承认,法律是实践经验的总结,但是并不意味着立法只能维持和巩固某种现状,立法应该具有一种预见性或超前性,即需要人们对事物的发展趋势进行科学的分析与预测,即符合规律科学的预见去立法,以更好地发挥立法的各项能动作用。

第五节 民主化原则

立法的民主化是指在立法时,以民主意识、民主观念、民主作风、民主原则和民主程序,保证广泛地倾听民意、反映民意,使法律符合民意,体现民意,真正成为人民自己的法律,这是现代社会立法的一个重要原则。

【案例125】立法贯彻民主化原则

2003年6月7日,新疆维吾尔自治区人大常委会通过《新疆日报》发布关于召开《新疆维吾尔自治区实施〈中华人民共和国消费者权益保护法〉办法修订草案》立法听证会的通告,并全文公布了草案内容,征集广大市民的立法意见,邀请社会各界组织和公民报名参加立法听证会。这将是自治区人大常委

> **案例** 法理学

会成立20多年来首次举行的立法听证会。而当天的征求意见会则是即将举行的听证会的前奏。征求意见会上,十几位代表的发言集中到了保护消费者隐私权,规范促销行为,关注房地产、旅游等新兴消费行业,将电信、电力、民航、金融等垄断行业纳入新修订的《消法实施办法》等方面。来自自治区人民政府法制办、消协、工商、财政、卫生等部门及消费者代表50余人踊跃发言,唇枪舌剑,在自治区人大常委会上演了一幕"脑力大碰撞"的精彩好戏。持续2个小时40分的征求意见会没有一分钟冷场。从《新疆日报》看到通告后直接赶来参加征求意见会的李新说:"立法征求公众意见这种形式,为人民群众和不同利益团体充分表达意见提供了公开的论坛,也为立法者提供了更多的决策参考,代表了法制的民主化趋势。"自治区人大法制委副主任委员张良认为:"此次开门立法,广纳群众意见,扩大了市民参与立法的范围,有利于充分发挥立法民主,通过集思广益促进立法的科学化。自治区人大选取这个与公众生活密切关联的法规征求意见,使立法更贴近公众,为立法改革迈出了重要一步。"

提示与讨论

在一个国家的法律的创制中,贯彻民主化原则具有非常广泛和深入的意义,它除维护民主本身的价值外,还对其他的一些法的价值,如平等、自由、契约乃至法治都奠定了一个基础性的条件和保证。所谓民主,在立法程序中,主要体现在能够反映民意,实现民意。《物权法》、《劳动合同法》、《村委会组织法》等同人民群众关系密切的法律草案一次次向全民公布,广泛征求意见;座谈会、论证会、听证会,全国人大及其常委会经常向专家和群众征询意见……立法工作越来越集中民智,反映民情,体现民意。随着民主法制建设的不断推进,从"闭门立法"到"开门立法",从"一致通过"到"弃权"、"否决",逐步完善的立法程序推动着立法工作日趋科学化和民主化。

【案例126】 立法的民主性,不排斥国家干预

2002年,苏州市政府出台了一个犬类管理规定,与以往某些城市采取缴纳高额注册费来限制养狗的办法不同,该规定要求养狗者必须先获得四户以上的居民同意,其中居住多层住宅的,必须经同单元半数以上居民同意,以此来达到限制甚至禁止居民养狗的目的。此举引起了热烈讨论。赞成者有之,反对者有之。赞成者认为,这样考虑到了多数居民的利益,是合理的。反对者认为,养狗是私权利,无须征求别人同意。

提示与讨论

公民在行使个人权利的时候,不能侵犯他人的权利和利益,是现代民主社会所公认的一项基本原则。将涉及老百姓切身利益的事情交由老百姓自己处理,正是立法民主的体现。是的,立法必须体现民主，特别是在民主正向直接民主、自治民主发展的今天，凡是老百姓能自己解决的事情应当交由老百姓自己处理。但问题是，民主的适用是有范围和条件的，对于不同的问题，民主的范围、方式也应有所不同。对属于居民个人的事情，可以交由居民自己处理；对属于基层社区自治范围的事情，可以交由社区自行处理；对超出基层社区应由政府来处理的事情，如果还交由居民自己处理，就有可能使民主走向它的反面，增加居民和社会纷争。显然，养狗不只是公民个人的事情，也不完全是基层社区的事情，地方政府应当加以适当干预。苏州市通过立法规范这一问题，就是一种干预。

第六节 最大多数人的最大利益原则

【案例127】 制定《中华人民共和国政府采购法》

2001年10月22日，九届全国人大常委会第二十四次会议开始审议《中华人民共和国政府采购法（草案）》。这使得在我国已经试点运行了6年的政府采购制度，有望在近期内通过立法机关的表决正式确立。

国家行政学院法学部主任应松年教授是国内行政法学界公认的权威专家，作为全国人大常委会内务司法委员会的委员，他亲自参加了这部法律的起草和审议工作。谈到《中华人民共和国政府采购法》（以下简称《政府采购法》）的立法目的，应教授讲述了一件他亲身经历的事情。他曾应邀去给某地政府的干部培训班讲课，派来接他的车中途汽油用光了，司机于是将车拖到距市区很远的一处加油站，并且排了好长时间的队才加上了油。应教授对此不解，就问司机，为什么沿途这么多顾客稀少的加油站不去，而偏偏要来挤这一家？是不是这个加油站的油价特别便宜？司机苦笑了一下："这里的油价比其他地方还要贵呢！只因为它是我们政府机关用车的指定加油站，无论跑多远、排多长的队也只能到这里来加油，否则不给报销。""这就是迫切需要制定《政府采购法》的最生动理由"，应教授说，"人大每年都会批给政府一大笔财政预算，这似乎跟老百姓无关，但实际上所有的拨款都是纳税人上缴给国家的。""有些人对自己的工资精打细算，用起公款来却一点不心疼，还想从中捞好处！制定《政府采购法》就是要告诉政府：老百姓的钱一个子儿也不能乱花！"

提示与讨论

法律的任务是调整社会关系，解决社会矛盾，体现一定的利益关系。我国社会主义法是广大人民群众的意志和利益的体现。维护最大多数人的最大利益，是社会主义法的一项基本任务，因此，立法工作必须以反映、保障最大多数人的最大利益为原则，立足全局，统筹兼顾。而《政府采购法》的出台，正是立法机关为最大限度保护广大民众利益而制定的，它体现了立法的基本原则。

第七节 原则性与灵活性结合原则

【案例128】原则性与灵活性相结合典范——邓小平"一国两制"构想

中共第二代领导人邓小平提出的"一个国家、两种制度"理论（简称"一国两制"），是从中国的实际出发，为了维护中国的主权和领土完整，根据台港澳问题产生的历史原因及发展现状，以和平谈判方式，走和平统一之路，最终实现中国统一的重要理论。"一国两制"理论在港澳的相继实践初显成功，但在解决台湾问题上两岸仍无共识。

"一国两制"理论的核心是"一个国家"，即国家的主权和领土完整是不容分割的；"一国两制"理论的宗旨是"和平统一"，即用和平谈判的方式解决中国的统一问题；"一国两制"理论的社会经济基础是"两制并存"，即在一个国家的主权和领土完整不容分割的前提下，大陆实行社会主义制度，台港澳地区实行资本主义制度，长期共处、共图发展、共同繁荣，谁也不吃掉谁；"一国两制"理论的国家结构是"单一制"，即统一后台港澳地区高度自治，但国家结构只能是一个完整的国家；"一国两制"的哲学思想是实事求是，原则性与灵活性相统一。

"一国两制"在港澳的实践中显现成功。维护中国的主权和领土完整；内地和港澳尊重并严格实施"一国两制"的法律保障——港澳《基本法》；维护港澳的繁荣稳定。台湾问题特殊且复杂。如用"一国一制"解决两岸政治分歧，只能是用非和平的方式。两岸兵戎相见，自相残杀，是两岸中国人都不愿看到的，也不符合中华民族的根本利益和世界和平与发展的历史潮流。"一国两制"既能在中英、中葡之间和平解决港澳问题，相信也能在两岸之间和平解决统一问题。用两岸中国人的智能和创意，通过和平谈判，完全可以找到"一国两制"的台湾模式。

提示与讨论

《周恩来选集》有一句评价毛泽东主席的话："在运用决策艺术上，毛泽东同志'是最能坚持原则又最能灵活运用的领袖'。"毛泽东同志的许多决策体现了原则性与灵活性的统一，如抗日战争胜利后，毛泽东同志代表我党赴重庆同国民党进行和平谈判，在原则问题上他始终坚持我们党的立场不动摇，揭露国民党蓄意挑起内战的阴谋，并驳回其无理要求，捍卫了我

第一章　立法的基本原则

党的地位和尊严；在其他方面，则相应地做出让步和牺牲。最后逼迫国民党承认和平团结的方针，共同签订了协定，取得谈判的胜利。做任何工作，都要坚持原则性与灵活性相统一。原则性是由事业的方向、目标决定的，失去原则性，就失去了大方向和总目标，即使工作取得一点成绩也没有意义。灵活性是由事业的复杂性、艰巨性和曲折性决定的，许多事情人们无法预料，也不可能按人们设计好的方向发展，这种情况下必须随时调整思路，改变对策，灵活应对，确保原则性要求得以有效贯彻，使大目标得以实现。

我们党对许多重大问题的处理，都十分有效地把握了这一点。比如在香港问题上，邓小平同志提出的"一国两制"伟大构想，就充分体现了原则性与灵活性相统一的政治智慧。能否在实际工作中把握原则性与灵活性的统一，体现着领导艺术和方法，也体现着领导能力和素养。立法工作也同样遵循这一原则，在坚持社会主义法的性质、方向、根本任务、价值目标的同时，还要考虑特定情况、特定时期、特定地区，不能规定的过细、过死。

第二章 立法程序和立法技术

第一节 立法程序

立法程序是指享有立法权的国家机关在制定、修改或废止法律或其他规范性法律文件的活动中所必须遵循的法定步骤和方法。在中国,立法程序是中央和地方国家权力机关和有权立法的行政机关制定法律、法令(以上统称为法律)和行政法规的行为规范;在法制健全的国家,这种行为规范被逐步完善并上升为法律——立法程序法。

立法程序为立法活动而存在和设立,离开实体的程序将没有存在的意义;同样,立法活动也离不开特定的程序,否则立法活动将无法开展。1978年十一届三中全会至今,是中国立法工作全面繁荣时期,立法程序也走向规范化、法律化。1978年、1982年宪法在不同程度上恢复和沿袭了1954年宪法的规定,并在此基础上向立法程序的法规化发展。这两部宪法以及1982年通过的《中华人民共和国全国人民代表大会组织法》中关于立法权限的划分,1989年由第七届全国人民代表大会通过的《中华人民共和国全国人民代表大会议事规则》中关于立法议案的提出、审议、发言、表决等的规定,可以看作是关于立法程序

第二章 立法程序和立法技术

的宪法性规定。2000年3月15日,九届全国人民代表大会表决通过了《立法法》,同年7月1日起实施。作为新中国规范立法的一部基本法律,《立法法》规定了立法的政治原则、法治原则、民主原则和方法原则,为整个立法指明了基本方向,让立法实现有法可依,这是我国社会主义法制建设具有里程碑意义的一件大事,具有重要的意义。《立法法》的核心是对立法活动进行规范,并解决四大问题:划分立法权限,规范立法程序,明确法律等级,以及要求法规、规章备案。《立法法》的出台,改变了立法"无法可依"的状况,有效克服了立法中的种种弊端。《立法法》对立法程序作了进一步规范,突出了立法的民主化和公开性。(参看立法程序图示[1])

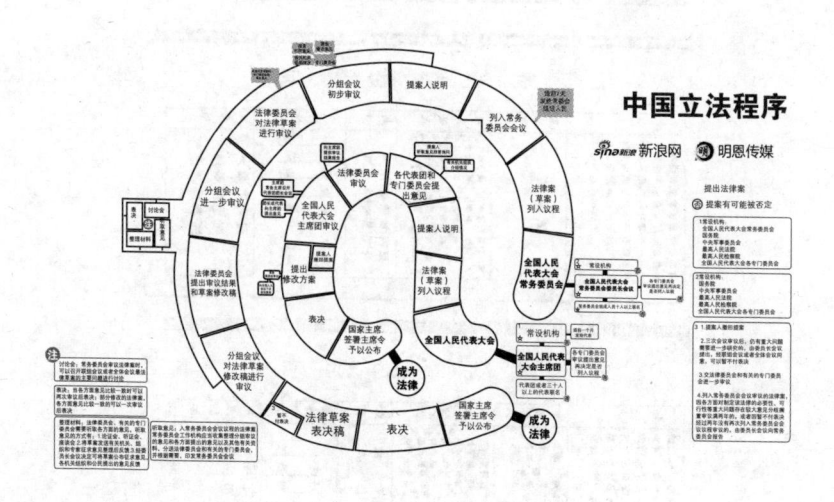

---

[1] 资料来源:http://baike.baidu.com/view/19042.htm,访问日期:2014年7月19日。

>>> 案例 法理学

提示与讨论

我们以全国人大及其常委会的立法程序为例。依照《宪法》与《立法法》的规定，法律的创制必须严格依照法定程序，一般要经过法律议案的提出，议案的审议和讨论，议案的表决通过，法律的公布等几个环节。行政立法也遵循一定的程序。

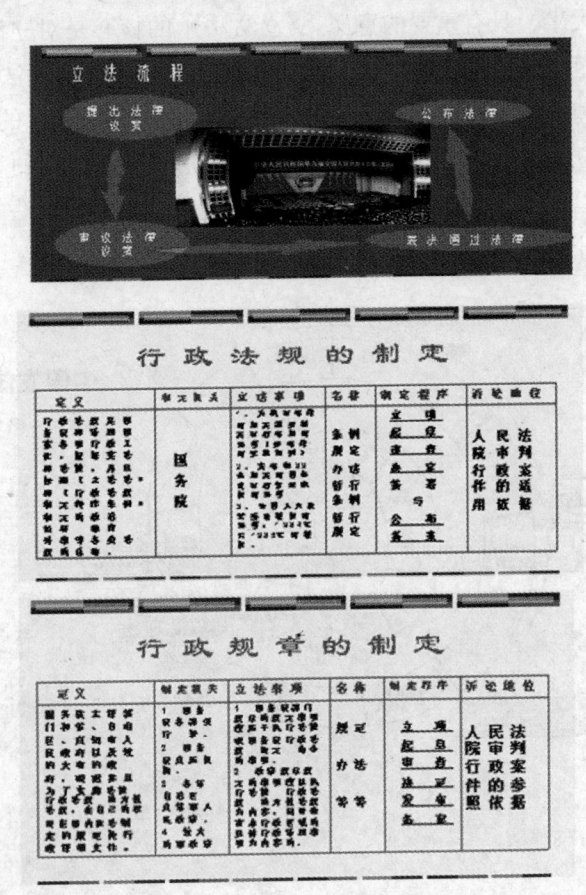

220

第二节　立法技术

立法技术，是指在法的创制过程中所体现和遵循的有关法律创制知识、经验、规则、方法和技巧的总称。立法技术在立法活动中，可以使法律的表达形式更加完善。

【案例129】 立法技术影响立法质量

中国传统思维方式的一个重要特点是模糊性。它使人们在认识客观事物时，满足于通过直觉得到一个总体印象，而不习惯做周密的详细的分析。模糊性的传统思维方式对当今的中国立法技术产生了明显的影响，学术界对1979年我国制定的刑法中的非逻辑、模糊性现象做了大量批评，但思维方式一经形成，就具有顽强的定势、惯性。1997年修改后的我国刑法仍然存在大量的非逻辑、不合语法现象，例如：第6条第2款规定，"凡在中华人民共和国船舶或航空器内犯罪的，也适用本法"，依此逻辑，特别行政区的船舶飞机内部犯罪应适用本刑法典，但这显然违反"一国两制"，也不符合基本法之规定。

《民法通则》中亦是如此。例如《民法通则》先后9次使用"组织"一词，先后8次使用"单位"一词，但"组织"和"单位"的定义如何，内涵和外延多大，两者有无区别，人们不得而知。可见，模糊性的传统思维方式对我国立法技术有显著的影响，在一定程度上削弱了我国立法技术的科学性。

立法技术要求法律用语应当明确易懂、严谨一致。《立法法》对全国人大制定的"基本法律"和全国人大常委会制定的"法律"这两个概念的规定就缺乏准确性和严谨一致性。《立法法》第8条规定："下列事项只能制定法律：（一）国家主权的

>>> **案例** 法理学

事项……"同时,第9条还规定,本法第8条规定的事项尚未制定法律的,全国人民代表大会及其常委会有权做出决定,授权国务院先制定行政法。"下列事项只能制定法律","尚未制定法律"的可以授权国务院制定行政法规,这里的"法律"是指全国人大的基本法律,还是指全国人大常委会的法律,仅从字义上无法确认。

提示与讨论

立法技术主要包括法的结构、名称、内容、语言以及相关字、词的运用等,既应符合科学性,又应具有逻辑性。立法技术的高低直接影响到立法的质量。

第三章 法的适用

法律适用是指国家有权机关，按照法定职权和程序，将法律规范有针对性的、适合地、恰当地应用于具体的公民或组织，依法办事，处理具体案件的活动。"法律的生命在于实行"。法律适用是法律实施的重要方式，也是立法机关制定法律的主要目的。法的适用有广、狭之分，广义的法的适用是指国家专门机关按照法定职权和程序将法运用到具体的人或组织以解决具体问题的专门活动。所谓"国家专门机关"是指司法机关、行政机关、国家授权或委托组织。而狭义的法的适用专指国家司法机关按照法定职权和程序具体应用法处理案件作出判断的专门活动，通常简称"司法"。

【案例130】法院两次审理结果不同关键在于有无证据

2003年6月2日，河南省新野县人张战喜持高长甫出具的"今欠现金叁拾万元整"的欠条起诉高长甫。同年6月9日，新野法院通知被告高长甫应诉，并告知被告有委托代理人、收集、提供证据等项诉讼权利。2003年6月23日，法院公开开庭进行审理。庭审中，被告辩称，欠条是他自己出具的，出具的理由是原告之妻高东阳将其所买的地皮转让给他，但后来地皮没有转让成,欠条却未收回,并不是真欠张战喜钱。但被告对其辩解和主张并未提供相应证据加以证实。法院审理后认为:原、被告债权债务关系明确,事实清楚,证据确凿,原告请求被告偿还欠款,依法予以支持。被告虽然辩解出具欠条是因为原告爱人要转让土地给被告,而后来土地并没有转让成,故不欠原告款,但并未提供相关证据,其辩解理由不予采信。据此,判决被告高长甫偿还原告张战喜欠款30万元。

判决生效后,被告提出再审申请,要求撤销原判,理由与原审所称相同。申请再审期间,再审申请人向法院提交了他和原告之妻高东阳签订的转让协议。协议约定:①甲方高东阳将"军康造纸厂"的土地(含建筑物)转让给乙方高长甫,转让费30万元;②因甲方征用手续尚未完善,乙方为表示诚意先给出欠条作为凭证,待甲方把全部征用手续办齐转给乙方后,乙方一次性付清欠款30万元;③转让协议以转让手续办齐和欠款交清之日生效。

而原审原告否认该转让协议,认为该协议的签名并非"高东阳"、"高长甫"本人所签,并提出了鉴定申请。在法院的主持下,再审申请人高长甫和被申请人张战喜对鉴定机构和鉴定人员进行协商,经协商达不成一致意见,新野法院指定由南阳市中级人民法院司法技术处进行鉴定。鉴定后,结论为"转让协议上的签名系高东阳、高长甫所写"。新野法院再审开庭对鉴定结论进行质证,张战喜对鉴定结论有异议,申请重新鉴定,但他未提出证据证明该鉴定属于《最高人民法院关于民事诉讼证据的若干规定》第27条规定的重新鉴定的情形,故法院不予准许。再审后,法院认定了该转让协议的真实性。

再审认为:虽然被告出具了30万元的欠条,但该欠条源自高东阳和高长甫签订的转让协议,而该协议未生效、未履行,所以欠款的事实并不存在，原审仅以该欠条作为定案依据，认定债权债务关系成立，显属认定事实不清，故再审判决：撤销原判，驳回原告张战喜的诉讼请求。

提示与讨论

证据问题是民事诉讼的核心问题，它与诉讼实体内容直接相关，对当事人的诉讼活动和人民法院的审判活动都有着重要的意义。对当事人而言，其诉讼活动很大程度上是围绕证据进行的，当事人通过收集、提供证据并进行质证等活动维护自身的合法权益；对法院而言，法院通过指定举证期间、必要的调查取证、组织当事人质证、审核认定证据等活动，保障诉讼活动的正常进行。在该案中，法院告知了当事人的诉讼权利，积极地引导当事人举证，原告提供了被告出具的欠条，被告认可欠条是自己亲笔所写，但是作为被告的当事人对自己的主张却不提供证据，其主张成了无源之水、无本之木。故原审判决被告败诉是必然的。

公正司法是法院工作的主题。司法公正就是要做到程序公正和实体公正，通过程序公正来保障实体公正。程序公正要求法官将民事诉讼法的基本原则和各项制度落实在办案过程中，把民诉法的每条规定落到实处。法院在再审该案过程中，充分保障当事人行使诉讼权利。首先，保障再审申请人对原审庭审结束后新发现的证据的提供，以启动再审程序。其次，对鉴定的有关问题，依当事人的申请，法院不主动委托鉴定。对鉴定机构和鉴定人员的确定，充分体现当事人的意志，以当事人协商为原则，协商不成的，人民法院才指定。当事人对鉴定结论不满意要求重新鉴定的，依法严格审查，不符合法定的重新鉴定情形的，不予准许，防止当事人滥用诉讼权利。

新野法院再审中严格按照法定的程序，认定原告虽持有被告出具的欠条，但并不存在欠款的事实，原告并不享有实体权利，故依法驳回原告的诉讼请求。

【案例131】"枪下留人"挑战法律尊严

徐建平是绍兴轻纺科技中心有限公司总经理。他在残忍地杀害自己的妻子后，为掩盖其行为，将妻子的尸体肢解，抛尸灭迹后潜逃外地。就是这样一个杀人犯，在被一审判处死刑后，却有近200人上书法院为他求情。这种事情实在令人不可思议，可在现实生活中却确确实实地发生了！古人早有"杀人偿命，欠债还钱"之说，而徐建平其罪当诛，更是当今的法律所明确规定的。那么为什么那么多人"恳请法外施恩，枪下留人"呢？原因原来在于"徐建平为中国纺织行业、为地方轻纺科技事业做出过的突出贡献"。这件事情又一次凸显了某些人规则意识的淡薄，又一次证明在国人中确立在法律面前人人平等的观念是多么的困难。

如果法院在这个案件中真的"法外施恩"，那么就开创了一个极为恶劣的先例，那么就为以后的法官审理类似案件留下了一道难以破解的难题：什么样的贡献可以认定为"突出贡献"而作为免死的条件？问题还不仅如此，既然法律明确规定可以处以极刑的杀人犯可以因"突出贡献"而免死，难道就不能顺着这条思路走下去，为死刑犯找到"刀下留人"的其他理由吗？如此一来，法律的尊严何在。

提示与讨论

"法律面前人人平等"，任何人违背了法律都应受到法律制裁。法律规定是无情的，一些硬性的条文是不允许人们人为操作的，达到一定数额标准、一定情节就构成犯罪。"无规矩不成方圆"。只有形成涵盖社会方方面面的规矩和规则，只有这些规矩和规则受到全体社会成员的认同、敬畏和遵守，这个社会才能正常运行。否则，这个社会就会失范，而为此付出代价的，将是这个社会的所有成员。

【案例 132】 司法机关依照法律独立行使职权

某县农民祝甲参加亲戚家的喜宴归来，受到同村患有间歇性精神病的祝乙的袭击。几天后，祝乙再见祝甲时又袭击祝甲，结果反遭闻讯赶来的祝甲之妻黄某和祝甲之父的痛打，并被捆绑囚禁。当晚，祝甲在其父的示意下，召集全村居民开会，商讨如何处理祝乙。会上，25户居民（全村只有3户没派代表参加会议）在祝甲的煽动和怂恿下，一致同意将祝乙处死，并在祝甲准备好的纸上签了名。祝甲还觉不妥，又在签名上面写了"同意征（惩）处祝乙之死"八个字。

当天深夜，祝甲、祝父和祝妻一齐动手，不顾祝乙的呼喊和哀告，将其扔进村中一个积满了水的粪窖里。祝父唯恐祝乙不死，又找来一根棍子，按住已经从水中浮起来的祝乙用力向下捅，直至祝乙沉入水底，窒息死亡。该案经当地公安、检察机关的侦查和核实，确认祝甲、祝父和祝妻的行为已经构成故意杀人罪，并将他们三人依法逮捕。

提示与讨论

司法机关可以依照法律独立行使职权，这是我国法律适用的一个基本原则。我国《刑事诉讼法》第3条规定："对刑事案件的侦查、拘留、执行逮捕、预审，由公安机关负责。检察、批准逮捕、检察机关直接受理案件的侦查、提起公诉，由人民检察院负责。审判由人民法院负责。除法律特别规定的以外，其他任何机关、团体和个人都无权行使这些权力。"第5条规定："人民法院依照法律规定独立行使审判权，人民检察院依照法律规定独立行使检察权,不受行政机关、社会团体和个人干涉。"刑事诉讼是国家司法机关在当事人和其他诉讼参与人的参加下,依照法定程序,解决犯罪嫌疑人、被告人是否犯罪和应否受到刑事处罚的活动。为了确保处罚犯罪和保障无罪的人免受刑事追究的任务,刑事诉讼必须遵守司法机关依法独立行使职权的原则,未经人民法院依法判决对任何人都不得确定有罪的原则。

就本案来说,尽管祝乙对祝甲实施了袭击行为,侵犯了祝甲的人身权利,依照法律规定,应当由司法机关视其情节做出处理。但是,此案中祝甲在受到袭击以后,并没有向司法机关报案,而是伙同其父、其妻对祝乙进行了痛打和捆绑囚禁,并召集25户居民开会,在没有经过司法机关侦查、审判的情况下,私自对祝乙处以死刑。这就不仅侵犯了公民祝乙的人身权利,而且也严重地侵犯了司法机关的职权。由司法机关依法独立行使职权,尤其是由法院统一行使定罪权,既能有力打击犯罪,同时也使犯罪嫌疑人、被告人的人身权利、民主权利有了充分的法律保障。

【案例133】 此案应当由有管辖权的公安机关立案侦查

2000年4月29日23时许,犯罪嫌疑人高某、贺某从勃利火车站窜上佳木斯开往牡丹江的850次旅客列车,在12号车厢遇到伺机盗窃的杨宝福,杨提出到后面看看,三人一同窜至7号车厢,高、贺二人在车厢"望风",杨宝福趁旅客李某睡觉之机,用单刃刀片将李的裤子割开,从内裤兜内盗出2 000美元。杨分给高300美元,三人在林口车站下车逃走。

2000年9月,某检察院在审查批捕犯罪嫌疑人杨宝福盗窃案中,发现高、贺涉嫌共同犯罪,通知公安机关立案侦查,公安机关回函认为,高、贺二人的行为不构成犯罪。因此案涉及渎职犯罪,某上级检察院机关指定某检察院立案侦查,该院进行了初查,获取了一些证据,2000年9月19日,对高、贺进行询问后,即立案侦查,同时对二人采取强制措施。该检察机关以2人涉嫌犯盗窃罪,于2001年3月9日起诉。

提示与讨论

"司法机关依照法律独立行使职权"要求公、检、法机关在办理具体案件时,必须严格依照法定程序和内容。检察机关在侦查职务犯罪时,涉及其他刑事犯罪的案件,应由有管辖权的公安机关立案侦查。理由是:第一,根据《刑事诉讼法》第18条第1款的规定,刑事案件的侦查由公安机关进行;第二,《刑事诉讼法》第111条规定,人民检察院认为公安机关对应当立案侦查的案件而不立案侦查的,人民检察院应当要求公安机关说明不立案的理由,人民检察院认为公安机关不立案理由不能成立的,应当通知公安机关立案,公安机关接到通知后应当立案。根据上述规定,检察机关在侦查职务犯罪时,发现其他刑事犯罪,应当通知公安机关立案侦查,公安机关应当立案而不立案,检察机关可以要求公安机关说明不立案理由,公安机关在收到人民检察院《要求说明不立案理由通知书》后7日内应当说明情况书面答复人民检察院。此案中,某检察机关通知公安机关立案,公安机关回函认为,高、贺2人的行为不构成犯罪。某检察院审查后认为公安机关不立案理由不能成立,应向公安机关发出《通知立案书》,某检察机关没有按照《刑事诉讼法》的规定向公安机关发出《通知立案书》,而是依照《全国人大常委会关于惩治违反公司法的犯罪的决定》第9条的规定,经上级检察机关同意,对此案立案侦查并提起公诉,违反了刑诉法的有关规定。

> 案例 法理学

综上所述，检察机关在侦查职务犯罪时，涉及其他刑事犯罪的案件，检察机关应依照刑诉法的有关规定，将案件移送有管辖权的公安机关立案侦查。

【案例134】 法院如何处理法律与情理冲突

2000年7月23日，湖北省十堰市房县刘爱民主办的私人煤矿发生了矿工瓦斯中毒事件，造成3名矿工死亡。具体情况是：7月23日，刘爱民让矿工到停产3个月之久的矿井中去取水泵，矿工们向矿井吹风8小时后，两名矿工下井取水泵，但久久未上来（已中毒死亡）。待在井口的矿工张某说他下去看看，带班的不让他下去，但劝阻无效，结果张某中毒死亡。早在1995年，刘爱民为其所雇21名矿工向该县保险公司投保了团体人身险附加意外伤害医疗险，保险金额为21万元（每名矿工的保险金为1万元），但保单未载明受益人。本案发生在合同有效期内，刘爱民遂持保单向保险公司申请给付死亡保险金3万元。

保险公司在处理本案时，产生了三种不同意见：第一种意见认为合同受益人应为合同的投保人刘爱民，保险公司应全数给付其保险金；第二种意见认为受益人应为死者的亲属，但张某的死亡系故意行为，不能给付其亲属保险金；第三种意见认为受益人应为死者的法定继承人，张某的死亡属本人重大过失所致，不属除外责任，保险公司应给付其法定继承人保险金1万元。

提示与讨论

本案的症结是受益人的确定是依据情理还是按照法律？刘爱民身为投保人，依合同规定交付了近5年的保险费，切实履行了合同规定的义务，且没有伤害被保险人以求骗取保险金的不良企图，依情理而论，受益人该属刘爱民，否则的话，刘爱民为其所雇矿工投保失去了意义。但是在保险合同未载明受益人的情况下，根据《团体人身意外伤害保险条款》第7章第11条，"被保险人在投保时，可以指定受益人。如果没有指定受益人，以法定继承人为受益人"，可见受益人却应为被保险人的法定继承人。由此我们也可以看出，当法律与情理发生冲突时，应该遵循法律原则，"以事实为依据，以法律为准绳"是法律适用的基本原则。

【案例135】刚性法律有无弹性

当国家出现公共卫生应急状态时，中央与地方各级人民政府领导医疗机构等相关部门，采取包括预防性的、控制性的和治疗性的等一系列强制措施，如大家所熟悉的"隔离"措施。这些措施有的是纯医疗技术性的，但大多属于行政强制措施行为，无疑带有法律属性。由于大家都理解政府这些措施的"公益性"和"出发点"，都予以配合。但假定有人对这些强制措施不服，是否可以适用法律救济及适用什么法律救济呢？

提示与讨论

法律适用必须遵循"以事实为依据，以法律为准绳"，这是一个刚性原则，但是遇到国家和社会出现特殊情况时，刚性法律有无弹性，是值得我们思考的一个问题。从理论上说，我国的《行政复议法》和《行政诉讼法》早已解决了这一问题：这两法都明文规定，公民、法人或者其他组织，对行政主体所实施的行政强制措施不服的，有权申请复议或者提起诉讼。但如果真的在这种"非常时期"提起这种"非常诉讼"，人们又会感到一些别样。对于非常时期中的行政紧急强制措施的法律救济，该不该与对一般行政强制措施的法律救济有所不同？这是值得我们探讨的问题。

>>> 案例 法理学

【案例136】 法官在适用法律（法规）过程中无权认定法律（法规）无效

2003年1月25日，河南省洛阳市中级人民法院开庭审理了伊川县种子公司委托汝阳县种子公司代为繁殖"农大108"玉米杂交种子的纠纷，此案的审判长为30岁的女法官李慧娟。在案件事实认定上双方没有分歧，而在赔偿问题上，《河南省农作物种子管理条例》第36条规定："种子的收购和销售必须严格执行省内统一价格，不得随意提价。"而根据《中华人民共和国种子法》（以下简称《种子法》）的立法精神，种子价格应由市场决定。法规之间的冲突使两者的赔偿相差了几十万元。

此案经过法院、市人大等有关单位的协调，法院根据上位法做出了判决。然而，判决书中的一段话却引出了大问题。"《种子法》实施后，玉米种子的价格已由市场调节，《河南省农作物种子管理条例》作为法律位阶较低的地方性法规，其与《种子法》相冲突的条（原文如此）自然无效……"

此案的判决书在当地人大和法院系统引起了很大的反响。为此，河南省高级人民法院在关于此事的通报上指出，人民法院依法行使审判权，无权对人大及其常委会通过的地方性法规的效力进行评判。目前在河南省人大和省高级人民法院的直接要求下，洛阳中院已初步拟定撤销李慧娟审判长职务，并免去助理审判员的处理决定。

提示与讨论

法官有权解释法律包括法律法规之间是否存在冲突，有权依照法定程序送请裁决法律冲突。法官的权力是适用法律，而解释法律是适用法律的前提和必要条件。当法官面对几个对当前案件都作了规定的法律法规时，首先要对几个法律法规进行理解和解释，判断其中哪一个法律法规是应当适用于当前案件的，从而做出选择。要尽可能回避法律冲突问题，说明法律法规规定之所以不同是由于适用条件或对象等原因的不同，而非法律冲突所致。因为确认和解决法律冲突不是法官的权力，而只有选择法律才是法官的权力。以此方式回避法律冲突问题带来的尴尬和因报请裁决造成的拖延，同时也采用了应当适用的法律法规。采用这种策略其实是不得已而为之的"技术手段"。这种技术手段只能用来对付那些仅在幅度和数量的规定方面存在差别不大的法律法规之间不一致的情形，而不可适用于在法律原则和精神以及重大问题方面存在严重抵触的情形。其次，当遇到在法律原则、精神和重大问题方面存在严重抵触的情形或采用"技术手段"也无法作出一致性的解释情形时，法官有权裁定案件中止审理，在裁定中可阐述法律法规存在法律冲突问题及其理由，并有权依照程序送请裁决。以牺牲效率来维护法律的统一和严肃，在这种情况下是完全必要的。

【案例137】依法办案，有错必纠——浙江张氏叔侄强奸杀人案[1]

2003年5月19日，杭州市公安局西湖区分局接报，当日上午10时许在杭州市西湖区留下镇留泗路东穆坞村路段水沟内发现一具女尸。经公安机关侦查，认定是当晚开车载货、受托搭载被害人的安徽省歙县张辉、张高平侄叔俩所为。2004年4月21日，杭州市中级人民法院以强奸罪分别判处张辉死刑、张高平无期徒刑。2004年10月19日，浙江省高级人民法院二审分别改判张辉死刑、缓期二年执行，张高平有期徒刑15年。

---

[1] 资料来源：http://dy.163.com/article/T1402997931311/9VOSI3JP051300CF.html，访问日期：2014年7月21日。

>>>> **案例** 法理学

2013年2月6日,经浙江省高级人民法院审判委员会讨论认为,张高平的申诉符合《刑事诉讼法》第242条、第243条第1款之规定,有新的证据证明原判决确有错误,决定进行再审。2013年3月20日,浙江省高级人民法院在浙江省乔司监狱对张辉、张高平一案依法进行了不公开开庭审理(本案因涉及他人隐私)。2013年3月26日的公开宣判认为,有新的证据证明,本案不能排除系他人作案的可能,原一、二审判决据以认定案件事实的主要证据,不能作为定案依据,撤销原审判决,宣告张辉、张高平无罪。2013年3月26日,浙江省高级人民法院依法对张辉、张高平强奸再审案公开宣判,撤销原审判决,宣告张辉、张高平无罪,分别支付国家赔偿金110余万元,共220万。

提示与讨论

该案是2013年受到公众广泛关注的一起冤假错案,司法机关主动纠错的工作值得肯定。近年来,此类被纠正的错案较多,诸如河南的赵作海案、湖北的佘祥林案、云南的杜培武案等,形成冤案的原因也存有相似之处,需引起我们的再度反思。与佘祥林案、赵作海案相比较,在本案的侦查、审理过程中,也存在刑讯逼供、重口供轻物证等问题。从证据适用来看,一审和二审法院均排除有利于被告人的关键证据,认定有罪的证据只是二人的有罪供述,间接证据也极不完整,并没有形成有效的证据链,缺乏对主要案件事实的同一证明力。这无疑是非法证据排除规则确立以来的一个非常典型的案例。通过张辉、张高平叔侄的冤假错案,我们可以看出刑讯逼供等非法搜集证据行为的恣意横行、适用证据规则的不完善和司法工作人员保护人权观念的淡薄。因此,我们深思的是应如何总结教训,正确适用证据确实、充分的证明标准,坚持"疑罪从无"的裁判原则,增强司法工作人员的人权保护意识,从源头上避免刑事冤案错案的发生,发挥刑法的保障人权机能,让《刑法》真正成为"犯罪人的大宪章"。

第四章 法律监督

　　法律监督是法律运行的重要环节，也是法治原则的内在要求。广义的法律监督是指所有的国家机关、社会组织和公民对各种法律活动的合法性依法进行的监察和督促。狭义的法律监督是指特定国家机关依照法定职权和程序，对立法、司法、执法活动的合法性依法进行的监察。法律监督是现代法治国家不可缺少的重要组成部分，是法的统一、权威和尊严的保障性机制，是保证执法机关及其工作人员依法执法的重要手段。

　　法律监督坚持合法性原则、民主性原则、程序性原则和系统性原则。法律监督由法律监督主体（国家机关、社会组织和公民）、法律监督客体（从事各种法律活动的所有国家机关、政党、社会团体、社会组织和公民，重点是司法、执法机关及其工作人员）、法律监督的内容（监督客体行为的合法性和合理性）等构成。法律监督分为国家监督和社会监督，合法性监督与合理性监督，内部监督和外部监督，事前监督、事中监督和事后监督。我国法律监督体系可分为国家监督（权力机关监督、行政机关监督、司法机关监督）和社会监督（政治或社会组织的监督、新闻媒体的监督、公民的直接监督）。

第四章　法律监督

【案例138】 立法监督

2003年初夏,"卖官隐藏在正常程序之中"成为媒体竞相报道的新闻。吉林省白山市政协原副主席、原市委统战部部长李铁成,因其在靖县任县委书记期间卖官受贿被依法判处有期徒刑15年。入狱后,他接受记者采访时说自己在选人用人过程中都是"按正常程序办"。依法办事,在一定意义上讲,就是依程序办事。为什么按程序办事还会出现腐败?纵观李铁成卖官全过程,我们发现原来他是通过掌握选人标准这一规则制定权,事先按照自己要选用的人的条件定下选人标准,然后让组织部"按图索骥",按照他定的"范围"下去"找人",找到后再按程序办。这样,程序就完全成为他实现个人意图的形式。

提示与讨论

这一案例再次启示我们:不受制约的权力极易导致腐败。欲防止腐败,必须加强对权力的制约监督。同时,还给我们另一个更重要的启示:规则的制定(即立法)必须讲利益无涉。规则的制定者不应成为规则的执行者。既是规则的制定者,又是规则的执行者,则该规则必定要打上执行者利益的烙印,甚至成为执行者谋取私利的工具。李铁成正是通过制定用人标准,又自己执行,才能将其卖官罪恶隐藏在所谓的"正常程序之中"。联系到大家反映强烈的近年来立法中的部门倾向问题,立法者觉悟不高固然是其中原因之一,但更重要的原因,恐怕在于立法机制本身。

按照我国现行立法机制,法案的起草,大多由政府有关部门负责;法案起草完成后,有关部门又可以凭借其高度组织化的力量和雄厚的财力,对立法机关进行说服、渗透、讨价还价,甚至要挟;而立法机关中的许多成员,原本就来自政府有关部

> **案例** 法理学

门，其工资、福利待遇仍由有关部门负责，难免会自觉不自觉地成为政府有关部门的代言人。而受规则影响的普通老百姓的意见和利益要求，则往往难以得到充分反映和表达。人人都有追求自身利益最大化的倾向。在这样一种信息严重不对称的立法机制下制定出来的规则，带有浓重的部门利益倾向，也就不足为奇了。没有部门利益倾向，反倒显得不正常。可见，欲克服立法中的部门利益倾向，仅要求立法者提高觉悟是不够的，必须从立法机制上，真正让立法者摆脱部门利益的影响，做到如罗尔斯所说的在一种"无知之幕"下对规则进行选择。所谓"无知之幕"，就是要求参与规则制定的各方都不知道他在社会中的地位、阶级出身、天生资质和自然能力的程度，也不知道他们属于什么时代和所处的经济、政治状况和文明水平，一切会引起人们纷争不已的特殊信息都被排除，因此，他们不知道各种选择将如何影响自己的特殊情况，从而不得不仅仅在一般考虑的基础上对规则进行评价，选择那些无论他们最终属于哪个世代、处于什么地位和状况，他们都准备在这些规则所导致的结果下生活的规则。也就是说，规则制定者，不能事前知道谁会从规则中获益，而只知道在这种规则下获益的人是其所应当获得的，从而保证这种规则在适用于所有人时，都是公平、正义的。"无知之幕"，是一种虚拟的状态，在现实中是不可能真实存在的。人是一种社会动物，无不生活在社会之中。每个人都清楚自己所处的环境，知道什么规则对自己最有利，并努力争取对自己最有利的规则。因此，欲使规则制定者处于"无知之幕"，唯一的办法就是让其处于"全知之幕"，让受规则影响的利益要求都得到充分反映，并最大限度地参与到规则的制定过程中来，最大限度地实现信息对称，使人人处于"全知之幕"，从而使人人处于"无知之幕"，这样才能使制定出来的规则最大限度地接近公平、正义。

【案例 139】 对海关执法权的监督

1992年初，新疆维吾尔自治区党委、政府为了促进新疆贸易企业发展壮大，要求区内各地海关实行"先放后税"政策。1993年至1994年间，喀什市供销外贸公司从独联体进口84辆小汽车，大部分适用了"先放后税"政策，欠缴大量进口环节税款。吐尔尕特海关在多次催缴欠税无果的情况下，对该公司进口货物和银行存款情况进行调查。1997年9月1日，吐尔尕特海关对喀什市供销外贸公司院内堆放的进口废旧金属和停放的6辆小汽车（车型与该公司进口的车型相同，其中2辆"莫斯科人"小汽车无牌照）予以扣留。当时该公司无人出面办理相关扣留手续，海关关员在扣留凭单对此加以注明。在海关调查过程中，阿不都克尤木（当时是喀什市供销外贸公司员工）称上述小汽车归他所有。

阿不都克尤木不服吐尔尕特海关扣留6辆小汽车的具体行政行为，以上述汽车是其个人所有、海关实施行政强制措施对象错误为由，于2001年11月8日向喀什地区中级人民法院提起附带行政赔偿的诉讼请求。喀什中院经审理认为：新Q-05526和新Q-05552号汽车是原告1994年8月以24万元的价格从喀什市供销外贸公司处购买的，以该公司名义预付税款6.3万元取得海关进口证明书后，以原告名义办理了汽车落户手续；新Q-09785汽车是原告1996年1月以6.5万元价格从天津机电设备总公司王晓华处购买的，王晓华取得天津新港海关进口证明书后，原告以自己名义办理了落户手续；新Q-04287号汽车是原告1996年3月以9.5万元的价格从买买提艾力处购买的，但未办理过户手续；2辆无牌照"莫斯科人"汽车是原告以16万

>>>> **案例** 法理学

元价格从喀什市供销外贸公司处购买的,并预付6万元关税,但无海关进口证明书,未办理相关手续。2002年7月3日,喀什中院做出一审判决,责令被告解除对原告新Q-04287号汽车扣留行政强制措施,确认被告扣留其余5辆汽车行为合法。2008年原告胜诉,获赔27万多,历时8年。

提示与讨论

此案是上级海关及司法机关对吐尔尕特海关执法进行行政监督和司法监督的案例。吐尔尕特海关作为国家进出境监督管理机关,在打击走私违法行为的同时,应当遵循尊重和保障人权的原则,依法保护行政相对人的财产权。在本案中,原告依法享有被海关扣留的六辆汽车的财产权。但是吐尔尕特海关在扣押喀什市供销外贸公司的财产时,既没有调查核实扣留车辆的所有权人,扣留后也没有积极行使职权依法进行判别并做出正确处理,以至于错误地将原告所有车辆进行扣留,这明显违反了相关法律的规定。

具体行政行为的合法,必须具备行政主体合法、行为权限合法、行为内容合法、行为程序合法和行为形式合法五个条件。本案中吐尔尕特海关对停放在喀什市供销外贸公司院内的小汽车实施扣留时,没有调查扣留的六辆汽车的所有权人,致使扣留行为对象错误。在案件进入诉讼阶段后,吐尔尕特海关在认识到其扣留汽车的具体行政行为存在不当之处时,没有及时纠正执法错误,而是坚持诉讼。这直接造成了吐尔尕特海关因扣留汽车的时间过长,使得原告遭受较大直接经济损失,直接导致了高额的海关赔偿。

吐尔尕特海关并不是对涉嫌走私违规的货物进行扣留,而是采取税收强制措施。吐尔尕特海关实施扣留的时间是1997年,当时的《中华人民共和国海关法》(以下简称《海关法》)

未规定海关可以扣留纳税人其他财产用以变价抵缴税款的税收强制措施,该税收强制措施在 2000 年修订后的《海关法》中才有规定。因此,吐尔尕特海关扣留汽车的具体行政行为在法律依据的适用上是存在问题的。

综上,吐尔尕特海关采取的行政强制措施不具有合法性,该扣留具体行政行为最终也在司法审查中被法院依法撤销。本案反映出海关在管理和执法上也存在薄弱环节,海关在对进出境货物、物品和运输工具进行监管以及查处违反海关监管规定行为的过程中,应当依法行政,同时注重保护相对人的合法权益,促进海关自身的发展与和谐社会的建设。

【案例 140】 不完善的司法监督

案例一:某区人民检察院提起公诉的被告人周某某公司人员受贿犯罪一案,区人民法院经审理后,认定周某某利用其作为公司工作人员的职务之便,收受回扣归个人所有,数额达到人民币 171 万元,鉴于其有自首情节,且退清全部赃款,以公司人员受贿罪从轻判处周某某有期徒刑七年。周某某不服一审判决,向中级人民法院提出上诉。二审人民法院依法组成合议庭,开庭审理此案,同级人民检察院派员出庭。二审判决书除认定周某某有自首、退清赃款的情节外,还认定其有立功情节,从而对其减轻处罚,改判为有期徒刑二年。据调查了解,认定周某某立功的证据材料是在庭审后由法官获取的,且未在二审法庭上进行质证。该案宣判后,出席法庭审理的检察官没有收到判决书,而该区检察院也是通过一审人民法院才收到二审判决书的。

案例二:某区人民检察院提起公诉的被告人薛某某盗窃一案,一审人民法院判处其有期徒刑四年。薛某某提出上诉,二

> **案例** 法理学

审人民法院既未讯问被告人，也未开庭审理该案，却认为"案件基本事实不清，证据不足"，裁定发回重审。

提示与讨论

上述 2 个案例反映了现行检察制度对上诉案件的审判监督没有给予应有的重视，监督流于形式。在新闻媒体中几乎没有报道过有哪一级我国审判监督的现状是：对第一审判决、裁定实行监督的立法相对而言较为具体，可操作性较强，在司法实践中落实得也比较好，但对上诉案件的审判监督，由于立法不完善，规定过于脱离实际，机构设置不合理，在实践中出现了不少问题，上述两个案例就是证明。但是，检察院作为专门的法律监督机关努力通过诉讼活动的监督来维护司法公正[1]。2013 年检察机关推出学习宣传张飚精神，坚持客观公正立场，严把事实关、证据关、程序关和法律适用关，对侦查机关不应当立案而立案的，督促撤案 25 211 件；对滥用强制措施、违法取证、刑讯逼供等侦查活动违法情形，提出纠正意见 72 370 件次，同比分别上升 25% 和 27.3%。对证据不足和不构成犯罪的，决定不批捕 100 157 人、不起诉 16 427 人，同比分别上升 9.4% 和 96.5%。也有人民检察院对人民法院违反诉讼程序的审判活动进行监督后改判的事例，如张氏叔侄强奸杀人案、于英生杀妻案。张氏叔侄强奸杀人案当事人获国家赔偿 220 余万元。

【案例 141】 政党监督

1999 年 5 月，将满 40 岁的杨正超被组织任命为中共汝南县纪委书记。在 5 年多的任职时间里，杨正超查案 788 起，平均每两天处理 1 名党员干部，150 多名乡科级干部、30 多名乡镇局

---

[1] 参见《2013 年最高人民检察院工作报告》。

委一把手在他手里丢了乌纱帽,这个记录,在全国的县级纪委书记中并不多见。2004年5月,中共河南省委发出向杨正超学习的号召。同年9月,河南省纪律检查委员会组织出版了以杨正超工作日记为主要内容的《一个纪委书记的民情日记》,将其作为"全省党员干部学习的教材"。

十八大以来,"落马"的省部级官员共35人。其中已有15人被最高人民检察院立案侦查。[1]"十八大以来中央持续、高压、强力反腐,尤其是'打虎'战略取得了明显成效,震慑了贪官,振奋了百姓。"十八大以来中央纪委已先后4次共对32起违反中央八项规定精神的典型问题进行了通报,相关责任人受到不同程度的党纪、政纪处分,同时还承担民事责任。

提示与讨论

政党监督不是一般社会组织的监督,而是我们国家的一种具有关键性的监督形式。虽然它对各种法律活动合法性的监督不具有直接法律约束力和直接强制性,但是这种监督也是非常必要和强有力的。

【案例142】舆论监督

2004年6月至11月《湖北日报》登载了一组比较成功的舆论监督报道"两起赖账案"。

案件一:1993年,德国ACE联合咨询工程股份有限公司在将一套纤维板生产设备卖给五峰县国营木材厂的过程中,贷款100万美元给该厂,贷款期满之后,五峰方面先拖后赖,拒不还款。德方不得已于去年2月份向湖北省委书记俞正声上书请求

---

[1] 资料来源:http://www.qh.xinhuanet.com/zwpd/2014-05/12/c_1110650379.htm,访问日期:2014年7月20日。

解决。这组报道见报之后,效果很明显。五峰方面和德方已经达成谅解,他们之间这场旷日持久的欠款纠纷已经获得最终解决。

案件二:2001年,香港商人蒋志成与监利县湖北玉沙汽车零部件股份有限公司合资,先后投入资金120万元,后来合资不成,这家企业不按照当初承诺归还蒋的投资,蒋多次讨要投资,结果都是无功而返。

提示与讨论

舆论监督是社会公众通过新闻媒体对国家机关、公务员及社会生活实施的监督,是人民群众参与国家事务管理、参政议政的重要途径,是监督者按照预先设定的也是能被公众认可的标准对社会生活中发生的事件、人的行为进行的主观的或客观的评价。在我国,舆论监督要取得成功,并非一件易事。我们必须结合本国实际,了解我国舆论监督的特性。

在我国,由于绝大多数媒体掌握在党和政府的手中,而媒体所服务的对象又是全体社会成员,因此,媒体所进行的舆论监督涉及自身利益、政府和政党利益以及整体社会利益,自然就具备了新闻性、政治性和社会性这三大特性。媒体舆论监督的成功往往依赖于对这三方面因素的综合考虑、巧妙权衡。

【案例143】 个案监督

江西省以"个案监督"这种特定概念开展司法监督工作始于省九届人大常委会。1998年下半年,省人大有关专门委员会对群众来信来访的18件重要控告、申诉案件进行了重点调查,并把调查情况向常委会主任会议作了专题汇报。在此基础上,主任会议决定选择其中7件群众反映强烈、社会影响大的案件由常委会实施个案监督。之后,常委会积极主动总结开展对具体司法案件实施监督的实践经验,借鉴兄弟省市的做法,于2000年4月出台了《江西省人民代表大会常务委员会关于个案监督的若干规定》,使江西省的个案监督工作逐步走上了规范化、制度化的轨道。通过开展个案监督,本届人大常委会及有关专门委员会督促有关部门办理了一些有代表性、有影响的控告、申诉案件,维护了公民、法人和其他社会组织的合法权益和法律的尊严。

【案例 144】黑龙江暗访行政执法

从 2001 年开始,黑龙江省政府法制办抽出 3 名行政执法监督人员,历时 100 多天,行程过万里,对全省公安交警、交通、工商、国税、地税等系统的行政执法状况进行明察暗访。他们把所见所闻通过针孔式摄像机全程拍摄下来,录制的录像带达 62 盘之多。

2003 年 4 月 21 日,由此剪辑成的一盘《行政执法暗访纪实》录像带,在黑龙江省加强党风廉政建设和工作作风建设会议上首次公开播放,引起与会干部上至省委书记、省长,下至县委书记、县长的震惊。黑龙江省省委书记宋法棠指出,一些行政执法人员素质不高,私欲严重,在一些地方和单位出现了国家权力部门化、部门权力利益化、部门利益私人化现象。看过录像后,更感到行政上的不正之风非解决不可。

提示与讨论

法律监督是指国家有关机关依照法定权限和法定程序,对立法、司法、执法活动的合法性所进行的监察和督导,法律监督是现代法治国家不可缺少的重要组成部分,是维护法律的统一和尊严的重要措施,是保障法律实施的条件,也是保障执法机关及其工作人员依法办事的重要手段。"徒法不足以自行",

>>> **案例** 法理学

法律的实现，有赖于执法机关和执法人员的具体执行，为了使执法机关和执法人员公正执法，防止滥用法律，滥施权威，不致出现执法违法、犯法的现象，法律监督具有十分重要的意义。

第五章　法律解释

【案例 145】法律解释

《中国青年报》1999 年 12 月 6 日以 "父亲卖了亲生儿子，法无条文难以处罚" 为题，报道了这样一个消息：新疆鄯善县 8 个月大的婴儿被他的父亲以 8 000 元之价出卖；富有戏剧性的是，这个父亲被公安局审查 48 小时后，又因无法定罪而获释。

据报道，这个父亲是新疆鄯善县的农民，4 年前结婚，生有两子。近来，生活捉襟见肘，左思右想，这个父亲竟打起了自己儿子的主意。10 月底，他突然回到鄯善家中，抱走了 8 个月大的二儿子，在乌市以 8 000 元的价格卖给了一个体户。他向买主谎称，自己离婚了，有两个孩子，老婆不管，自己养不起，只好送走一个孩子。然而，母子连心。孩子的母亲向 110 报警。很快，这个刚拿到卖儿子钱的父亲就被警方找到。乌鲁木齐市新市区公安分局刑警一中队队长马力军说，当时他们咨询了相关法律部门，均因其拐卖对象是自己的亲生儿子，而现行法律对此尚无明文规定，也不能类推，便只有将孩子交其母亲带回。

我国《刑法》第 240 条关于拐卖妇女、儿童罪的规定中并没有限定犯此罪的人不能是被害人的亲属乃至其父母，但 "拐卖" 的含义是欺骗或引诱，公安机关不清楚其行为算不算 "拐卖"，所以无法定案，使得法律在执行过程中出现漏洞。

提示与讨论

在立法和执法之间，有两种解释起着重要的作用。一种是国家的法律解释（如立法者自己对法律的解释、最高司法机关对法律的解释等），另一种是民间的学理解释（既指专家对法律的解释，也包括执法者对法律的理解和阐释）。保持相对稳定，是法律可预期的重要依托。朝令夕改固然可以保持法律永远不滞后，但它却让人感到无所适从。而生活不会因为法律的稳定而放慢前进的步伐。于是，在制定法律规范的时候，妥善处理精确性与模糊性的关系就成为一个重要的思维方法。换言之，立法时应当给执法者和法官留下解释的空间。刑法学家陈兴良先生在某次讲座中曾经提到，当人类刚步入文明社会时，由于认识能力的低下，不能对事物进行一般特性的概括，也不能发现运动的规律，故在立法时，往往很具体地列出应当规范的社会现象。例如，在今人看来，盗窃完整的树木与盗窃树上的枝叶都归属于"盗窃他人财物"，而古时的立法却规定：盗窃树叶者，如何处刑；盗窃树干者，如何制裁，这固然具体，然而却显得累赘且死板。

既然法律规范具有概括性特点，那么执法和司法就不再是一种照本宣科的简单活动，它要求执法者和法官必须精熟于法律思维和执法技巧。执法者和法官应当了解法律规范的背景、含义和适用范围，还应当知道各种法律之间的调整范围与衔接办法，为了适用法律，还必须对证据证明了的案件事实进行分析归纳，以便让抽象的法律适用于生动的讼争现实。过去的法官叫作"推事"，大概就是指司法需要正确地理解法律、需要准确地认定事实，再将二者合乎逻辑地联结起来，从而做出符合法律（准绳）、符合事实（根据）的判断（故有学者称司法的本质就是"判断权")。

回头看本案，现行刑法足以用来裁断该案。除了我国《刑法》第240条"拐卖儿童罪"的规定中没有限定犯此罪的人不能是被害人的亲属乃至其父母外，《刑法》第261条规定的"遗弃罪"（即对于年幼没有独立生活能力的人，负有扶养义务而拒绝扶养，情节恶劣的，处五年以下有期徒刑、拘役或者管制），也可考虑作为本案定性的准据法律。如果说父亲出卖儿子的行为与拐卖儿童罪的客观要件不相符合，那么，遗弃罪的成立当无疑义。按照《刑法》和《刑事诉讼法》的规定，公安机关拥有对此种案件的管辖权，应当立案侦查，追究刑事责任。检察机关可对公安在侦查中的失职进行法律监督，以便案件回到诉讼轨道。

【案例146】 北京首用司法解释审"非典罪犯"被告获刑

北京市海淀区人民法院2003年5月21日对张月新谎称患有非典、寻衅滋事案依法进行了公开审理，以寻衅滋事罪，判处被告人张月新有期徒刑2年。此案是北京法院首次适用新司法解释审理"非典罪犯"。

法庭经审理查明，被告人张月新，男，31岁，北京市运通有限责任公司司机。2003年4月24日16时30分，张月新酒后在北京市海淀区清河毛纺厂南小区超市门前，购买北京市京京肉食厂售货车上熟食制品（口水鸡1只、牛肉2袋、叉烧肉2袋等，共计价值人民币69.2元）时，不付货款即欲离去。当售货人员要其付款时，张月新先拿出一张面值100元的假币，被售货人员当场识破后，便谎称自己患有非典型肺炎，以此进行言语恐吓，又持水果刀威胁售货人员，拒不交付货款，货主报案后，张月新被警察当场抓获。

>>> 案例 法理学

海淀区人民法院认为，被告人张月新在购买食品时使用假币，被货主识破后，便谎称自己患有非典型肺炎，公然强拿硬要他人食品，并在获取食品后仍不罢休，继续搅乱他人正常经营活动，扰乱公共场所秩序，其行为不仅侵犯了他人的人身及财产权利，同时还扰乱了社会公共秩序，已构成寻衅滋事罪。

鉴于被告人张月新利用非典疫情强拿硬要他人财物，且借酒滋事，造成公共场所秩序严重混乱，情节严重，对其应依法从重处罚。海淀区人民法院根据《中华人民共和国刑法》第293条第3项、第4项，第64条及《最高人民法院、最高人民检察院关于办理妨害预防、控制突发传染病疫情等灾害的刑事案件具体应用法律若干问题的解释》第11条之规定，依法作出上述判决。

提示与讨论

法律解释是指有关国家机关或个人对法律规范的内容、含义、精神和技术要求所做的说明。法律解释是极为重要的工作，正确理解法律规定的精神实质，明确其内容和含义，是正确实施法律的前提。法律规范是抽象概括的，同时它也不能涵盖所有的社会生活，法律条文无论多么科学准确，都不可能完美无缺，因此法律解释工作显得尤为重要。正式的法律解释是具有法律效力的，它可以成为具体案件的适用依据。

【案例147】人身损害赔偿适用司法解释

李香兰（化名）是郑州市一家银行的职员，2013年3月17日上午8时30分左右，李香兰骑着自行车途经郑州市农业路河南大通置业有限公司（以下简称大通公司）所有的绿洲数码大厦建筑工地时，突然从该工地喷射出一股数米高的混凝土砂浆，落到快车道和慢车道之间，过路行人纷纷躲避，其中一名叫阿克西的男子为了躲避砂浆，猛然转身时将李香兰撞倒在地。李香兰只觉得左腿疼痛难忍，不能动弹。阿克西立即拨打110报警，后将李香兰送到医院治疗。之后，阿克西与施工单位交涉，并预付了5 000元的住院费。经医院诊断，李香兰左股骨、颈骨骨折住院治疗。3月24日，李香兰在全身麻醉下进行左髋部人工关节全髋置换手术。4月11日，李香兰出院。

绿洲数码大厦是由大通公司发包，郑州市建隆安装装饰工程有限公司（以下简称建隆公司）总承包施工的建设工程，建隆公司将泵车注砂浆的全部工程分包给黄根林，发生混凝土砂浆喷溅的泵车亦为黄根林所有。于是李香兰一纸诉状将建隆公司、大通公司、黄根林和阿克西推上了被告席。李香兰认为，此案应当由引起险情发生人即建筑物所有人、施工单位与阿克西承担她的损失，要求法院判令4被告赔偿医疗费、误工费、护理费等计22万余元。

郑州市金水区人民法院经审理认为，建隆公司及黄根林作为绿洲数码大厦工程的总承包人及分包人，对工程的施工负有安全防护之义务，因其疏于安全检查，管理不当，致使泵车出现故障，造成砂浆喷溅事件的发生，阿克西为躲避砂浆不慎将李香兰撞伤。对事故的发生，建隆公司及黄根林负有过错责任。阿克西没有过错，不应承担责任。大通公司作为工程的发包方，其已将工程承包给建隆公司，对施工工程的安全防护义务应由建筑施工单位负责，对此事件的发生，大通公司也无任何过错。2014年6月8日，郑州市金水区人民法院判决如下：被告建隆公司和黄根林赔偿原告李香兰医疗费、残疾慰抚金及其他相关费用共计19万余元，两被告负连带责任。

提示与讨论

解析之一：阿克西的行为不构成紧急避险，不承担法律责任。

所谓紧急避险，是指为了使公共利益、本人或者他人的合法权益免受现实和紧急的损害危险，不得已而采取的致人损害的行为。构成紧急避险必须有一定的条件：其一，紧急避险必须是在确实存在严重危险并且别无他法解救的情况下采取的；其二，紧急避险所损害的利益必须小于被保全的利益；其三，采取措施必须得当，不得超过必要的限度。我国《民法通则》第129条规定："因紧急避险造成损害的，由引起险情发生的人承担民事责任。如果危险是由自然原因引起的，紧急避险人不承担民事责任或者承担适当的民事责任。因紧急避险采取措施不当或者超过必要的限度，造成不应有的损害的，紧急避险人应当承担适当的民事责任。"因此，如果险情的发生归因于人的行为或者人管理下的物件、活动，则应由该行为人或者管理人承担民事责任；如果险情的发生归因于自然力，避险人原则上不负责任。我国《民法通则》第132条规定："当事人对造成损害都没有过错的，可以根据实际情况，由当事人分担民事责任。"如果紧急避险采取措施不当或者超过必要限度而造成不应有的损害，避险人应当承担适当的民事责任。

具体到本案，作为被告之一的阿克西在遇到突发性的危险时，只是出于人类趋利避害的本能而向后转身躲避。从主观上看，阿克西当时并无采取紧急避险的意图；从客观上讲，阿克西当时所采取的行为也并非必然导致原告受到人身侵害。因此，从根本上讲，阿克西的行为不构成紧急避险，当然也更谈不上避险过当了。法院判决阿克西不承担责任是正确的。

解析之二：谁有过错谁赔偿。

本案中，原告共起诉了4名被告。法院判决由其中两名被告承担责任的依据是什么？就被告阿克西与原告两者来说，虽然阿克西是造成李香兰身体伤害的直接责任人,但是,这显然是由于第三人(即建隆公司、黄根林)的过错造成的。从法律意义上讲,被告阿克西对于原告李香兰所受到的人身伤害是没有过错的。因此,人民法院最终判决被告阿克西不承担任何民事责任。鉴于建设工程与承揽活动在法律和实践中存在诸多近似性,因此,人民法院在审理案件时,经常会参照相关承揽活动的一些法律规定。例如,我国《合同法》第287条规定:"本章没有规定的,适用承揽合同的有关规定。"《最高人民法院关于审理人身损害赔偿案件适用法律若干问题的解释》第10条规定:"承揽人在完成工作过程中对第三人造成损害或者造成自身损害的,定作人不承担赔偿责任。"同时,我国《民法通则》第106条第2款规定:"公民、法人由于过错侵害国家的、集体的财产,侵害他人财产、人身的,应当承担民事责任。"具体到本案:一方面,建筑工程所有人大通公司(相当于定作人)将其工程承包给他人(即建隆公司、黄根林,其相当于承揽人)施工,即自己并非施工人;另一方面,大通公司对原告的人身伤害亦不存在过错。所以在本案中,法院判决大通公司不承担民事责任。基于以上分析,对于原告所受到的人身伤害,显然是由作为被告的建筑工程承包人建隆公司与建筑工程分包人黄根林的过错造成的,故两被告应对原告承担民事赔偿责任。

解析之三:赔偿范围有规定。

首先,我国《民法通则》第119条规定:"侵害公民身体造成伤害的,应当赔偿医疗费、因误工减少的收入、残废者生活补助费等费用;造成死亡的,并应当支付丧葬费、死者生前扶养的人必要的生活费等费用。"《最高人民法院关于审理人身损害赔偿案件适用法律若干问题的解释》第17条规定:"受害人遭受人身损害,因就医治疗支出的各项费用以及因误工减少的收入,包括医疗费、误工费、护理费、交通费、住宿费、住院伙食补助费、必要的营养费,赔偿义务人应当予以赔偿。"同时该解释第18条规定:"受害人或者死者近亲属遭受精神损害,赔偿权利人向人民法院请求赔偿精神损害慰抚金的,适用《最高人民法院关于确定民事侵权精神损害赔偿责任若干问题的解释》予以确定。"因此,本案中原告的诉讼请求都是合理合法的。其次,在我国司法实践中,医疗费的赔偿数额,一般是按照一审法庭辩论终结前实际发生的数额确定的。但在本案中,人民法院却对原告提出的后续治疗费即人民法院审理时尚未发生的医疗费用 4.5 万元予以支持。其理由就在于,《最高人民法院关于审理人身损害赔偿案件适用法律若干问题的解释》第 19 条明确规定:"器官功能恢复训练所必要的康复费、适当的整容费以及其他后续治疗费,赔偿权利人可以待实际发生后另行起诉。但根据医疗证明或者鉴定结论确定必然发生的费用,可以与已经发生的医疗费一并予以赔偿。"应当注意,人民法院所支持的后续治疗费的具体数额,是以"医疗证明或者鉴定结论确定必然发生的费用"为根本依据的,而并非依当事人的诉讼请求来确定的。正是基于此,本案中,人民法院仅对有鉴定结论确定的后续治疗费 4.5 万元予以支持。相反,鉴于无相关证据支持,人民法院依法驳回了原告提出的另外 1.5 万元后续治疗费的诉讼请求。

【案例 148】 商家没有"最终解释权"

人们常常看到,许多商家为促销产品,搞"买一赠一"活动,而所谓的"赠一"却是些价值明显低于该商品的小件物品。还有的商家进行有奖销售,给的奖品名不副实,金项链、金戒指其实是"亚"金的,照相机其实是玩具,食品则是过期食品。

有的电信运营商以免收"坐底费"诱骗客户入某网,一旦客户入网后,又被告知此活动只限活动期间,该活动与法律不符等等把客户到手的实惠取消,要退网,拿40元来!这一个个骗局,若是消费者认为上了当去与商家理论时,商家往往以"此次××活动本商家享有最终解释权"为由,拒绝解释。

提示与讨论

我国正式的法律解释包括立法解释、司法解释和行政解释,是具有法律效力的。而非正式解释,包括学理解释、任意解释等,不具有法律效力。商家的解释是不具有法律效力的。

《消费者权益保护法》规定,商家或厂家在经营活动中,应当遵循自愿、平等、公平和诚实守信的原则,为消费者提供真实、准确、客观的消费信息,不能用模糊和容易引起歧义甚至虚假的内容来欺骗、误导消费者,更不能用格式合同、通知、声明、店堂告示等方式来减轻、免除其损害消费者权益所应承担的法律责任。因此,上述这种在促销活动中以标明自己享有"最终解释权"而免责的手段违背了诚实守信、公平自愿的原则,损害了消费者利益,属于不公平不合理的规定,是不合法的。

我国《民法通则》、《合同法》中均有规定,当消费者发生消费行为后,便与厂家或商家之间形成一种合同法律关系,当消费者对这种合同条款与厂家或商家出现分歧时,有权对其进行解释的只有人民法院和仲裁机构。因为人民法院享有国家审判权,仲裁机构享有仲裁裁决权,这两种权力均是国家法律赋予的,任何组织、国家行政机关以及个人均不能干涉,亦不能取代。仲裁制度以当事人自愿为前提,所以仲裁机构的解释也必须以发生合同争议的消费者与厂家或商家之间的约定为依据,否则仲裁机构便不能解释。目前,也存在着相关行政机关对个别厂商商业行为进行解释的情况，根据司法最终解释的原则，消费者对行政解释内容合法性有异议的，可以通过提起行政诉讼，最终仍以司法途径确认行政解释是否合法。对于厂家或商家对自己营销行为进行的解释，必须是在不违背法律法规、不损害消费者利益的前提下才能生效，否则，便不能发生法律效力。

【案例 149】 逻辑推理

2008年12月1日，原告唐选礼与被告华康公司签订31号和32号两份合同。31号合同约定：唐选礼购买位于成都武侯区玉林小区兰天路5幢某小区某幢四、五层楼7号和9号两套房屋，面积358.244平方米，每平方米售价2 700元，合计房款967 258元；另购两个车位，计10万元；共计应付房款1 067 258元。华康公司所建房屋定于2010年9月30日竣工。合同还约定了分期付款的具体方式及违约责任。32号合同系唐选礼以徐云刚名义签订的。该合同约定：徐云刚购买位于成都武侯区玉林小区兰天路6幢四、五层楼7号和9号两套房屋，面积358.244平方米，每平方米售价3 500元，合计房款1 253 854元，另购买两个车位，16万元。华康公司所建房屋定于2010年9月30日竣工。合同还约定了分期付款的具体方式及违约责任。双方所签31号和32号合同除房价不同外，在房屋户型、面积、结构、标准、竣工期及违约责任等方面均一致。至2010年4月9日，唐选礼按31号合同已付房价85万元，同年11月5日又付10万元，并同时提出解除32号合同。当日由唐选礼手书《协议》一份，协议原文为："如果购三套，11月底结清改装后的二套房款，按均价3066元/平方米计算，另付第三套一半房款，另一半房款于12月底全部付清（包括车库款全部付清）。"

2014年3月4日，唐向华康公司申请交付31号合同约定的房屋，但华康公司以唐还有14万余元价款未付清为由而拒绝交房，双方发生纠纷诉至法院。

提示与讨论

在司法的过程中，法律推理发生着必不可少的作用。一般意义上的法律推理表现在法官司法活动的整个过程中，但是在特殊意义上，法律推理也表现在法官解释法律和确认事实的过程中。从前者来说，法律推理是作为法律解释的手段和过程存在的。而从后者来说，绝大多数情况下，法官都能够依靠查证属实的证据对事实做出明确的认定，即使在少数证据不能达到证明案件事实的证明标准而使案件事实真伪不明的情况下，法官也可以以法律确认的证明责任的分配规则来解决事实真伪不明时的裁判方法。但是，司法实践中仍然存在法官需要依靠推理的方法确认案件事实的情况，尽管其普遍性和数量都远远低于解释法律时的推理。

本案法院在审理过程中，由于《协议》内容含糊，不能直接证明双方争议的事实，双方提供的其他所有证据也不能直接证明这一问题。在此情况下，法官根据双方提供的证据和案件的实际情况，采用了一系列逻辑推理的方法，最后推定被告主张的事实成立，其推理过程如下。

推理之一：法官认为，31号和32号两份合同所指的房屋系同一地段、同一户型、同样面积、同样结构，但单价却相差800元，加车库两合同总价款相差34万余元，这是明显违背常理的。该推理过程可以用逻辑推理的形式表达为：按常理，相同地段、相同户型、相同面积和相同结构的房屋价格应当相同，而31号和32号合同房屋系相同地段、相同户型、相同面积、相同结构但价格却不相同，所以两合同的房价不符合常理。

> 案例 法理学

推理之二：法官认为，在两个合同中被告都有对房屋进行相同改装的义务，而被告履行32号合同比履行31号合同可以多获利34万余元，在此情况下被告只履行31号而不履行32号合同意味着其在明知可以多获利的情况下而选择少获利，这是违背常理和交易习惯的。因此原告所称解除32号合同是因为被告不履行该合同的改装义务之理由不能成立。该推理过程可以表达为：凡违背常理和交易习惯的解释理由都不能成立，原告关于解除32号合同的解释违背常理和交易习惯，所以原告的解释理由不能成立。

推理之三：法官认为，原告虽称31号合同是被告自愿降低价格但却不能对32号合同的存在、解除和协议的产生作出合理解释。该推理过程可表达为：不符合常理的事实，如果能有合理解释也可以成立，原告不能对不合常理的事实作出合理解释，所以原告主张的事实不能成立。

推理之四：法官认为，被告关于在解除合同时双方签订的《协议》中3 066元的单价系对解除单价高于均价的32号合同而保留单价低于均价的31号合同的平衡价的陈述更接近客观真实，因而对其关于《协议》中的"两套房屋"是指31号合同房屋的主张予以认定。该推理过程可以表达为：能够对《协议》所述的"两套房屋"是指31号合同而非另外合同中约定的房屋作出合理解释，该事实就应当予以认定，被告对此作出了合理解释，所以被告主张的事实应予认定。

推理之五：法官认为，《协议》用语虽然含糊，但如果将其中"如果购三套房屋"作为"11月底前结清改装后的二套房款，按均价3066元计算"的条件，由于购三套房屋系原告单方面的决定，故此非真正的条件。该推理过程可以表达为：如果《协议》中降价的房屋是另外合同中的房屋，那么这些房屋应该是双方已经另外约定购买的房屋，而双方并没有约定另外购买三套房屋，所以协议中降价的房屋不是另外合同中的房屋。

在经过一系列推理之后，法官认定：在原告提出解除32号合同后，被告与原告已协商将31号合同的价格变更为每平方米3066元。原告仅以31号合同主张价款，不仅违背了其与被告所作的变更价格的承诺，而且违背诚实信用原则。故支持了被告主张的事实。通过对本文典型案件推理过程的剖析和研究，事实推理作为一种法律方法，在法官认定事实过程中大有用武之地，但是它对法官的逻辑思维能力和司法判断水平要求较高。法官在认定事实中虽然不排除采用推理方法，但一定要慎用而不能滥用，也不能随意性进行，推理过程要非常严谨、精确。推理结论应当允许被其他证据反驳或推翻。

【案例150】 法律推理

2006年2月14日，倪女与高男到双方户口所在地的某市甲镇人民政府登记结婚，后因夫妻关系不睦，经协商双方自愿离婚，并就共同财产、子女抚养等问题达成了协议。2011年3月3日，倪女与高男通过熟人关系到某市乙镇人民政府办理了离婚登记手续。2013年3月，高男因车祸死亡。同年5月，镇人民政府收到某律师的律师意见书，认为乙镇人民政府对倪女、高男的离婚登记行为属越权行政，应当予以纠正。乙镇人民政府于2013年5月9日做出撤销倪女与高男离婚登记行为的决定。倪女不服，向某市人民政府申请复议，复议机关认为乙镇人民政府非一方户口所在地镇政府，为倪女、高男办理离婚登记，发放离婚证书属行政越权行为，乙镇人民政府发现错误后，及时纠正，对该行为予以撤销并无不当，故复议维持了乙镇人民政府的行政行为。

案例 法理学

倪女不服行政复议，向人民法院起诉要求撤销乙镇人民政府做出的撤销离婚登记的具体行政行为。一审法院受理后认为，乙镇人民政府对自己越权所做的具体行政行为依法予以撤销并无不当，故判决驳回了倪女的诉讼请求。

提示与讨论

本案中，存在着三个法律推理。第一个法律推理是乙镇人民政府在撤销自己的行政行为过程中，根据行政法律规定，行政机关应当在其权限范围内行使权力。乙镇人民政府在认识到自己行政行为越权后，即做出了撤销的具体行政行为。在此法律推理中，行政机关选择适用的大前提是行政法律规范。第二个法律推理是原告倪女认为其与高男在离婚过程中意思表示真实，对财产和子女的抚养上亦不存在争议，且双方到人民政府办理了离婚登记，因此，其离婚的民事行为已经得到了民事法律的保护，故认为乙镇人民政府的撤销离婚登记行为侵犯了其合法权益。在此推理中，倪女适用的是我国婚姻登记条例（但是，不符合条例中规定的形式要件）。第三个推理就是法官在处理该行政案件过程中运用的法律推理。法院最后的判决并没有解决这两个三段论存在的矛盾冲突，甚至没有意识到这两个三段论冲突的存在，更谈不上从法律上为今后出现的这种情况提供解决的思想了。

然而，法律推理是在法律争辩中运用法律理由的过程，是一种寻求正当性证明的推理。而且，在法庭上，控辩双方律师的推理和法官的推理究竟何者具有权威性，并不是以其身份来划定的，而是以其推理是否具有法律理由和正当理由，即是否合乎理性而决定的。这就说明我们在进行法律推理时，除了要具有法律理由，还要具备"正当理由"。正当理由之所以成为正当理由，在于它所提供的理由符合人的理性，而理性的作用正

第五章 法律解释

在于能说服人。在司法实践中，我们对法律理由和正当理由所做的权衡，在于使较低的理由服从更高的理由，因为合法性只能说明法律上有限的理由，正当性则从人类更高的价值来说明法律存在、变化和发展的根据。因此，法官在对本案进行法律推理时，应当充分权衡行政法律法规和婚姻登记条例在本案中的更合适性和更正当性。所以，对本案中离婚登记主体错误，不可以用撤销的方式予以纠正，这也是两法冲突时，取其要义之所在。倪女与高男的离婚，未按照《婚姻登记管理条例》的规定到户籍所在地的婚姻登记机关去登记离婚，而是通过熟人到非一方户籍所在地的乙镇人民政府进行了离婚登记。虽然登记主体不当，属婚姻登记行为程序上的错误，但在实体上，两人离婚的意思表示是真实的，不仅亲自去了婚姻登记机关，而且对共同财产、子女的抚养等问题都进行了协商并达成了协议，因此他们的离婚登记既不属于法定的应当撤销的情形，也不属于违反法定程序应当撤销的情形。基于婚姻关系的不可逆转性和撤销婚姻的法定性、限定性，原婚姻登记主体不能按一般行政行为错误来自行纠正。在一般行政行为中，当行政机关发现自己已做出的具体行政行为有错误，按照有错必纠的原则，该行政机关可以用撤销具体行政行为的方式来纠正自己的错误从而达到行政行为合法的目的。

第三编
法与社会

第一章　法与道德的关系

何谓道德？道者，路径也；德者，得道之谓也。道，原指道路，后引申为规范、规则、道理、学说或信仰。孔子在《论语》中说："志于道，据于德，依于仁，游于艺。"[1]又说："朝闻道，夕死可矣。"道，在这里是指做人治国的根本原则和行为规则，为人秉性和品德。宋明理学家朱熹在《四书章句集注·论语注》中说："德者，得也，得道于心，而不失之谓也。"[2]即将做人的规范、道理、准则、规矩入脑入心，成为人思、言、行的规则和人生信条。在我国历史上最先将"道"和"德"合用，组成一个词的当数荀子，他在《劝学篇》中说："礼者，法之大分，类之纲纪也，故学至乎礼而至矣。夫是之谓道德之极。"[3]因此，我们认为，道德，是指人们在长期的共同生活中形成的用以维护共同利益和每个社会成员根本利益的关于善良与丑恶、正义与偏私、诚实与虚妄、正确与错误、光荣与耻辱等观念，情感和行为习惯，以及靠社会舆论、内心信念和传统习惯来实现的社会行为规范的总和。关于道德的本质问题，

---

[1]（宋）朱熹：《论语集注》，中国社会出版社2013年版。
[2]（宋）朱熹：《论语集注》，中国社会出版社2013年版。
[3]《荀子·劝学篇》，张觉、吕佳译评，吉林出版集团有限责任公司2011年版。

> **案例** 法理学

从伦理学角度而言,"道"是行为的原则,"德"是行为的效果。道德一词的含义是指人的行为合于理(指天理、人情、国法)而利于人。也就是说,道德的本质是"合理地利他"。法律与道德同为人的社会行为规范,其目的都在于维护一定团体的全体成员的共同利益,而将人们的行为约束在社会所许可的范围之内,对人的行为均具有指引、评价、抑制即规范的作用。但他们是有区别的:例如二者产生的时间不同,道德产生在先,法律形成在后;调整的范围不同,道德调整的社会关系的范围要远远大于法律所调整的社会关系的范围;推行的方式不同,道德通常是由社会舆论和个人良心的力量推行的,不遵守道德往往会受到社会舆论的谴责和自己良心的自责、鞭打和折磨,即通过外贬其人格,内诛其心灵的方式迫使人们自觉执行,而法律则是以国家暴力强制人们遵守的;效果不同,道德约束人的心理,法律约束人们的行为;道德是法由己出,法由己行,自己当自己的法官,因而为自律机制,而法律则由统治阶级制定和认可,体现统治阶级的阶级利益,所以为他律机制,且法律执行的结果是制裁违法行为,即只能限制人的行为,而不能限制人的心灵;作用不同,道德重在预防,而法律则重在制裁。在现代社会,合理的治国方略应该是综合治理。我们在推行法治的同时,要认识到法律不是万能的,现代文明呼唤"德法"共治。文明道德为法律之母,法律来自于道德,法律建立于道德的基础之上,法律与道德在内容上有许多共同之处。通常,道德所提供的,便是法律所保护的;道德所反对的,便是法律所禁止的。例如,道德提倡见义勇为,刑法便规定正当防卫受法律保护;道德提倡助人为乐,民法便规定了无因管理制度;道德提倡拾金不昧,民法便规定了拾得遗失物返还制度;道德提倡邻里亲和,民法便规定了相邻关系;道德提倡孝敬父母,刑法便规定虐待父母为犯罪行为；道德反对偷窃、乱淫、贪贿，刑法便规定盗窃、强奸、贪污、受贿为犯罪行为；道德提倡维护社会公共利益，法律便规定了公共利益原则或曰公序良俗原则；等等。所以人们常说道德为法律之肉身，法律为道德之甲胄；道德为抵御罪恶的第一重堤坝，法律为抵挡罪恶的第二重堤坝。为达共同目的，二者互为表里，相辅相成，相得益彰，共同发挥着维护社会秩序的作用。

【案例151】马兰摔子案

包工头李海旺在一次聚餐时认识了搞装修材料的马兰，之后二人交往甚密，并很快发展为同居关系。李海旺在丹东老家有妻室儿女，却在施工现场附近租房过起了包二奶的生活。不久，马兰生下小孩取名小宝。可好景不长，一是李的建筑生意越来越不好做，二是李在老家的妻子也经常找到李大吵大闹。为此，李与马也是吵闹不休。2012年10月底，李带着小宝回了丹东老家，拒而不见马兰。马兰失去了小孩，又没有生活来源，无奈之下只得求李看在孩子的份上还是合好。在李回到马兰身边后的第三天，两人又为生活费等问题大打出手，李第二日谈工程之时，马兰越想越伤心和生气，一个罪恶的念头油然而生。为了惩罚李海旺，马兰抱着孩子来到了七楼的缓步台，将小宝扔了下去。命大的小宝在二楼被电线垫了一下，还是摔成了重伤。马兰看了一眼在地下痛苦挣扎的小孩，到派出所投案自首。马兰因故意杀人罪被刑拘，李海旺因重婚罪取保候审（照顾小孩）。这是一起典型的因包二奶而引发的刑事案件。

提示与讨论

在这起案件中，李海旺和马兰因为没能守住道德的防线，最终走上了犯罪的道路，给国家、社会和子女造成了不应有的伤害。

案例 法理学

【案例152】 遗产赠与"二奶",原配成被告

现年60岁的蒋伦芳与四川省泸州市纳溪区某厂职工黄永彬于1963年6月经恋爱登记婚姻,婚后夫妻关系一直较好。因双方未能生育子女,便收养一子(黄勇,现年31岁,已成家另过)。1990年7月,蒋伦芳因继承父母遗产取得原泸州市市中区顺城街67号房屋所有权,面积为51平方米。1995年,因城市建设,该房被拆迁,由拆迁单位将位于泸州市江阳区新马路6-2-8-2号的77.2平方米住房一套作补偿安置给了蒋伦芳,并以蒋伦芳个人名义办理了房屋产权登记手续。1996年,年近六旬的黄永彬与比他小近30岁的爱姑相识后,便一直在外租房公开非法同居生活,其居住地的周围群众都认为二人是老夫少妻关系。2000年9月,黄永彬与蒋伦芳将蒋伦芳继承所得的位于泸州市江阳区新马路6-2-8-2号的房产,以8万元的价格出售给陈蓉。双方约定在房屋交易中产生的问题由蒋伦芳承担,故实际卖房得款不足8万元。2001年春节,黄永彬、蒋伦芳夫妇将售房款中的3万元赠与其养子黄勇另购买商品房。2001年初,黄永彬因患肝癌病晚期住院治疗,爱姑去医院准备照顾黄永彬,但遭到蒋伦芳及其亲友的怒骂,并相互发生抓扯。黄永彬于当年4月18日立下书面遗嘱,将其所得的住房补贴金、公积金、抚恤金和卖泸州市江阳区新马路6-2-8-2号住房所获款的一半计4万元及自己所用的手机一部,总计6万元的财产赠与"朋友"爱姑所有。2001年4月20日,泸州市纳溪区公证处对该遗嘱出具了(2000)泸纳证字第148号公证书。2001年4月22日,黄永彬因病去世。黄永彬的遗体火化前,爱姑陪同律师上前阻拦,并公开当着原配蒋伦芳的面宣布了黄永彬留下的遗嘱。蒋伦芳的亲属们感到十分震惊,气愤之下,双方再次发生争吵。当日下午,爱姑以蒋伦芳侵害其财产权为由,迫不

第一章 法与道德的关系

及待诉讼至泸州市纳溪区人民法院,公然与黄妻争夺遗产。"二奶"爱姑诉黄妻蒋伦芳遗产纠纷案诉至法院后,社会各界对该案十分关注,对于原告是否有权享有黄永彬的财产,众说纷纭,拭目以待人民法院对该案如何判决。纳溪区法院对本案也十分慎重,在4次开庭后才做出了驳回原告诉讼请求的判决。宣判后,1 500名旁听群众掌声雷动。法院认为遗嘱不采信,遗赠判无效。理由:第一,抚恤金不是个人财产,它是死者单位按照国家有关规定对死者直系亲属的抚慰金;第二,遗赠人黄永彬的住房补助金、公基金是与蒋伦芳的夫妻关系存续期间所得,应为夫妻共同财产,不能单独处分;第三,以8万元已经出售的位于泸州市江阳区新马路6-2-8-2号的房产款,缴纳税费后,不足8万元,其中3万元赠与其养子黄勇另购买商品房,所以遗赠人黄永彬能处分的该房款没有4万元,对该公证遗嘱不予采信;第四,遗赠人黄永彬无视法律规定,违反社会公德,漠视结发夫妻的忠实与扶助,在外包"二奶"并把财产赠与"二奶",破坏了一夫一妻制,更败坏了社会风气。

提示与讨论

法律与道德都是维系社会正常关系的社会规范,但在具体的实践过程中,又往往会出现相悖情况,因此,在坚持法律与道德统一的情况下,必须对不道德的行为做出公正的裁决,本案即是一个例证。本案"二奶"手持的遗嘱虽然经过公证,但法院以《民法通则》所规定的基本原则[1]为依据,否定了该公证遗嘱的法律效力。这一判决,使合法配偶的权利在得到婚姻法、继承法、刑法等的保护之外,还得到了民法通则的保护,

---

[1]《民法通则》第7条规定:"民事活动应当尊重社会公德,不得损害社会公共利益,破坏国家经济计划,扰乱社会经济秩序。"

体现了法官坚决维护一夫一妻婚姻制度和建立良好的社会主义道德风尚的决心。这也使"二奶"们看到，即使有了经过公证的遗嘱，也不能保证自己能够分到遗产。为了财产而与他人非法同居，有可能使自己鸡飞蛋打。

【案例153】 中国"权力道德"的法律化

在淳化权力道德方面，纵向而言，中国古代传统法律文化有很好的借鉴意义。实际上，与西方国家的政治制度相比，中国早期的政权更重视为政者的德行。与周朝的德治思想相对应，在《周礼》这一包罗万象的记载周朝法律状况的典籍中，已经有了对官吏的道德要求。秦简中的《为吏之道》也有官吏道德标准："吏有五善：一曰忠信敬上，二曰清廉毋谤，三曰举事审当，四曰喜为善行，五曰恭敬多让。"在中国传统法律文化鼎盛时期的唐朝，对官吏道德资质的衡量标准更为系统化、规范化。其考核官吏时，把官吏的德行和具体业绩综合起来考虑，即用"四善"、"二十七最"逐项对照考核各级官吏。另外，唐朝的监察机关御史台的主要任务是监督各级官吏是否遵守法律，它与大理寺、刑部联合办案的主要目的在于纠正官吏在审判中的违法行为，所以设立监察机关的着眼点是"治吏"而非"治民"。唐朝通过这种周密完备的道德法律体系，树立了各级官吏明确自身职责，廉洁奉公的道德风尚。唐朝是中国封建社会最为繁荣的时期，民生安定，政治较为清廉，这些是与其重视吏治进而将权力阶层的道德要求规范化、法律化分不开的。在现代有许多国家对约束政府官员权力的道德原则法律化，如美国的《从政道德法》[1]，对政府官员申报私人财产、收受礼品等

---

[1] 该法于1987年通过。

做出规定,《在阳光下的政府法》规定了政务活动的公开性,以便于群众监督。有关立法、司法、行政执法等领域中的道德自律要求也都可以法律化,如中国的法官法、检察官法、警察法、公务员条例中,都有各自的职业道德的法律规定。[1]

提示与讨论

"官德"关系国计民生,无论是古今中外,作为官德的"权力道德"均法律化,目的是以国家强制力作为后盾来约束和限制"权力",因为"一切有权力的人都习惯于滥用权力,这是亘古不变的一条经验。"[2]

【案例154】 西方立法中道德的法律化

西方立法实践也贯彻了道德的法律化倾向,如有关诚实信用原则的法律化就很能说明问题。1863年的《撒克逊民法典》第858条规定:"契约之履行,除依特约、法规外,应遵守诚实信用,依诚实人之所为者为之。"19世纪后期制定的《德国民法典》第242条规定:"债务人须依诚实和信用,并照顾交易惯例,履行其给付。"《瑞士民法典》第2条规定:"无论何人行使权利义务,均应依诚实信用为之。"《美国统一商法典》第203条规定:"凡本法范围内之任何合同或义务均要求(当事人)必须以诚信履行或执行之。"该法典的《正式评论》解释说:"本条确立了一个贯穿全法典的基本原则,即在商业交易中,要求所有的协议或义务以诚信履行或执行之。"可见,在西方民法典或商法典中,作为道德原则的诚实信用被转化为最高的法律原

---

[1] 刘海年主编:《依法治国与精神文明建设》,中国法治出版社1997年版,第318页。

[2] [法]孟德斯鸠著,严复译:《论法的精神》,上海三联书店2009年版。

则，故学者称其为"帝王条款"。从现代刑法典看，见危不救之类的不道德行为也被视为犯罪予以制裁。例如，1994年的《法国刑法典》规定："任何人对处于危险中的他人，能够采取个人行动，或者能唤起救助行动，且对其本人或第三人均无危险，而故意放弃给予救助的，处5年监禁并科50万法郎罚金。"1968年的《意大利刑法典》规定："对气息仅存或受伤或危急之人，疏于必要的救助或未及时通知官署者，处3个月以下徒刑或科12万里拉以下罚金。"1976年的《德国刑法典》规定："意外事故或公共危险或急难时，有救助之必要，依当时情况又有可能，尤其对自己并无显著危险且违反其他重要义务而不能救助者，处1年以下自由刑或并科罚金。"1971年的《西班牙刑法典》规定："对于无依无靠且情况至为危险严重者，如果施予救助，并由于其介入可以阻止某件侵犯他人生命的犯罪或对他人尊严、贞操、安全的重大伤害，对自己或第三者又无危险，但不施予救助，应处以长期监禁，并科以西币5 000元至10 000元罚金。"

提示与讨论

以上说明，西方国家的刑法典已把见义勇为、扶危济困之类的道德规范有条件地法律化了，说明其注意运用法律的强制力来推行其提倡的道德规范。

【案例155】 法与道德不能等同

周某于2000年6月1日在某商场购买了一台"清新"牌空调机，支付了2 000元人民币。商场收款后开好发票，并将空调送到周某家中为其免费安装好，承诺保修一年。在使用一个星期后，即2000年6月8日，周某发现该空调不能启动，随即打电话到商场维修部找维修人员上门维修。维修人员检查后称未

第一章 法与道德的关系

发现问题,答应为周某联系厂方的维修人员为其上门检查,周某也就未再与商家争执。后周某被公司派到外地工作,将维修空调之事忘记,厂方也未派人来维修。2003年1月,周某回家,想起空调尚未维修,于是再度联系商场,商场却以保修期已过为由拒绝再次上门维修,也拒绝为其联系厂方。周某多次找商场协商未果,将该商场告上法庭,要求商场为其免费维修空调,并承担本案的诉讼费。法院经过调查,发现该空调的启动装置由于质量问题被烧坏,导致空调无法正常工作。该商场卖出的该批产品均存在类似质量问题,且已经有多位顾客上门要求调换产品,但商家为了自身的利益,明知出售的是有质量问题的空调,仍然在未向顾客说明的情况下将商品售出。根据民法有关条文的规定,对商场出售有质量问题的商品未予声明的,民事权利的诉讼时效为两年。由于周某在知道自身权益受到侵害后的两年内(2000年6月8日~2002年6月8日)未向法院提起民事诉讼,已过诉讼时效,故法院依法裁定驳回周某的起诉。

提示与讨论

从本案例中可以看出法与道德之间的关系。法律规范与道德规范在调整范围、手段、内容、后果等各方面均不同。有部分行为道德和法律均可容许,如诚实信用;有部分行为是道德和法律均不容许的,如杀人、盗窃、欺诈等;有部分行为是法律许可但道德不许可的,如上述案例中商场对周某后来提出的维修要求不予答复,从法律上讲,周某对该行为要求法律制裁的诉讼时效已过,法律允许商家进行推诿,但道德上商家的做法应当受到谴责;还有部分行为是道德许可但法律上不许可的,如上述案例中周某要求商家为其维修空调,在道德上讲是完全应当得到支持的,但由于诉讼时效已过,周某想通过法律途径维护其自身合法权益的行为则得不到法律的支持。

【案例156】 小恶习大问题

姜某长期患有支气管炎，导致多痰，又由于个人卫生习惯不好，有随地吐痰的恶习，有时在公共场所随地吐痰，招致众人的批评，姜某对此屡教不改。2003年3月，中国大规模爆发非典型肺炎，其传染性极强。为防止疾病通过痰液传播，当地省政府根据法律制定并于2003年3月15日颁布地方性法规，规定对随地吐痰者可由稽查人员责令其自行擦净痰液并处以100元罚款。2003年4月16日，姜某在马路上随地吐痰被稽查人员当场抓获，被责令擦净痰液并被处以100元罚款。

提示与讨论

本案例体现了法律与道德的区别。①产生背景不同。道德源于社会观念，并自发地存在于人们的信念里；法律则需由国家制定或认可。本案例中，在2003年3月前随地吐痰只是基于人们对该行为的共同反感而存在于人们观念里的道德问题，但在2003年3月15日则经国家制定上升为法律。②表现形式不同。道德不以文字形式表现，也无须专门机构和人员制定颁布；法律则必须有专门的制定程序和文字上的表现形式，如本案例中的地方性法规需经过制定并颁布后才生效。③内容不完全相同，通常道德的范围更广泛。④实施方式不同。道德靠人们自觉遵守、舆论强制、内心信念等实施，法律除此之外还有国家强制力保证实施。如该案例中姜某先前的行为只能受到舆论批评，但在制定相关法律后就有强制执行措施了。⑤违反规范产生的后果不同。违反道德规范，会受到良心的谴责和社会舆论的批评；违反法律规范则要承担相应的法律后果。如本案例中姜某违反相应法规就要受到罚款100元的行政处罚。

第二章 法与宗教

宗教作为一种社会意识,是自然力量和社会力量在人们意识中的一种虚幻的、歪曲的反映。原始社会中宗教的最初形式,如万物有灵论、图腾崇拜、祖先崇拜等自然宗教,就反映了原始人对自然现象的神秘感,文明社会的世界三大宗教是基督教、伊斯兰教和佛教。在私有制社会中,由于劳动者无法摆脱剥削制度的压迫而乞求神灵;剥削阶级也需要利用宗教作为麻醉劳动者的工具,在历史上有的宗教也曾作为劳动者反抗压迫者的旗帜。在科学、文明已相当发达后,仍然有很多人(包括很多杰出的科学家)作为一种内心的安慰,还持有某种宗教信仰。我们对此不应过多干涉,原因如下。首先,对待思想问题,不能采用强制办法,我们不能用行政命令去消灭宗教,不能强制人们放弃唯心主义,也不能强迫人们相信马克思主义。其次,在我国,宗教问题与民族和文化问题密切联系,如藏族信仰佛教中一派[1],维吾尔族、回族信仰伊斯兰教,实行宗教信仰自由有利于民族团结、文化交流以及社会安定。再次,在全世界约60亿人口中,很多人都信仰某种宗教,中国现有信仰各种

---

[1] 即指喇嘛教。

>>> **案例** 法理学

宗教的公民 1 亿多人，实行宗教信仰自由，有利于国内团结、发展同各国的外交关系和经济、文化交流，加强同世界各国人民的团结。在古代社会，法律与宗教、道德密切联系，有些著名的法典，例如伊斯兰教的《古兰经》，印度教的《摩奴法典》是兼有法律、道德与宗教三种性质的规范。巴比伦的《汉谟拉比法典》具有强烈的宗教神学色彩。中世纪欧洲，基督教——天主教教会势力强大，与世俗政权相互依存又相互争权，教会法与世俗法律并存。资产阶级在取得政权后，一般实行"政教分离"政策，但在不少问题上，特别在家庭婚姻等方面，教会仍拥有管辖权。在有的西方国家，教会甚至在政治上也有较大影响，在一些伊斯兰教占主导地位的国家，伊斯兰教的法律拥有更大的影响。在中国历史上，君权始终居于首位，以君主名义发布的法律是最高的法律。在这一点上，中国法律显然不同于其他国家。当代中国实行宗教信仰自由政策，这是中国老一辈国家领导人在深刻总结历史经验，深入研究中国实际的基础上制定的一项长期的根本性政策。近年来在班禅转世灵童寻访领导小组会议上提出的"四个维护"——维护法律尊严、维护人民利益、维护民族团结、维护祖国统一，同宗教信仰自由政策是一致的，因而也适用于整个宗教界。1982 年《宪法》第 36 条对宗教信仰自由政策有明确规定："中华人民共和国公民有宗教信仰自由。任何国家机关、社会团体和个人不得强制公民信仰宗教或者不信仰宗教，不得歧视信仰宗教的公民和不信仰宗教的公民。国家保护正常的宗教活动。任何人不得利用宗教进行破坏社会秩序、损害公民身体健康、妨碍国家教育制度的活动。宗教团体和宗教事务不受外国势力的支配。"

第二章　法与宗教

第一节　原始宗教在法律中的体现

【案例 157】 蒙古"萨满教"在蒙古习惯法"约孙"中的体现

蒙古人对火的崇拜与禁忌,即来自古老的宗教信仰。德国学者海西希的研究:"蒙古人以'火神'的形式崇拜火,确保丰年、保护财富和畜群的使命便落到了火神头上。使火成为神圣不可侵犯和应该受到崇拜,这是蒙古人中最为古老的宗教观念之一。"[1]诚如所言,在蒙古人的观念中,"火"已经被神化。他们对"火"的崇敬与期望表现在当他们利用"火神"的时候是有了套严格的宗教仪式的。当家族有人死掉的时候,与他有关的所有的人或物都被认为沾染了不洁或不祥之物,一定要全部经过"火神"的净化和消弭。加宾尼对此描述他所见到的情形:"死者的亲属和住在他的帐幕内的所有的人都必须用火加以净化。这种净化的仪式是以下列方式实行的:他烧起两堆火,在每一堆火附近树立一枝矛,用一根绳系在两枝矛杆的矛头上,在这根绳上系了粗麻布的布条;人、家畜和帐幕就在这根绳及其布条下面和两堆火之间通过。有两个妇女在两边洒水和背诵咒语。……"[2]"火"不仅具有净化消弭具体不洁之物的功能,它还能消除人们由于违背"约孙"而带来的罪恶,这表明它在某种程度上可以部分充当执行裁判的手段。根据加宾尼的

---

〔1〕[德]海西希:"蒙古宗教",引自内蒙古大学蒙古史研究室编:《蒙古史研究参考资料》第32、33辑。

〔2〕[英]道森编,吕浦译,周良霄注:《出使蒙古记》,中国社会科学出版社1983年版,第14页。

记载:"倚靠在鞭打马的马鞭上[1],用马鞭去接触箭,捕捉或弄死小鸟;用马笼头打马;用另一根骨头去打碎一根骨头;把奶或任何饮料或食物倒在地上;在帐篷里面小便。所有这些,也都被认为是罪恶。如果一个人故意做这些事情,他就要被处死。如并非故意,他必须付一大笔钱给占卜者,占卜者即为他涤除罪恶,并携带帐幕和帐内各项物件在两堆火之间通过,以拔除不祥。但是,在这种涤罪仪式举行以前,没有一个人敢进入帐幕,或把帐内的任何东西拿走。"[2] "火"的神圣不仅使蒙古人感到崇敬,同时又产生畏惧心理。"如果有'火'从天空降落到牲畜或人身上(这种事情在那里是常常发生的),……他们认为是不洁或不祥的任何同样的事情降临到他们身上,他们必须由占卜者以同样的方式加以净化。他们几乎把他们所有的希望都寄托在这些事情上。"对火的崇敬与畏惧导致产生一系列有关"火"的"约孙",甚至出现在"札撒"法条之中。如"以小刀去接触火"或"在火旁用斧子砍东西"以及"跨越炊事用火"均为在禁之列,"故意触犯上述法禁的最高处刑皆为死刑"[3],已发展成为极端严酷的刑罚规定。也是出于萨满教的万物有灵的信仰,蒙古人有了一些禁忌。如蒙古"国禁"有"履阈者,诛其身"[4]的规定,"履","踩、踏"之义;"阈","门槛"。意即"踩、踏毡帐的门槛,会惹来杀身之祸"。蒙古人对外国来到的使者,预先均进行不得触犯国禁的教谕。加宾

---

[1] 他们不用踢马刺,而用马鞭。
[2] [英]道森编,吕浦译,周良霄注:《出使蒙古记》,中国社会科学出版社1983年版,第13页。
[3] (宋)彭大雅著,(宋)徐霆疏:《黑鞑事略》,翰墨林编译印书局,光绪二十九年(1903年)铅印本,第101页。
[4] (宋)彭大雅著,(宋)徐霆疏:《黑鞑事略》,翰墨林编译印书局,光绪二十九年(1903年)铅印本,第101页。

尼出使蒙古时，每次谒见一位首领之前，都要受到警告："不要踩到门槛上面！"对此，加宾尼描述到："我们极为小心，因为凡是有意踩着任何首领帐幕门槛的人，都要被处死刑。""如果任何人吃入一口食物，由于不能咽下去，而把它吐出口外，那么就要在帐幕下面挖一个洞，把他从那个洞里拖出来杀死，决不宽恕；同样，如果一个人踏着属于任何首领的帐幕的门槛，他也被以同样方式处死。"[1]

提示与讨论

萨满教"万物皆有灵"观念在蒙古社会流行很长时间，在社会意识形态领域中曾占据重要地位，"约孙"有一部分即缘起于这种宗教信仰。原始的宗教信仰常常导致迷信禁忌，人们由此演绎出类似一般性的认识。尽管这种认识带有相当的盲目性和非科学性——进而形成若干带有约束、限制功能的行为规范，但仍为全体社会成员所认同并遵守。这便是部分来源于宗教信仰的途径。

【案例158】最早的习惯法——图腾禁忌

广西以蛇为图腾的氏族禁捕禁食蛇。据说，谁要是违反禁忌，就要斟酒化纸敬祭祖先，向其赎罪，否则好端端的鸡鸭蛋都孵不出鸡仔、鸭仔，甚至猪牛会发生瘟疫死亡，人患奇难杂症，不死也要周身脱皮……[2]在埃及王朝形成之前，"各地埃及人对于鳄鱼、红鹤、蝎、山羊等都敬为图腾动物，凡有杀害

---

[1] [英]道森编，吕浦译，周良霄注：《出使蒙古记》，中国社会科学出版社1983年版，第12页。
[2] 陈维刚："广西侗族的蛇图腾崇拜"，载《广西民族学院学报》1982年第4期。

的，概处死刑"。[1]纳西族土司认为虎是自己的祖先，所以禁止猎虎，违者痛打30大板，重者罚款，甚至坐水牢[2]。

提示与讨论

习惯法有多种形式，最早自成一体的习惯法是图腾禁忌。图腾禁忌是人们把图腾当作亲属、祖先或神的一种表现，它包括行为、食物、言语三类禁忌，主要表现为禁杀、禁捕、禁食、禁摸、禁止直呼其名等。图腾禁忌是随图腾崇拜的产生而形成的，而图腾崇拜是最早的宗教形式，原始宗教包括自然崇拜、图腾崇拜、祖先崇拜等。

第二节 文明时代宗教在法律中的体现

【案例159】 盗匪的行业神——罗汉

起义的农民在利用佛教，盗匪也在利用佛教。不过，他们利用的对象不同，盗匪利用的对象是罗汉。佛教中的十八罗汉常塑在如来佛或过去、现在、未来三世佛的身旁，他们经常出外争斗。据传说，从前有一家，兄弟很多，总共十八个。这家特穷，娘让十八个儿子出外谋生。一年后，儿子们回家，告诉娘说："天下不公平！"娘问："你们今后打算如何谋生？"儿子们说："世上的行业都有了，唯独缺个杀富济贫的行业！"娘说："这个行业好是好，可你们一杀人，别人不就认出来了吗？"儿子们齐声说："为娘放心，我们戴上面具，面具上插上毛，别人怎么也认不出。"于是，他们就告别母亲，去杀富济贫。这个故

---

[1] 岑家梧："转型期的图腾文化"，载《食货半月刊》第5卷第6期。
[2] 严汝娴、宋兆麟：《永宁纳西族的母系制》，云南人民出版社1983年版，第190页。

事里的十八罗汉都富有正义感,干的是杀富济贫的行当,可是,盗匪却以此为行业神,真让人哭笑不得[1]。

【案例 160】 佛教包庇罪犯

佛教寺院本是清静之地,可谁曾料到,佛教发展到后来,寺院竟成了藏污纳垢之地。北魏时此现象尤为严重,太武帝竟在长安寺中搜得兵器。汤用彤先生在论述这一时期的佛教史时写道:"寺院幽深,又可以藏奸宄。僧徒猥滥,更可以朋比匪人。故寺院纪纲之败坏者,甚至可以为捕逃之。作奸谋乱者且得挟宗教之威力,并以邪说左道蛊惑愚民。……计在40余年中,沙门谋乱者8次。"[2]出现此现象似乎不可思议,可只要对其原因稍加分析,问题就清楚了。应当说,佛教寺院之所以会成为藏污纳垢之地,与佛教的信仰有关。佛教讲大慈大悲,"大慈是从仁爱众生出发,大悲是从怜悯众生出发"。[3]佛教徒常说的一句话是:"救人一命,胜造七级浮屠。"这些佛教教义本身并不错,跟儒家所说的"仁者爱人"相一致。所不同的是,佛教徒是泛爱,主张爱一切,不管这人是好人还是坏人,是圣人还是罪犯。这一点与儒家的爱人是不相同的。佛教徒为了死后免于堕入生死轮回,竟不分清白地乱施慈悲,连那些罪犯也包庇起来。[4]当然,这些罪犯的情况也很复杂,有些确属社会渣滓,还有的是为了反抗统治阶级的政治、经济、文化等方面

---

[1] 李乔:《中国行业神崇拜》,中国华侨出版公司1990年版,第459~460页。

[2] 汤用彤:《汉魏两晋南北朝佛教史》(下册),中华书局1983年版,第373~374页。

[3] 任继愈主编:《中国佛教史》(第2卷),中国社会科学出版社1985年版,第88页。

[4] 汤用彤:《隋唐佛教史》,中华书局1982年版,第59页。

的压迫而逃入佛门圣地,对后者大施慈悲无疑是应该的。由于佛教徒对那些罪恶累累的罪犯大施慈悲,所以,久而久之,佛教寺院便成了藏污纳垢之场所,这自然与封建法律发生冲突。为了解决这一冲突,统治阶级便采用了不少限制佛教过度发展的措施。另外,对僧尼素质也有要求,有些朝代甚至像科举考试那样,只有考试通过的人才能出家当僧尼。统治阶级也常派官员,对寺院的闲杂人员加以清理,不合格的僧尼令其还俗。

提示与讨论

案例159与案例160反映了佛教与传统法律文化的冲突。

【案例161】利用佛教破案

古代科学技术不发达,信仰佛教的人很多。于是,一些官吏就利用人们信仰佛教、害怕死后堕入地狱的心理,诱导罪犯如实交代所犯罪行。清代官吏蓝鼎元在所著的《鹿洲公案》一书中,就曾有这方面的案例记载。蓝鼎元在任县令时,有个叫陈阿功的人因女儿勤娘结婚3年未曾生育,婆家对其很不好,故匿女改嫁。而陈阿功反告婆家,说女儿不见了。待蓝鼎元问过勤娘婆家人后,方知勤娘早就回了娘家并三次催回婆家而不见其人。蓝鼎元推测是陈阿功匿女改嫁,故依据当地人怕鬼的心理,借鬼审案,迫使陈阿功招认匿女改嫁的事实。[1]这里应当清楚的是,鬼神是佛道的混合物,两种宗教都讲鬼神,都对封建司法有影响。人们相信鬼神,实际上很难分清是受佛教的影响还是受道教的影响。若从根本上讲,道教有关阴司和地狱的观念,许多都是从佛教引入的。佛教的六道轮回和八大地狱学说,就其系统性、残酷性和对人所具有的威慑力量都是道教

---

[1] (清)蓝鼎元:《鹿洲公案》,群众出版社1985年版,第167~170页。

远远不及的。

【案例 162】 与佛事活动有关的法律规定——断屠月、十斋日不许行刑

受儒家天人感应理论的影响,汉代就有秋冬行刑、春日不得行刑的规定。以后各朝代律令皆规定,从立春至秋分,除犯恶逆以上及部曲、奴婢杀主外,犯任何罪皆不得行刑,违者处罚。佛教传入中国后,封建法律中又出现了断屠月、十斋日不得行刑的规定(个别毁佛的时期除外)。按照佛教的规定,居士在一年的正月、五月、九月这三个月的初一至十五要严守五戒或八戒,不杀生,吃素食,称为"三长斋月",又叫断屠月〔1〕。除断屠月的初一到十五外,其他月份的一日、八日、十四日、十五日、十八日、二十三日、二十四日、二十八日、二十九日、三十日,共十天,称"十斋日"或"十直日",也不得杀生。由于斋日不杀生可以积阴德,所以,受其影响的统治者便规定断屠月和十斋日不得行刑。如唐高祖武德二年诏:"释典微妙,净业始于慈悲,……自今以后,每年正月、五月、九月,及每年十斋日,并不得行刑;所在官司,宜禁屠杀。"〔2〕唐律规定:"其所犯虽不待时,若于断屠月及禁杀日而决者,各杖六十。待时而违者,加二等。"〔3〕宋、元、明、清均沿袭之。大赦:封建帝王常用大赦来"施恩"。颁布大赦的原因很多,有改元、立后、建储、大表、定都、克捷、封禅,等等。佛教传入中国后,帝王参与佛事活动也成为大赦的原因之一。以梁武帝为例,在他的统治下,48 年共大赦 37 次,其中几次大赦与佛事活动有

---

〔1〕 《弘明集》卷十三。
〔2〕 《全唐文》卷一,《禁行刑屠杀诏》。
〔3〕 《唐律疏义·断狱》,"立春后秋分前不决死刑"条。

关,这几次佛事活动是:受佛戒、舍身、设法会、设无遮大会。在什么情况下大赦,封建法律虽没规定,但大赦令往往是以诏令的形式发布,而诏令便是封建法律的一种重要法律形式。所以,帝王参与佛事活动而行大赦亦可说是一种法律规定。

【案例163】 有关僧尼犯罪的法律规定

在封建法律中,有些罪行的犯罪主体仅限于僧尼,有些罪行的犯罪主体僧尼和普通人都可构成,但处罚的轻重有别。如同是犯奸,对僧人的处罚比对凡人的处罚要重。另外,对僧人犯罪所作处罚还往往结合其特点,独设刑罚,如勒令还俗、度牒抵罪等。封建法律针对僧尼犯罪所规定的罪行主要有以下几种。①五逆罪。佛教所说的五逆罪是指弑父、弑母、害阿罗汉、斗乱众僧、起恶于如来佛。若犯五逆罪,必堕入轮回,无法解脱。由于五逆罪侵害的对象与十恶罪侵害的对象性质一样,都是佛教或世俗社会竭力保护的,所以,中国佛教将五逆与十恶并称。《观无量寿经》就有这样的话语:"或有众生作不善业,五逆十恶,具诸不善,如此愚人以恶业故。应堕恶道。"五逆罪开始仅出现于佛教的典籍中,到了唐代,才上升为法律,由法律对犯五逆罪的僧尼加以惩处。据唐肃宗上元二年的大赦诏令规定:"……大辟罪无轻重,已发觉未发觉,已结正未结正,见系囚徒常赦所不免者,咸赦除之。其十恶、五逆及伪造头首、官典犯赃,法实难容。刑故无小,并不在免限。"周世宗灭佛时,五逆罪名才从法条中删除。②禁僧人娶妻。佛教徒分为两种:僧人和居士。居士是在家信佛的人,僧人则是出家修行的佛教徒。按照佛教的规定,居士是可以结婚的,而僧人则不许结婚。然而有些僧人既想享受尘世的欢乐,又想在来世升入西方极乐世界,出家在外却娶妻生子,这是对佛教的亵渎,违反了佛教戒律。佛教既然能维护统治阶级的利益,封建君主仍然要用法律惩治那些不虔诚的佛教徒,禁僧人娶妻就是惩治措施之一。从现有记载看,此规定最早见之于元律,因为元代最崇僧道。明律因之。③禁僧人习武。僧人的成分很杂,常有托庇佛法以作奸谋乱者。唐以后,僧人习武的越来越多,这对统治者构成了一种潜在的威胁。所以,宋代法律便作出规定:"僧人习武的,徒二年,配五百里。"[1] ④禁僧人挟狎妓饮酒。普通老百姓挟妓饮酒的律令一般不加限制,但僧人狎妓饮酒,律令则加以禁止,这是因为佛教的五戒中有"不奸淫狎"、"不饮酒"的训诫。明清法律均规定,僧人挟妓饮酒的,杖一百,并发原籍为民。

提示与讨论

案例161、案例162、案例163反映佛教与传统法律文化的融合。

---

[1]《庆元条法律类·道释门二》。

>>> 案例 法理学

第三章　法制与民主

80多年前的"新文化运动",把两位陌生的"先生"介绍给了中国。它们就是"德先生"和"赛先生"。"德"和"赛"分别是"民主"和"科学"的英文 Democracy 和 Science 第一个音节的发音,自那时起,"民主"这个概念便开始走进中国人的社会政治生活中。党的十六次代表大会的主题是:高举邓小平理论的伟大旗帜,全面贯彻"三个代表"重要思想,继往开来,与时俱进,全面建设小康社会,加快推进社会主义现代化进程,为开创中国特色社会主义事业新局面而奋斗。而全面建设小康社会的奋斗目标之一是:社会主义民主更加完善,社会主义法治更加完备,依法治国基本方略得到全面的落实,人民的政治、经济和文化权益得到切实尊重和保障。

现代法治必须以民主政治为基础。法治与民主总是联为一体的,就如专制与人治不可分割一样。资产阶级思想家认为,实行法治的国家,即是民主之国;真正的民主国家,都是实行法治的。卢梭说过:"凡是实行法治的国家——无论它的行政形式如何——我就称之为共和国;一切合法的政府都是共和制的。""民主"是一种国家制度、一种政治制度,是人民(多数人)掌握政权、管理国家的一种制度。民主制度的政治原则:

人民民主、权力制约、政务公开、公民权利原则和权利救济原则。政治决策方式：坚持多数，保护少数。现代民主政治的主要内容有四个方面，即公民的民主权利，国家的民主体制，政治和法律运作的民主程序，以及国家官员的民主方法或作风，其中民主权利是一项最根本的内容，其他三项皆由此出。我国是人民民主的社会主义国家，是人民群众真正能够当家做主的国家。我们现在倡导法治，实行依法治国，为的是什么？为的是发展社会主义民主，保障人民民主，更好地实现"民治"，即由广大人民群众真正当家做主，治理国家和社会，这是我们实行依法治国的根本出发点和着眼点。江泽民同志在党的十五大报告中讲的十分明确："依法治国，就是广大人民群众在党的领导下，依照宪法和法律规定，通过各种途径和形式管理国家事务，管理经济文化事业，管理社会事务，保证国家各项工作都依法进行，逐步实现社会主义民主的制度化和法律化。"因为发展社会主义民主是法治的最终目的，是法治实现的最终保障，是辨别真假法治的标准，更是具有根本性、全局性、稳定性的大问题。因此，作为依法治国的领导者和推进者的各级党政机关及其领导人，要牢固确立民主与法治相统一的思想观念，要坚定不移地把发展和保障人民民主作为依法治国的目标和内容，在实行依法治国的全过程和各个环节中，都要抓住发展和保障人民民主这个根本。唯有这样，我们才能朝着依法治国的正确道路大踏步向前迈进。

第一节 民主在一天天向我们走近

过去的中国缺乏法治传统，人民当家做主也过多的停留在一般的逻辑论证上，缺乏真正实现民主权利的实践经验，以致

> **案例** 法理学

在人民当家做主与人民实际感受到的民主之间有着较大的距离，形成强烈的反差。而当今的中国站在时代前列，中国共产党在带领全国人民进行现代化建设的伟大征程中，始终不渝地追求着一个重要目标——发展社会主义民主政治，建设社会主义政治文明。也许，并不是每一个中国人都能说出"民主"的确切含义，然而，亿万人民正在用活生生的实践，诠释着中国特色社会主义民主的精髓。透过发生在你我身边的故事就会发现，对于每一个中国人来说，民主，在一天天向我们走近。

【案例164】"沈阳事件"

2001年2月14日上午，辽宁人民会堂，沈阳市第12届人民代表大会第4次会议进入表决程序。一切如往年的大会那样有条不紊地进行着，一项项决议顺利通过。然而，当关于市中级人民法院工作报告决议表决结果出来时，电子屏幕上显示：人大代表应到504人，实到474人，赞成218人，反对162人，弃权82人，未按表决器9人。赞成票不过半数，市中级人民法院报告未获通过！一时间，安静的人民会堂不再平静，代表们议论纷纷。大会主席团紧急商量解决办法，最后决定，由市人大常委会对中级人民法院报告继续审议，并将审议结果向下次人民代表大会报告。半年之后，沈阳市召开第12届人民代表大会第5次会议，专门审议沈阳市中级人民法院整改情况和2001年工作安排的报告，并进行表决。结果，89.9%的代表投了赞成票。法院报告未获通过，在我国副省级省会城市是首例。"沈阳事件"被有关专家称为"中国民主政治的标志性事件"。

提示与讨论

沈阳市中级人民法院的报告未获通过，说明人大履行法定的监督职能是认真的。

第三章　法制与民主

【案例165】 第6次否决

2002年9月2日下午,一个规模不大却别开生面的讨论会在昆明卷烟厂举行。厂里喜好书法、美术等艺术的30多名职工代表就厂区企业文化墙设计案再次展开讨论。此前,这个方案已被职工否决了5次。5张设计图在墙上一字排开,职工代表与专程从外地请来的设计师一边聚精会神地研究图纸,一边发表着见解:"企业文化浮雕墙既要浓缩昆明卷烟厂80年的历史,又要展示今天企业文化的内涵。浮雕墙代表企业的形象,是我们全厂职工的脸面,要力求完美……"3个小时在热烈的气氛中不知不觉过去了,不少职工言犹未尽。最终,5种方案都因不尽人意再次被否决。其实,企业文化浮雕墙只是昆明卷烟厂这次环境改造工程中的一个小项目。整个工程投资2亿元,厂领导将决策权交给职工。厂里召开7次职工代表会议讨论,工程实施方案才获得通过。

提示与讨论

昆明卷烟厂投资2亿元的企业文化浮雕墙改造工程设计方案,经职工代表大会6次否决,第7次才获通过,是重大问题"民主决策"的例证。

【案例166】 民主程序打入干部任免

2003年1月10日中国刑警学院处级干部竞聘上岗;深圳市龙岗区自1999年开始实行党内选拔任用干部的票决制,实现"全委会表决制";2002年2月,南京市根据群众测评结果,免去被排在末尾5位的领导干部职务;安徽8名厅局级干部在民主测评中"下岗";青岛一位干部因为"任前公示"不过关被

>>> **案例** 法理学

搁置提拔；陕西白河县32名干部因考核不合格被就地免职……这一切让我们感受到，民意在支配权力运作上显示着巨大的威力。

提示与讨论

过去干部任免由主要领导说了算，人为因素太多，是滋生权钱交易、官僚主义等腐败作风的制度温床。民主程序打入干部任免领域，就在一定程度上遏制了该现象的发生，被选上的干部是大多数人所拥护的德才兼备之辈，他们也以大多数人的利益为根本，充分体现了民意。几朵浪花虽不足以彰显大海之浩瀚，但放眼神州，俯拾皆是的故事宛若一个个跳跃的音符，组成具有中国特色的社会主义民主政治绚丽多彩的乐章。

第二节 民主的界限是法治

民主原则强调参与、争论和妥协、"多数决"与"尊重少数"相结合。现代民主政治的一个突出贡献是在强调大多数人的利益的同时也决不忽视少数人的意见，有时真理可能掌握在少数人手里。这不仅仅是出于对个人的尊重，更重要的是为了防止多数人的集体发疯，也就是防止在民主的名义下多数人对少数人的暴政。历史上民主产生暴政的教训教会了人们全面反思民主的真正含义是什么。"民主"在不少情况下就差在没有考虑"少数人"的权利。民主是法治的原则，而真正法治的基础是规则，即共和与宪政。

【案例167】 六位出嫁女以法治挑战村民民主

2001年4月27日《检察日报》第一版发表了一篇名为《六位出嫁女挑战乡规民约》的报道，讲的是湖南省桃江县桃花江镇肖家村梭关门村民小组，1994年4月20日召开的村民大会上，经大多数村民通过一项"组规"——《梭关门村民小组承包责任制的各项规定》，其中规定："凡出嫁到城关镇的女青年，户口在本镇本村本组的，一律不享受本组村民的待遇。"据此，该组将县政府征用该组49亩土地所支付的78万征收费、补偿费分配到户，而已出嫁但户口仍在本组的6位妇女却分文不给。虽经她们反复据理力争，组、村、镇三级干部都予拒绝，理由是"组规代表了大多数村民的意见"。当地社会舆论也认为，6女对抗组里大多数人的规定，"难道胳膊能拧得过大腿？"终于引发了一场6女状告村组的诉讼。经县法院审判认为，该"组规"违反了我国宪法和法律规定的男女平等原则，无法律效力，判决被告梭关门村民小组10日内立即付清6女应得的土地征收费。这一案例显示出这6位现代农村妇女能打破当地多数人长期所受的男尊女卑的封建传统影响，懂得拿起法律武器，为自己的平等权利而斗争。

【案例168】 麻将扰民告上法庭

近来，成都余女士状告村委会麻将扰民一案引人关注。2000年10月10日，成都市某居委会的69名居民开会讨论麻将扰民事件，大家就是否可以深夜打麻将举手表决，结果余女士以1票对67票（1票弃权）的绝对劣势惨败。余女士一气之下将居委会告上法庭，法院支持了她的诉讼主张。

提示与讨论

案例167和案例168显示出民主的"多数决定制"原则受到了挑战，而少数得以胜诉，表明在特定条件下，法治的权威胜过多数人的民主决定，也体现了"保护少数"的宪政原则。在这两个案件中，民主同法治产生了矛盾。通常，我们强调

>>> **案例** 法理学

"民主是法治的基础,法治是民主的保障",似乎两者之间不存在任何矛盾或冲突。这从宏观上、总体上看,是有一定道理的。但是,在这些个案中,却是以法律或法治(司法)否定了民主(由村民和居民的多数所作出的规定)。原因是这个"组规"和"居委会决定"本身是违反宪法和妇女权益保障法、婚姻法等法律的原则与规定的,尽管它代表了梭关门村民小组和69名居民中的多数人的意志。由此就提出了一个不为多数人所注意的问题:民主的权力是有限的,狭义的民主原则——"多数决定制"——不是至高无上的,在它之上的,还有法治或宪政原则。

【案例169】 假民主岂可对抗真法治

1997年11月中旬的一天,22岁的女大学毕业生黄某到重庆市武隆县政府大楼里的县人才交流中心求职,结果被该中心主任罗永生在人民政府办公大楼的办公室里强奸了。小黄及家属报案后,公安部门认为罗永生一案除党内处理外,还必须进入司法程序解决。可是武隆县政法委却牵头开了一个由常务副县长、纪检、监察和县公、检、法第一把手参加的办公会,最后"协调"出一个意见:罗永生犯生活腐化错误,是利用职权与女性发生性行为,不是强奸。按"少数服从多数"的"原则",办公会议的结论公、检、法机关必须贯彻执行。

提示与讨论

这种由"组织"定案的做法,是对公民人权保护的亵渎和对司法公正的对抗。以办公会议形式按"少数服从多数"原则作决议的方式,是以所谓"民主"反对法治和对司法独立的破坏,是公然蔑视公民权利的"官官相护"的典型例证,是与依法治国背道而驰的。

第三章　法制与民主

【案例170】 岑潮作、岑树柏破坏选举案

被告人岑潮作、岑树柏破坏选举一案，由广东省恩平市人民检察院向恩平市人民法院提起公诉。恩平市人民法院受理该案后，依法组成合议庭，经审理查明：1994年8月中旬，被告人岑潮作得知恩平市江洲镇将于同年9月13日补选镇长，即产生用贿赂镇人大代表的方法当选江洲镇镇长的念头。尔后，被告人岑潮作串通被告人岑树柏先后多次纠集岑金良、岑均灵等5人（均作其他处理）到江洲镇海景舫酒家和岑潮作家中，密谋策划贿赂江洲镇第十一届人大代表，让代表选举岑潮作当江洲镇镇长一事。岑潮作表示愿意出钱贿赂镇人大代表，岑树柏表示愿意积极帮助岑潮作分别贿赂东北雁管区、永华管区、中安管区、锦江糖厂等单位的镇人大代表，并商定江洲镇47名人大代表中必须贿赂半数以上，以确保岑潮作当上镇长。同年9月10日，两被告人通知岑金良等5人到岑潮作家中，将岑潮作预先准备好的各装有人民币1 000元的22个信封袋交给岑金良等5人。随后，岑金良等5人分头贿赂各自联系的镇人大代表，并要求代表选举岑潮作当镇长。岑潮作还亲自贿赂6人，合计行贿金额34 500元。9月13日江洲镇召开第十一届人大第三次会议补选镇长，选举结果是：47名代表投票，镇长候选人岑金远得23票，岑潮作得15票，无效票6票也写上"岑潮作"姓名，弃权2票。由于岑潮作、岑树柏的贿选行为，致使镇长选举无法依法进行。破案后，追缴回贿赂赃款24 700元。上述事实，有同案人和受贿人的供述、证人证言、物证照片及追缴回的赃款证实，二被告人亦供认不讳。恩平市人民法院认为：被告人岑潮作、岑树柏无视国家法律，违反选举法的规定，为了使岑潮作能当选镇长，采取用金钱贿赂镇人大代表的非法手段破坏

>>> **案例** 法理学

选举，妨害选民自由行使选举权和被选举权，造成江洲镇第十一届人大第三次会议无法选举产生该镇镇长的严重后果，社会危害性大，其行为已构成《刑法》第142条规定的破坏选举罪。依照《刑法》第22条的规定，法院依法判处岑潮作处有期徒刑二年，判处岑树柏有期徒刑一年，并处没收全部用于贿选的赃款。

提示与讨论

本案中岑潮作、岑树柏的犯罪行为，严重破坏了社会主义民主与法制。

第四章　法与科学技术

科学技术包括科学和技术两个方面。科学是人类在认识世界和改造世界过程中形成的，是正确反映客观世界的事实、内部结构和规律的知识体系，是一项反映客观事实和规律的知识体系相关活动的事业。科学还提供认识世界和改造世界的态度和方法，提供科学的世界观和科学的处世精神。从认识世界的角度看，科学有认识世界的功能；从改造世界的角度看，科学有生产力的功能。科学包括自然科学、思维科学和社会科学。技术是在科学的指导下，在生产过程和其他实践过程中得到的，从设计、装备、方法、规范到管理等的系统知识。科学与技术既有联系又有区别。科学产生技术，技术推动科学。科学中有技术，如物理学中有实验技术；技术中也有科学，如杠杆、滑车等也有力学。科学回答是什么、为什么的问题，技术回答做什么、怎么做的问题；科学是发现，技术是发明；科学是创造知识的研究，技术是综合利用知识于实践的研究。科学技术的地位和作用表现在：当今世界各国综合国力的提高，在很大程度上取决于科学技术的进步；使决策民主化合乎民意，科学化合乎规律，在很大程度上取决于科学知识体系即"软科学"的支持；世纪之交，实行从计划经济到市场经济体制的转变，从粗放外延速度型发展到内涵集约效益型发展的转变,在很大程度上取决于科学技术的支撑;实现现代化,关键是科学技术的现代化;极大地提高全民族的素质,在很大程度上取决于科学技术的普及。正如有人预测的那样,知识将代替权力和资本成为推动世界经济和社会发展进程的重要的社会力量。科学技术以其自身的知识形态和科学技术精神直接影响着法的系统理论、价值和精神;科技优先发展的战略地位需要法律加以确认;科技化的社会关系需要法律加以调整;我国参与国际科技经济与合作需要法律加以保护;对科技成果的非道德使用可能形成的社会危害需要法律加以防治。

综观国内、国际法,随处可见科技对它们的影响。例如,在婚姻法中,禁止直系血亲和三代以内旁系血亲、患麻风病未经治愈或患其他医学上认为不应当结婚的疾病的人结婚,就是以医学、遗传学以及其他生物学科的科学原理为依据的;在立法领域,立法主体由专门机构、专门科学技术人员的参与,立法的方法中系统、信息论、控制论等的应用,立法原则中科学立法原则的确立以及立法程序上立法表决系统的应用等等,均说明科技与立法的联系;在执法、司法领域,执法的重要问题是决策科学化问题,科学技术的发展对于司法中认定事实和适用法律等方面都有重要影响。

第一节 科技对法的积极作用

【案例171】 本国的法律应该有保护国际经济、科技合作的内容

1979年1月,邓小平同志率团访美期间,代表中国政府与当时的美国总统卡特签署了中美邦交正常化后的第一个协议,

即《中美科技合作协定》。1989年1月,中美建交十周年,也是《中美科技合作协定》签订十周年,面临着该协定续签问题。然而,美方提出,根据1987年4月发布的12951号总统令,美国对外新签或续签政府间科技合作协定,必须首先就知识产权达成协议,以附件形式作为总协定的组成部分,提议同我国谈判。在谈判中,美方提出的一个原则是:双方就特定课题进行合作研究产生的知识产权,各方在本国享有该项成果的一切权利,而完成的一方则享有该项成果在所有其他第三国的一切权利。美方还提出,由于两国为科技合作提供的法律环境"不平等",如药品、化学品美国提供专利保护,而当时中国的专利法不予保护,因而主张执行协定产生的成果由提供法律保护的一方享有世界范围内的一切权益。美方的这一原则和主张当然遭到中方反对。中方提出,双方合作研究产生的成果除在本国享有一切权益外,在第三国的权益按贡献大小分享。经过两年多的艰苦谈判,才最后达成协议。

提示与讨论

这一事例说明:在国际经济、科技合作中,没有本国的法律保护是不行的。发达国家已经在国际交往中用法律手段保护其利益,竭力维护和扩张其科技、经济优势,发展中国家更应当注意用法律手段保护自己。目前许多国家,包括欧洲一些国家以及韩国这样的新兴工业化国家以及许多发展中国家,都在加紧完善其立法,一方面借以刺激本国科技经济的发展,另一方面也以法制对法制、以反制裁对制裁的形式与美国抗衡。这种国际竞争中的新情况、新特点、新态势是值得重视的。

【案例172】我国首例采纳电子邮件为证据的案例

原告王某原系被告某投资公司人事服务部经理。1999年10

>>> **案例** 法理学

月,被告决定年度减员,并制定了裁减公司58名员工的计划表。但在此期间,部分计划内被裁员工收到了部门经理们下发的续签劳动合同征询表,员工们纷纷签字续约。当公司宣布裁减计划时,员工们十分惊愕并因此而上访。公司以增加经济补偿金和加发工资平息了此事件。事后,公司调查得知造成这一后果的主要原因是原告违反公司操作监督程序,将续签劳动合同征询表格直接下发给了不知情的部门经理们。当有关人员提出异议时,原告仍坚持错误。被告遂以严重失职为由将原告解雇,并要求原告返还公司购房资助款人民币23.4万元。原告向上海市某区劳动争议仲裁委员会提起仲裁,仲裁委员会支持了被告的主张。原告不服诉至法院。在法庭调查过程中,原告称关于人事经理的工作程序,公司并未制定明确的章程规范,自己也就谈不上违反操作程序,不构成失职。被告认为公司虽没有制定明确的规章,但有关程序事实上已在过去的工作中形成惯例,原告应当清楚。为此,被告提交了从1998年10月至1999年10月原告在工作中接收和发送的多份电子邮件打印件。被告认为这些电子邮件能充分证明续签合同的程序,是先将名单交给制造总监审阅,然后由制造总监与部门经理们讨论通过。原告认为这些邮件是公司蓄意伪造、恶意陷害的,被告提交了浦东新区公安局公共信息网络安全监察处出具的一份意见书来证明这些电子邮件打印件的真实性。法院采信了公安局的意见书,并在综合认定其他证据基础上,一审判决原告败诉。原告认为我国民诉法规定的七类证据中,并无电子邮件,且被告有可能也有能力伪造电子邮件,因此提起了上诉。

✉ **提示与讨论**

本案引发的是电子邮件在证据法上的问题。网络时代,电子邮件作为最经济、最便利的信息传送手段,在公共事物商务贸易活动,乃至私人交往中被广泛应用。但现行法律中,有关电子邮件的证据类别、如何确认其证据效力、有关电子邮件认证等问题均无规定,科技发展的现实呼唤相关法律的出台。这样做,一方面有利于公正处理越来越多地涉及电子邮件的纠纷,如在商业领域,若不认可其作为诉讼证据,会限制电子邮件在商业领域中的广泛使用,降低商事交易的效率,不利于促进经济的发展。另一方面,我国加入 WTO 后,在国际贸易纠纷中,我国若不承认电子邮件的证据地位,会使以电子邮件为主要证据的我方当事人处于败诉境况;如果相对方一国承认电子邮件的证据效力,而我国否认,还会使外国当事人选择适用他国法律,影响我国对国际贸易案件进行司法管辖。而且随经济全球化和高科技的发展,越来越多的国家在努力使包括但不限于电子邮件的电子数据具有证据地位,我们也应顺应实践的发展要求给予电子邮件应有的证据地位。

【案例173】无锡警方首次用测谎仪侦破恶夫杀妻案

柴某与32岁的妻子张某因生活上互相猜忌,常发生口角。6月30日下午5时许,张某下班回到谢家湾的家里,见丈夫在家,开口向他要钱。柴某不给,张某就上前掏他的口袋,两人对对方生活上的问题互相质问,越说越上火,柴某一气之下,捡起一根绳子套住妻子脖子就勒。妻子手脚乱舞一会儿,身体就软了下来,一探口鼻,没气了。柴某有点慌乱,好不容易静下心想了想,他决定伪造妻子上吊现场。5时40分左右,他手忙脚乱处理现场时,手机响了,他几乎吓得跳起来,强定心神后接听手机,是村里机耕队长叫他去结一笔账。他只得答应马上赶到,看着妻子尸首心急如焚。他推开后门左右一看没人,把妻子抱进后边那间堆放杂物的小屋,匆匆忙忙把尸体放在地

> **案例** 法理学

上,用杂物随便掩盖一下,把杂屋锁了,拍拍身上的灰就赶到机耕队长家去。他儿子7时左右放学回家,见父母都不在,觉得奇怪,就前后左右地找。见平时一直开着的杂屋锁着,心中生疑,想办法打开了门,一眼就看到血淋淋的母亲倒在地上,叫也不应。小孩吓得跑出去叫来大伯,同时给警方和父亲打电话。柴某正在结账,一接到电话心里一阵虚:坏事了!在赶回家的路上,他设计好了行动方案。到得家中,他装着不顾一切地扑上去抱住妻子的尸体,哭得昏过去。干警勘查现场后,对柴某进行了一天询问,虽然他的回答疑点很多,但一时找不到证据。江阴市公安局决定向无锡市公安局求助,7月1日下午,无锡市公安局刑警支队携新引进的测谎仪前往,并制定了一套科学测谎方案。傍晚6时许,柴某在这个从未见过的高科技仪器面前还想方设法自圆其说时,测谎仪当即用科学数据判定了他的谎言,他的罪行不攻自破。现柴某已被刑事拘留。

提示与讨论

在测谎仪面前,柴某终于闭上了谎言连篇的嘴,这是科技发展在公安执法工作中的作用。这个江阴市璜塘镇新南村的拖拉机手,6月30日残忍地勒死妻子,后试图用凌乱的现场和谎言掩盖恶行,但在高科技侦察手段面前,他终于原形毕露。

【案例174】 南京法院受理全国首例试管婴儿纠纷案起诉

国内第一桩试管婴儿纠纷案在南京提起诉讼,引人关注的是,原告是以《消费者权益保护法》来主张自己的诉讼请求的。鼓楼区法院目前已经受理此案。原告林某和妻子都是大学以上文化的白领人士,婚后7年来一直未孕。夫妻二人多次到各大权威医疗机构检查,查明主要不孕原因是男方精液质量差,精子活力极低,而女方情况正常。去年初,夫妻二人慕名来到生殖遗传领域水平全国领先的南京一家医院求医,并先后做了两次人工授精,可惜终因男方精子质量极差而告失败。去年7月,林某和妻子决定在该医院做试管婴儿手术,为此夫妻二人进行了精心的术前准备,花费大量金钱进行中药护理和激素促进女方排卵。当年9月25日,他们与该医院签署了《手术同意书》,并缴纳了试管婴儿手术费5 400元。手术后数天,院方告知林某夫妇,手术彻底失败。原告在诉状中说,此类手术的成功率只有40%左右,具有相当医学知识的他们对此很清楚,但试管婴儿手术分为第一代和第二代两种,第一代主要是针对女方排卵堵塞,男方精子活力较好的夫妇;第二代主要适用对象是女方正常,男方精液不好的患者。尽管《手术同意书》上并没有说明实行的是第一代还是第二代手术,但他们和医院口头约定的是做第二代手术,而且根据物价部门的备案,第二代手术费为5 400元,第一代手术费是3 000多元,他们缴纳了5 400元手术费,因此可以确定双方约定的是实行第二代试管婴儿手术。但医院却擅自施行了第一代手术,从而导致手术的彻底失败,给他们夫妇带来了精神上的极大痛苦,为此提出双倍赔偿医疗费用、赔偿精神抚慰费共计35 000元的诉讼请求。

提示与讨论

此案是全国首例试管婴儿纠纷案,同时它又是以《消费者权益保护法》为依据来追究医疗纠纷中医院方责任的诉讼。

第二节 科技对法的消极作用

科学技术是"双刃剑",它们既可能促进经济社会的发展,对法的系统有积极影响;又可能阻碍经济社会的进步,对法的系统有消极影响,如计算机犯罪的发生所造成的损失有时难以估量。科学技术是生产力并且是第一生产力，但科学技术也不是万能的。科学技术对法有积极影响，这是主要的；同时科学技术对法有消极影响，这是次要的，但也是不可忽视的。

【案例175】 原告建业研究院诉被告原音、理正所不正当竞争纠纷案

原告北京建业工程设计软件研究所（简称建业研究院）诉称，我院投巨资研制开发了TBSCAD和FBFCAD软件，两软件有客户1 200和130余家。理正所是于1995年5月注册登记的股份制民营企业，其股东四人均是曾在我院工作的管理人员和技术人员。在我院的企业章程、《聘用协议书》和《员工守则》中均规定了职工在院期间和离院二年内，有保守原企业经营秘密和技术秘密的义务，不得参与和本企业有竞争的工作，否则承担因此给企业造成的经济损失。被告违反保密条款的规定，另行组建理正所，私下招用我院聘用的博士生，开发与我院TFBCAD软件功能完全相同的地基基础FBFECAD软件，利用我院原办公地址、业务联系电话及销售渠道与我院的客户进行联系，降低了原告的价格进行销售，被告的行为违反了《中华人民共和国反不正当竞争法》、《北京市反不正当竞争条例》的规定，侵犯了我院的商业秘密，使我院蒙受了巨大的经济损失和名誉损失，请求法院责令被告赔礼道歉，消除影响，赔偿原告名誉和经济损失150万元，并承担全部诉讼费用。被告原音等四人辩称：四被告人没有直接从事经营活动，不具有经营者身份，不是不正当竞争的主体，故不应成为本案的被告。本案应属于劳动合同争议案件，原告应先向劳动争议仲裁委员会申请仲裁，而不该直接向法院起诉。另外，原告提供的聘用协议书、《员工守则》、《专职和兼职软件技术人员管理规定》是原告修改过的

虚假注明。被告北京理正软件设计研究所（简称理正所）辩称：原音等四人均以正当方式离开原告到其他单位工作，没有违反合同的约定，其行为合法。理正所租用办公用房，虽曾系原告使用，但是租用办公用房与侵犯商业秘密无关，原告指控我方使用其业务电话一节与事实不符。被告销售软件的价格低于原告的软件销售价格而不低于成本的价格销售软件，不构成不正当竞争。被告推广和销售产品的渠道是根据《中国工程勘察设计单位名录》进行的，此名录属公开信息，非建业研究院独有。理正所开发的FCAD软件与建业研究院设计的TAFECAD软件功能相同，不能说明被告就侵犯了原告的商业秘密。因此说原告要求赔偿没有法律和事实根据，请求法院驳回原告的诉讼请求。北京市第一中级人民法院经过审理认为：本案是原音、高晓等人员流动引起的商业秘密纠纷，四个自然人理应同理正所成为本案的共同被告参与本案的诉讼，受人民法院裁判的约束，原告向法庭主张其享有商业秘密的权利，应向法院明确其商业秘密范围、状态及采取的保护措施，以证明其主张符合法律规定的构成要件。在原告对TBFECADV2.0和被告对FCAD分别独立开发的情况下，原告划清其商业秘密的范围是解决本案争议的关键所在。开庭审理后，原告方提交了《地基基础工程计算机辅助设计FECAD交流设计》等部分技术资料，此视其为商业秘密。法院认为，在诉讼中技术文稿不能简单地等同为商业秘密，当其作为商业秘密的证据时，必须符合法律规定的构成要件，否则不能产生商业秘密的证据作用。原告亦将此材料与被告的相关资料进行对比，证明其相关性，又未能证明被告的相关资料系非法所得，以及原告对其技术文稿采取的保密措施，由此原告指控被告侵犯其技术信息一节，缺乏必要的证据支持。本案虽然是由于原告未能提供直接有效的证据以支持其主张，而被法院驳回诉讼请求,但是本案仍向人们提出了许多值得深思的法律问题。为此,我们有必要探讨法律与科学技术的关系。

【案例176】 计算机犯罪

1. 非法侵入国家重要领域的计算机信息系统。如1998年2月有人在网上对美国五角大楼的电脑系统进行了高度组织化和系统化的攻击,4个海军系统和7个空军系统的网页遭侵袭。1998年7月,有人声称成功地在网上侵入印度原子研究中心并篡改其主页,获取了印度科学家在核试验期间的交流邮件,并称已破坏了该中心的2台服务器。各国已有立法打击、防范此类网络犯罪,如我国《刑法》第285条规定,违反国家规定侵入国家事务、国防建设、尖端科技领域的计算机系统的,不论是否窃取国家机密、篡改重要信息,均已构成犯罪。

2. 利用网络非法侵入他人计算机信息系统甚至个人用户,窃取他人商业秘密或隐私,借机盗取、挪用公私财产或敲诈勒索等。如1998年1月,德国一名黑客在网上侵入某银行电脑系统,窃取了客户借贷数据,一方面据此为要挟,向银行诈取100万马克;另一方面又直接在银行客户私人账户中盗取了500万马克存款。

3. 利用网络制作、传播色情、赌博、暴力等信息,污染网络,对青少年危害极大。如四川省一电脑黑客非法侵入中国公众多媒体信息网贵州站点主页,将贵州省的web页面改换成一幅不堪入目的淫秽画面。

4. 恶意抢注域名,尤其是有人专门在国际通用顶级域名上抢注知名企业名称和驰名商标域名后进行敲诈勒索或谋取其他非法利益。如美国麦当劳公司就是在被抢注后用800万美元买回域名。某海外企业在com域名中注册了340个域名,几乎涵盖了中国所有知名企业的名称和商标。在美国,已有因为域名抢注被侵犯商标权提起诉讼并获得支持的案例,但是打官司毕竟费时费力,且是一种事后补救措施。

5. 案犯通过电脑网络登录到深圳一家证券部的用户密码库,解密后在某用户的空白账户上凭空增设可用资金110多万元,并以每股5.45元的当日最高价买入10.32万股深圳某公司A股股票,造成该种股票价格的剧烈波动。如果案犯在上述虚增资金数目后面再多加几个"零",变成1亿、10亿、100亿,然后用这天文数字的虚设资金将股价抬到任意价位,股市便会遭到灭顶之灾。在另一案件中,案犯得悉上海某证券部用户密码后,低价卖出用户拥有的股票,而买主则是自己,然后再以较高的价格卖给第三人,结果不事声张地在他人不知不觉中操纵了股市,在短时间里凭空得到巨额的非法"收入"。

提示与讨论

爱因斯坦曾经说过:"科学是一种强有力的工具,怎样用它,究竟给人类带来幸福还是带来灾难,全取决于人类自己。"科技本身是无罪的,关键是使用它的人。对科技成果的误用、滥用、非道德甚至反人类使用,便可能带来现实的或潜在的社会危害。广岛上空原子弹的爆炸声一直都是人类和平的警钟,美国发生过的通过网络修改司法部文件的事件以及美国联邦法院以"电脑流氓罪"判处莫尼柯7年监禁的案件都是极好的例证。本来,网络技术为人们获取和传播信息提供了极为便利的手段,但对网络技术的非道德使用则可能带来极大的社会危害,上述案例就说明了这种现象。

事实说明,科技的发展具有与生俱来的两重性。为了防止对科技成果的误用、滥用、非道德使用所造成的社会危害,必须有相应的法律加以防治,并对受害者给予法律救济。至于研

>>> **案例** 法理学

究开发的科技成果,其应用有可能危害人类社会、造成不可逆转后果的,也应当以相应的立法预先做出应用范围与性质的规定。例如,一些国家制定并已逐渐为国际社会认同的原子能法,就是旨在和平利用原子能、安全处理核废料、严格禁止核扩散、有效防止核战争的法律。此外,克隆技术应用法、信息安全法等,也分别对有关生物技术、信息加密与解密技术、网络安全技术等应用的范围和性质做出了相应的规定。

第五章　法与市场经济

　　市场经济是配置经济资源的一种手段,凡经济资源通过市场来配置或经济活动通过市场来实现的,就称为市场经济。市场经济具有竞争性、自发性、开放性、权利性等特点,但也正是这些特点决定了市场经济不可避免地产生盲目性,难以防止两极分化等。由于市场那只"看不见的手"自发起作用会带来一些弊端,国家必须加强对市场经济的法律调整:要用法律规范市场经济主体——企业的行为,使企业适应市场经济的要求,成为依法自主经营、自负盈亏、自我发展、自我约束的商品生产者和经营者;要建立健全完善的法规体系来指引市场经济的运行;以法律手段形成统一的、开放的市场体系,实现城乡市场紧密结合,国内市场与国际市场相互衔接,促进资源的优化配置;政府运用法律手段进行宏观调控,转变政府管理经济的职能,建立以间接手段为主的完善的宏观调控体系,保证国民经济的健康运行。总之,市场经济为法治的进一步发展奠定了深厚的物质基础。试想,没有多余的钱,怎么能有人去炒股呢?没有炒股之人,怎么能有证券法呢?没有人有能力办公司,怎么能有公司法呢?同样,没有法律的确认、保护、发展,市场经济也难以有秩序、有规则的发展,所以法与市场经济相辅相承。

第一节 市场经济促进法的发展

【案例177】某市玻璃股份有限公司诉某电子器件有限责任公司及股东承担支付货款责任案

原告：某市玻璃股份有限公司

被告：某市电子器件有限责任公司、某市灯泡厂、某市电子管厂、某市显像管厂、某市仪表电讯工业局、某市电子仪器设备公司

某市电子器件有限责任公司（简称市电子器件公司）是1995年5月18日注册成立的一家生产经营显像管和其他各类电子器件的企业。其股东有：市灯泡厂、电子管厂、显像管厂、仪表电讯工业局和电子仪器设备公司。注册资本为3 000万元。1997年7月8日，市玻璃股份有限公司与市电子器件有限责任公司签订了一份买卖合同。合同约定：市玻璃股份有限公司在8月5日前向市电子器件有限责任公司供应玻璃500箱，每箱24块玻璃，每块玻璃100元，共120万元。货到后10天内付款。8月1日，市玻璃股份有限公司将货物按照合同的约定托运至市电子器件有限责任公司的仓库。到8月15日，市玻璃股份有限公司仍未收到货款，于是就向市电子器件公司索要货款，但几次要款均未奏效。原来，市电子器件公司成立后正赶上电子产品降价，加之该公司管理不善，产品质量较差，经营状况不佳，一直处于亏损状态，因此无力支付货款。市玻璃股份有限公司考虑设立该有限责任公司的股东的经营状况不错，并且还有国有股东，就向这几家公司索要货款，在遭到拒绝情况下，以市电子器件有限责任公司和其五名股东为被告向人民法院提起诉讼。

第五章 法与市场经济

原告市玻璃股份有限公司诉称：我公司与被告市电子器件有限责任公司签订的买卖合同是合法、有效的合同，根据合同的约定，被告应在货到后10天内付款，现在被告无力偿付货款，应当由成立该公司的股东负责，请求法院判令承担支付货款的责任。

被告市电子器件有限责任公司辩称：我公司确实与原告签订了合同，但现在公司经营状况不佳，暂时无力支付货款，望原告给予谅解，并给予一定的时间偿付该笔货款。

被告市灯泡厂等五家股东辩称：我们是市电子器件有限责任公司的股东，但我们只对公司承担有限责任，该公司由于经营管理不善造成的亏损我们不承担任何的责任，所以，请求法院判令驳回原告对我们的起诉。

人民法院经审理后认为：被告市灯泡厂等五家单位仅仅是市电子器件有限责任公司的股东，根据《公司法》第3条的规定，只对公司承担以其出资额为限的责任，因此，该五家单位与原告和被告市电子器件有限责任公司签订的买卖合同的货款纠纷没有任何关系，不承担任何责任。依法裁定驳回原告对被告市灯泡厂等5家单位的起诉。对于市玻璃股份有限公司的货款应当由市电子器件有限责任公司承担。

提示与讨论

公司的发展呼唤《公司法》出台与发展。随着市场经济（我国自1992年开始实行社会主义市场经济）的发展，企业的组织形式也向多元化方向发展。"公司"与"合伙"和"独资"形式相比，以其独特的功能成为社会经济组织之中最主要的一种企业形式，在市场经济中具有重要的地位。于是我国在1993年12月29日第八届全国人民代表大会常务委员会第五次会议通过了《中华人民共和国公司法》，并于1994年7月1日起施行。

> **案例** 法理学

《公司法》共230条,主要包括:总则、有限责任公司的设立和组织机构、股份有限公司的设立和组织机构、股份有限公司的股份发行和转让、公司债券、公司财务、会计、公司合并、分立、公司破产、解散和清算、外国公司的分支机构、法律责任及附则。《公司法》的颁布和实施,对于规范公司的组织和行为,保护公司、股东和债权人的合法权益,维护社会经济秩序,促进社会主义市场经济的发展,具有重大的意义。

本案是关于有限责任公司如何承担责任的问题。《公司法》第3条第2款规定:"有限责任公司,股东以其出资额为限对公司承担有限责任,公司以其全部资产对公司的债务承担责任。"根据这一规定,股东作为公司的出资人只以其出资额为限对公司承担有限责任,除此之外,对公司及公司的债权人不负任何的财产责任,公司的债权人也不得直接向股东主张债权或者请求清偿。这是有限责任公司的最基本特征,也是有限责任公司和无限公司的根本区别。从本案的情况看,市电子器件有限责任公司由五名股东设立,公司设立后,就以自己的法人资格从事经营活动,由于经营管理的问题使公司处于亏损状态。在此期间与市玻璃股份有限公司签订了买卖合同,由于无力支付货款,发生了纠纷。对此,公司应当以自己的全部财产承担责任。公司签订的买卖合同与被告市灯泡厂等五家单位没有任何关系,因此,法院的判决是完全正确的。

【案例178】个人独资企业的发展促进《中华人民共和国个人独资企业法》(以下简称《个人独资企业法》)的出台和发展

本案为李某不服工商部门的处罚决定要求撤销案。李某为退休人员,退休之前在某县工商局工作。1996年5月10日,李某向工商部门申请设立个人独资企业,企业名称为"祥和公司",并提交了设立申请书、身份证明、生产经营场所使用证明等规定的文件。工商局在经过审查后认为:该独资企业的名称为"祥和公司",与其责任形式不符,不符合法律的规定,并且李某虽然退休,但是,在退休之前为国家机关工作人员,不能从事营利性活动。据此,工商部门做出不予登记的决定。李某对工商部门的决定不服,提起诉讼,要求撤销工商部门的决定,并予以登记。

提示与讨论

随着市场经济的发展,人们生活富裕起来,使一些人投资办企业已不是新鲜事,随之规范独资企业的法律在我国出台。所谓个人独资企业,是指依照《个人独资企业法》在中国境内设立,由一个自然人投资,财产为投资人个人所有,投资人以其个人财产对企业债务承担无限责任的经营实体。个人独资企业法是规定独资企业的设立、事务管理、解散和清算以及投资人、投资人委托和聘用人权利义务的法律规范的总称。《中华人民共和国个人独资企业法》由1999年8月30日第九届全国人大第十一次会议通过,2000年1月1日起施行。《个人独资企业法》是继《公司法》、《合伙企业法》之后我国颁布的调整企业组织的又一部重要的法律,填补了我国企业立法的空白,使我国的企业立法进一步得到完善。《个人独资企业法》的颁布和实施,将在规范独资企业的行为,保护独资企业投资人和债权人的合法权益,维护社会经济秩序,促进社会主义市场经济发展等方面起到重要的作用。

本案是关于个人独资企业设立的问题。《个人独资企业法》第9条第1款规定:"申请设立个人独资企业,应当由投资人或者其委托的代理人向个人独资企业所在地的登记机关提交设立

> **案例** 法理学

申请书、投资人身份证明、生产经营场所使用证明等文件。委托代理人申请设立登记时，应当出具投资人的委托书和代理人的合法证明。"第11条规定："个人独资企业的名称应当与其责任形式及从事的营业相符合。"第12条规定："登记机关应当在收到设立申请文件之日起十五日内，对符合本法规定条件的，予以登记，发给营业执照；对不符合本法规定条件的，不予登记，并应当给予书面答复，说明理由。"从本案情况看，李某虽然退休以前在工商局工作，但由于已经退休，不属于"法律、行政法规禁止从事营利性活动的人"；因此，是可以设立独资企业的。但作为独资企业，其名称应当与责任形式相符，"公司"是与有限责任公司和股份有限公司联系在一起的，从我国的法律规定看，不是公司，不能以公司的名义从事经营活动。因此，独资企业是不能以公司命名的。从这一点上看，工商部门不予登记是正确的。

第二节 法对市场经济保驾护航

【案例179】 王军承担缔约过失责任案

王军开有虹源餐馆，一日他得知吕明有转让餐馆的意图，虽然并不想购买该餐馆，但为了阻止吕明将餐馆卖给某快餐店，便谎称自己想购买，以扩大饭店规模。为此，王军与吕明就价格等事宜进行了很长时间的谈判。当某快餐店买了另一家饭店后，王军便中断了与吕明的谈判。吕明因为要出国，无奈之下以比快餐店业主出价更低的价格转让了餐馆。

提示与讨论

本案中，王军的行为是假借订立合同，恶意与吕明进行磋商，通过此方法使饭店的生意不受损失和影响，进而达到侵害吕明利益和快餐店利益的目的。我国正在进行社会主义市场经济建设，为了把市场培育起来，实现市场真正的繁荣，必须确保交易安全，防范利用合同形式进行的欺诈行为。1999年3月15日，九届全国人大二次会议通过了《中华人民共和国合同法》，根据该法第42条的规定，本案王军应当向吕明承担缔约过失责任，包括吕明在谈判中发生的直接费用以及吕明因此失去了将餐馆转让给快餐店后受到的间接损失。

【案例180】 依法调整市场经济

美国公民约翰想在中国投资，成立电脑软件开发公司。在工商局对约翰的投资申请进行审批时发现，约翰欲成立的外资公司注册资本为人民币60万元，其中以知识产权和专有技术出资作价人民币15万元，超过了公司总注册资本的20%。根据我国调整外资企业的有关法律规定，外国投资者以工业产权、专有技术作价出资时，其作价金额不得超过该外资企业注册资本的20%，故工商局对约翰的投资申请未予批准，决定不予登记注册。

提示与讨论

在市场经济条件下，许多外国的企业与个人希望在我国进行投资，这对我国引进外资、促进国内经济发展是有利的，但同时也必须以法律调整和规范投资市场，通过法律手段对市场经济进行宏观调控，以保证市场经济沿着正确的轨道健康发展，维护市场的正常秩序，同时也保护我国国家和公民的合法权益。

参考文献

石茂生主编：《法理学》，中国民主法制出版社 2001 年版。
沈宗灵主编：《法理学》，北京大学出版社 2001 年版。
孙国华、朱景文主编：《法理学》，中国人民大学出版社 1999 年版。
张文显主编：《法理学》，法律出版社 2007 年版。
李步云主编：《法理学》，经济科学出版社 2000 年版。
葛洪义主编：《法理学》，中国人民大学出版社 2011 年版。
王丽英主编：《案例法理学评析》，中国人民公安大学出版社 2005 年版。
朱力宇主编：《法理学原理与案例教程》，中国人民大学出版社 2013 年版。
苏力：《法治及其本土资源》，中国政法大学出版社 2001 年版。
武树臣等：《中国传统法律文化》，北京大学出版社 1996 年版。
胡建淼：《行政法学》，法律出版社 2003 年版。
张树义主编：《行政法与行政诉讼法案例教程》，知识产权出版社 2001 年版。
胡锦光主编：《行政法案例分析》，中国人民大学出版社 2000 年版。
李忠信：《公安执法焦点透视》，中国人民公安大学出版社 1999 年版。
马俊驹主编：《民法案例教程》（上、下册），清华大学出版社 2002 年版。
刘亚天编：《经济法原理与案例解析》，人民法院出版社 2000 年版。

胡天森主编：《新婚姻法实例解说》，农村读物出版社2001年版。

夏志宏主编：《中华人民共和国合同法实务》，对外经济贸易大学出版社1999年版。

余凌云：《警察行政权力的规范与救济》，中国人民公安大学出版社2002年版。

徐文星：《行政机关典型败诉案例评析》，法律出版社2009年版。

傅思明：《中国司法审查制度》，中国民主法制出版社2002年版。

刘亚平：《刑法分则案例教程》，中国政法大学出版社2001年版。

刘家琛主编：《刑法新罪与疑难案例评析》，中国民主法制出版社1999年版。

怀效锋：《中国法制史》，中国政法大学出版社1999年版。

方立天：《中国佛教与传统文化》，上海人民出版社1993年版。

乌丙安：《中国民俗学》，辽宁大学出版社1987年版。

何星亮：《图腾文化与人类诸文化的起源》，中国文联出版社1991年版。

人大复印资料：《法理、法史学》1999年第1期~2013年第3期。

人大复印资料：《诉讼法学》1999年第1期~2013年第3期。

人大复印资料：《宪法、行政法学》1999年第1期~2013年第3期。

网上资料（如"百度"、"天涯网"、"中华网"、"北大信息网"等）

声　　明　　1. 版权所有，侵权必究。

　　　　　　2. 如有缺页、倒装问题，由出版社负责退换。

图书在版编目（CIP）数据

案例法理学 / 王丽英主编.—北京：中国政法大学出版社，2014.11
ISBN 978-7-5620-5632-4

Ⅰ．①案…　Ⅱ．①王…　Ⅲ．①法理学－高等学校－教材　Ⅳ. D920.0

中国版本图书馆CIP数据核字(2014)第248350号

出 版 者	中国政法大学出版社
地　　址	北京市海淀区西土城路25号
邮寄地址	北京100088 信箱8034分箱　邮编100088
网　　址	http://www.cuplpress.com（网络实名：中国政法大学出版社）
电　　话	010-58908285(总编室) 58908334(邮购部)
承　　印	固安华明印业有限公司
开　　本	880mm×1230mm　1/32
印　　张	10.5
字　　数	240千字
版　　次	2014年11月第1版
印　　次	2014年11月第1次印刷
定　　价	39.00元